U0439545

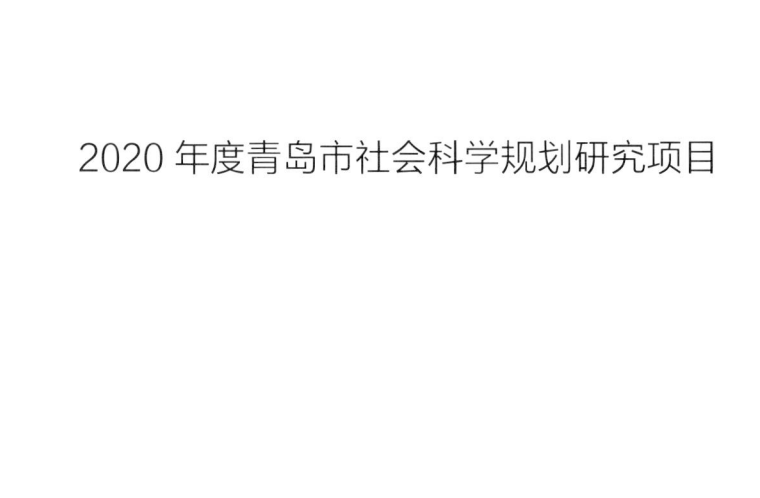

2020 年度青岛市社会科学规划研究项目

周易新释

于成宝 著

中国社会科学出版社

图书在版编目(CIP)数据

周易新释/于成宝著.—北京:中国社会科学出版社,2021.7
ISBN 978-7-5203-8545-9

Ⅰ.①周… Ⅱ.①于… Ⅲ.①周易—研究 Ⅳ.①B221.5

中国版本图书馆 CIP 数据核字(2021)第 103677 号

出 版 人	赵剑英
责任编辑	安 芳
责任校对	张爱华
责任印制	李寡寡

出 版	中国社会科学出版社
社 址	北京鼓楼西大街甲 158 号
邮 编	100720
网 址	http://www.csspw.cn
发 行 部	010-84083685
门 市 部	010-84029450
经 销	新华书店及其他书店
印 刷	北京明恒达印务有限公司
装 订	廊坊市广阳区广增装订厂
版 次	2021 年 7 月第 1 版
印 次	2021 年 7 月第 1 次印刷
开 本	710×1000 1/16
印 张	22.5
插 页	2
字 数	335 千字
定 价	98.00 元

凡购买中国社会科学出版社图书,如有质量问题请与本社营销中心联系调换
电话:010-84083683
版权所有 侵权必究

自　　序

拙作《周易新释》即将出版，这是学术界的一件小事，却是我人生中的一件大事。回首我已走过的四十五个春秋，有多少对过往的感慨，又有多少对未来的期待？

我出身于世代务农之家，祖辈父辈都过着面朝黄土背朝天的日子，生活的艰辛自不待言。但在我幼时的记忆中，爷爷家的土炕上，总有几个老头围坐在一起，爷爷则捧着他那套《三国志鼓词》，洋洋洒洒地又读又唱，不时引起一阵喝彩之声。父亲民国期间读过私塾，解放初期在乡村扫盲班当过一年多的"识字先生"。爷爷去世时我才五六岁，按农村风俗在棺材前放一个陶盆烧纸钱，棺材入土前，当父亲拿起陶盆时，发现盆底下面的草灰上留下了横横竖竖的"字"。当时大姐正读高中，她的学问最大，就叫她过来辨识一下，结果她也看不懂，村里人就开始宣扬我家将来要出一个"文化人"。当我稍微长大一些，开始懂事了，父母就把爷爷留下的这个"兆"告诉了我。我想：我在之后的岁月中能全身心地投入到学习之中，1991年中考以即墨市第二名的成绩考入即墨师范学校，成为一名"吃国家粮"的人；1994年8月成为一名教师之后，在繁忙的中小学教书生涯中坚持自学苦读，一步一步取得山东师范大学中文系汉语言文学专业的专科、本科文凭；直至1999年秋考上南京大学中文系古代文学专业的硕士研究生，并坚持在南大读到博士毕业，与爷爷去世时留下的这个"兆"，以及由之使我产生的人生使命感不无关系。

我与《周易》结缘，始于2001年秋季导师徐兴无教授开设的"经典研读"课，其中一次研读的内容是《系辞》，《系辞》严整而饱满的文字、恢廓而精深的思想深深吸引了我，从此使我对易学产生了浓厚的兴趣。本书的撰写，始于2002年秋季师从蒋广学教授做博士研究生之时，为了撰写"先秦两汉易学研究"学位论文，我开始研读历代学者的易学著作，深感先哲关于《易经》奥义阐释的精妙，于是就萌生了撰写一部《周易新释》的想法。2005年底初稿完成，曾想找出版社出版，但由于种种原因搁置了下来。2019年3月至2020年3月，我赴台湾中正大学文学院做访问学者，时间比较宽裕，当我重新读起之前所写的书稿，感到其中不乏可取之处，加之我对《周易》经传不少方面有了新的理解，于是就趁着访学的机会改写并完成书稿的主体。之后又花了大约半年时间进行补充，终于赶在2020年底把书稿交到了中国社会科学出版社。

《周易》构建了一个涵盖天地人三才的哲学体系，其思想内容无所不包，作为易学的爱好者，自然需要一卦一卦地研读、参悟。我个人认为，《周易》思想的精髓至少在四个方面。

一是定位问题。一卦有六位，六爻有阴阳，这是《易经》在形式上与其他先秦经典最大的不同，也是《周易》哲学在构建与阐释上的不二法门。《系辞》开篇曰："天尊地卑，乾坤定矣；卑高以陈，贵贱位矣。"提出了事物的"定位"问题，宇宙中的一切事物皆有其诞生、存在、变化和衰亡之位。《乾·彖》曰："大明终始，六位时成，时乘六龙以御天。"太阳一日之中在天空有不同的位置，昭示着天道的刻度。《尚书·泰誓》曰："惟天地万物父母，惟人万物之灵。"易学提出了"位"的概念，其意义不仅在于指导人们观察天地万物之位，更在于启迪人们在天地自然、人类社会中做好自身定位。所以《彖》《象》汲汲于君子"正位不正位""得位不得位"之辨，《艮·大象》则引大儒曾子之言曰"君子思不出其位"。人生的根本问题是定位问题，在人生的每一个阶段、每一个环节、每一个场域都应找准并把握自我的定位。人生的定位清楚，则为人处世、干事创业的人际空间、心理空间、文化空间就构建起来，前方的道路就光明起来，在经历人生的风浪时就能做到自我调适、宠辱不惊、泰然自若。

二是修身问题。《易经》成书于商周之际，其中浸润着文王的忧患意识和德治思想。《尚书·蔡仲之命》："皇天无亲，唯德是辅。民心无常，惟惠之怀。"《尚书·召诰》："惟王其疾敬德，王其德之用，祈天永命。"《易经》六十四卦，虽涉及天地万物、人间万象，但其要旨在于一个"德"字，其中对"君子""小人"行事的褒贬及吉凶的晓谕，说明周初人们对君子道德规范的重视。春秋战国时期的易学，在儒家学者的主导之下开启了易学儒学化的进程。《说卦》曰"立天之道曰阴与阳，立地之道曰柔与刚，立人之道曰仁与义"，儒家思想中最重要的道德科目"仁义"与"阴阳""刚柔"的天地之道实现了融通与互摄，标志着先秦易学儒学化的初步形成。在《易传》的作者看来，《易经》六十四卦即是六十四德，《大象传》提出"自强不息""厚德载物""遏恶扬善""裒多益寡""称物平施""作乐崇德""振民育德""自昭明德""反身修德""恐惧修省""贤德善俗"等一系列高扬人性光辉的道德主张，说明先秦时人已把《周易》一书作为重要的人生道德教科书。

三是智慧问题。《周易》是一部智慧之书，著名易学家朱伯崑先生在其《易学哲学史·前言》中说："如果说，古代的宗教典籍，是靠信仰和迷信得以长期传播，而《周易》则是靠其自身的理论思维和中国人的智慧相传下去的。"《周易》的诞生，源于中华先民对宇宙、自然和人生本质的探求，其中浸润着古人观察世界的科学方法，凝聚着先哲理解世界的思维成果，《易经》六十四卦"准拟"了一个普遍联系、循环转化、开放发展的全息宇宙。易学中对立统一的宇宙观、唯物主义和辩证思维的方法论、"理、数、象、占"合一的应用论，使《周易》从成书之初就承载着周王朝"王天下"的使命；历经春秋战国五百多年的传播与发展，至西汉又因"推天道以明人事"的强大功能而跃升"五经之首"，不但深刻影响了中国封建社会两千年来的皇权政治，也广泛启迪了历代学者在人生道路上的智慧选择。

四是境界问题。现代著名哲学家冯友兰把人生的境界分为四种：自然境界、功利境界、道德境界与天地境界，也即是生物的人、现实的人、道德的人和宇宙的人。冯氏认为超越世俗、天人合一的"天地境界"是最高的，此境界之人的一切存在和作为都以大自然和宇宙为中心，对宇宙万物有着极为重要的意义。《周易》倡导人应该"穷理尽性""乐天知命"，由自然而至人文，由人文而化成天下，其最为推崇的是"与天地合其德，与日月合其明，与四时合其序，与鬼神合其吉凶"的"大人",也即是冯氏所言人生的"天地境界"。可以说,"境界"问题,是《周易》哲学体系构建的出发点,也是其哲学旨归,今天我们学习与运用《周易》,尤当注重《周易》所开示的阴阳之道、刚柔之道与仁义之道三者的融会贯通,进而努力实现人生价值与意义的超越。

年岁越长,越发感到中国传统文化的根基在"孝、忠"二字,孝为解决由血缘关系所产生问题之根基,忠为解决由非血缘关系所产生问题之根基,此点《易经》卦爻辞亦多有阐述。最近三年间我痛失双亲,子欲养而亲不待,回想起父母对我无比的疼爱和谆谆的教导,心中之痛,何可言哉?谨以此书深切缅怀我的父亲母亲,并向天下所有平凡而伟大的父亲母亲致敬!

于成宝
书于山东科技大学山海花园
2021年4月26日

目　　录

一　《周易》名词浅说 …………………………………（1）
　　爻 ……………………………………………………（1）
　　八卦 …………………………………………………（2）
　　六十四卦 ……………………………………………（2）
　　卦序 …………………………………………………（3）
　　六爻之位 ……………………………………………（6）
　　爻变与筮法 …………………………………………（8）
　　阴阳 …………………………………………………（10）
　　刚柔 …………………………………………………（11）
　　健顺 …………………………………………………（12）
　　爻位说 ………………………………………………（15）
　　一卦主爻说 …………………………………………（22）
　　互体 …………………………………………………（23）
　　元亨利贞 ……………………………………………（25）
　　吉凶悔吝厉咎 ………………………………………（28）
　　三《易》 ……………………………………………（30）
　　《十翼》 ……………………………………………（33）

二　《易》图论略 ………………………………………（36）

三　上经 …………………………………………………（55）
　　乾卦第一 ……………………………………………（55）
　　坤卦第二 ……………………………………………（59）

屯卦第三 …………………………………… (63)
蒙卦第四 …………………………………… (66)
需卦第五 …………………………………… (70)
讼卦第六 …………………………………… (73)
师卦第七 …………………………………… (76)
比卦第八 …………………………………… (80)
小畜卦第九 ………………………………… (83)
履卦第十 …………………………………… (85)
泰卦第十一 ………………………………… (89)
否卦第十二 ………………………………… (92)
同人卦第十三 ……………………………… (95)
大有卦第十四 ……………………………… (98)
谦卦第十五 ………………………………… (101)
豫卦第十六 ………………………………… (104)
随卦第十七 ………………………………… (107)
蛊卦第十八 ………………………………… (111)
临卦第十九 ………………………………… (114)
观卦第二十 ………………………………… (117)
噬嗑卦第二十一 …………………………… (121)
贲卦第二十二 ……………………………… (124)
剥卦第二十三 ……………………………… (127)
复卦第二十四 ……………………………… (131)
无妄卦第二十五 …………………………… (135)
大畜卦第二十六 …………………………… (138)
颐卦第二十七 ……………………………… (141)
大过卦第二十八 …………………………… (145)
坎卦第二十九 ……………………………… (148)
离卦第三十 ………………………………… (151)

四 下经 ……………………………………… (156)
　　咸卦第三十一 ………………………………… (156)

目录

- 恒卦第三十二 …………………………………（160）
- 遁卦第三十三 …………………………………（163）
- 大壮卦三十四 …………………………………（167）
- 晋卦第三十五 …………………………………（170）
- 明夷卦第三十六 ………………………………（174）
- 家人卦第三十七 ………………………………（178）
- 睽卦第三十八 …………………………………（181）
- 蹇卦第三十九 …………………………………（185）
- 解卦第四十 ……………………………………（188）
- 损卦第四十一 …………………………………（192）
- 益卦第四十二 …………………………………（195）
- 夬卦第四十三 …………………………………（199）
- 姤卦第四十四 …………………………………（203）
- 萃卦第四十五 …………………………………（207）
- 升卦第四十六 …………………………………（211）
- 困卦第四十七 …………………………………（214）
- 井卦第四十八 …………………………………（218）
- 革卦第四十九 …………………………………（223）
- 鼎卦第五十 ……………………………………（226）
- 震卦第五十一 …………………………………（230）
- 艮卦第五十二 …………………………………（234）
- 渐卦第五十三 …………………………………（238）
- 归妹卦第五十四 ………………………………（242）
- 丰卦第五十五 …………………………………（246）
- 旅卦第五十六 …………………………………（251）
- 巽卦第五十七 …………………………………（255）
- 兑卦第五十八 …………………………………（258）
- 涣卦第五十九 …………………………………（262）
- 节卦第六十 ……………………………………（265）
- 中孚卦第六十一 ………………………………（269）
- 小过卦第六十二 ………………………………（273）

既济卦第六十三 …………………………………… (277)
未济卦第六十四 …………………………………… (281)

五　文言 ………………………………………………… (285)

六　系辞上 ……………………………………………… (293)

七　系辞下 ……………………………………………… (304)

八　说卦 ………………………………………………… (325)

九　序卦 ………………………………………………… (334)

十　杂卦 ………………………………………………… (343)

一 《周易》名词浅说

爻

爻是构成易卦的最基本单位，分"—"和"- -"两种。"—"为阳爻，属性为刚，所以又称为刚爻；"- -"为阴爻，属性为柔，所以又称为柔爻。爻或源于中华先民结绳记事的文化记录方式，《系辞》："上古结绳而治，后世圣人易之以书契；百官以治，万民以察，盖取诸夬。"李镜池认为，古人改结绳为书契时，以"—"代表一大结，"- -"代表两小结。① 爻或源于龟卜的兆纹，《周礼·春官·占人》："占人掌占龟，以八筮占八颂，以八卦占筮之八故，以眡吉凶。凡卜筮，君占体，大夫占色，史占墨，卜人占坼。"② 龟卜较筮占产生的时期更为久远，两种方术在商周时期经常一起使用，爻画与龟兆当有一定的联系。就近年来出土的商周时期数字易卦来看，是以"一、五、六、七、八、九、十"等数字表示爻画。随着春秋战国时期大衍筮法的完善，占筮所得的数字限定为"七、八、九、六"，爻画也逐渐向"一"（代表数字七）③、"∧"（数字六）和"八"（数字八）集中。上博简《周易》阳爻用"一"，阴爻用"八"；王家台秦简《归藏》阳爻用"一"，阴爻用"∧"，汉墓马王堆帛书《周易》阳爻用"一"，阴爻用"⌐⌐"（八的变体）。最终演变为符号化的阴阳符号，反映了我国古人二元对立统一的世界观。

---

① 李镜池著，曹础基整理：《周易通义》，中华书局1981年版，第6页。
② （唐）贾公彦著，赵伯雄整理：《周礼注疏》，北京大学出版社1999年标点本，第648—649页。
③ 丁四新：《周易溯源与早期易学考论》，中国人民大学出版社2017年版，第1—39页。

八　卦

八卦即乾（☰）、坎（☵）、艮（☶）、震（☳）、巽（☴）、离（☲）、坤（☷）、兑（☱），由阳爻"—"和阴爻"– –"三画自下而上组合而成。八卦又称经卦、单卦、三爻卦、小成之卦等。古人认为八卦是由伏羲创制的，《系辞》："古者包牺氏之王天下也，仰则观象于天，俯则观法于地；观鸟兽之文与地之宜；近取诸身，远取诸物，于是始作八卦，以通神明之德，以类万物之情。"《礼纬·含文嘉》："伏羲始别八卦，以变化天下。天下法则，咸伏贡献，故曰伏羲也。"[①] 八卦象征自然界八种最基本的物象：乾为天，坤为地，震为雷，巽为风，坎为水，离为火，艮为山，兑为泽；八卦象征着与人类关系密切的八种动物：乾为马，坤为牛，震为龙，巽为鸡，坎为豕，离为雉，艮为狗，兑为羊。八卦又象征着人类家庭成员的关系：乾为父，坤为母，震为长男，巽为长女，坎为中男，离为中女，艮为少男，兑为少女；八卦还象征着人身体的八个部位：乾为首，坤为腹，震为足，巽为股，坎为耳，离为目，艮为手，兑为口。八卦作为一个开放的符号体系，构建起了一个包含天地人及万物的象征体系。

六十四卦

《系辞》："是故四营而成《易》，十有八变而成卦，八卦而小成，引而伸之，触类而长之，天下之能事毕矣。"八卦只能算是"小成"之卦，八经卦两两上下相重，即构成六十四卦，方算"大成"之卦。每一个六画卦亦称"别卦"，即六十四个类别的卦。构成别卦的上下经卦又称"上下二体"，卦之上体谓之"外"，又谓之"往""进"；卦之下体谓之"内"、又谓之"来""退"等，由内外卦的卦象关系而衍生出不同的意义，预示着事物发展的吉凶结果。《周礼·春官·大卜》曰："掌三《易》之法，一曰《连山》，二曰《归藏》，三曰

[①] ［日］安居香山、中村璋八：《纬书集成》，河北人民出版社1994年版，第494页。

《周易》。其经卦皆八，其别皆六十有四。"① 可见由八卦相重而形成六十四卦，符合《易经》发展的实际。历史上关于重卦之人的讨论，大致有伏羲重卦、神农重卦、夏禹重卦、周文王重卦等四种观点。《系辞》："神农氏作，斫木为耜，揉木为耒，耒耨之利，以教天下，盖取诸《益》。日中为市，致天下之民，聚天下之货，交易而退，各得其所，盖取诸《噬嗑》。"神农是继伏羲之后出现的圣王，《系辞》于伏羲只言其作八卦，于神农则言《益》《噬嗑》等别卦，可见《系辞》作者视神农为重卦之人。就神农时代人们的劳作对象逐渐转向植物、生产活动日趋多样化与复杂化，以及从占筮所用的蓍草所象征的植物崇拜等情况看，重卦或许是在神农时代完成的。

卦 序

易学发展史上，《周易》六十四卦有不同的排列次序。最早的卦序即通行本卦序，当是周文王创制《易经》之时，"设卦"、"观象"、"系辞"、"序卦"一体完成的，六十四卦次序是：乾、坤、屯、蒙、需、讼、师、比、小畜、履、泰、否、同人、大有、谦、豫、随、蛊、临、观、噬嗑、贲、剥、复、无妄、大畜、颐、大过、坎、离、咸、恒、遁、大壮、晋、明夷、家人、睽、蹇、解、损、益、夬、姤、萃、升、困、井、革、鼎、震、艮、渐、归妹、丰、旅、巽、兑、涣、节、中孚、小过、既济、未济。六十四卦分上下经：上经始于《乾》《坤》卦，终于《坎》《离》卦，共三十卦；下经始于《咸》《恒》，终于《既济》《未济》卦，共三十四卦。关于通行本卦序的特点，唐孔颖达《周易正义·序卦》曰："今验六十四卦，二二相耦，非覆即变。覆者，表里视之，遂成两卦，《屯》《蒙》《需》《讼》《师》《比》之类是也。变者，反覆唯成一卦，则变以对之，《乾》《坤》《坎》《离》《颐》

---

① （清）孙诒让著，王文锦、陈玉霞整理：《周礼正义》卷47，中华书局1987年版，第1928—1932页。

《大过》《中孚》《小过》之类是也。"① 孔氏"二二相耦,非覆即变"之语,揭示通行本卦序的象数特点。相覆之卦两两之间可看成是同一卦形,共28个;卦爻阴阳属性全变的卦共8个,所以邵雍曰:"重卦之象,不易者八,反易者二十八,以三十六变而成六十四也。"关于六十四卦的卦序意蕴,汉代学者作了深刻的阐述,《乾凿度·卷上》:"孔子曰:阳三阴四,位之正也。故易卦六十四,分而为上下,象阴阳也。夫阳道纯而奇,故上篇三十,所以象阳也。阴道不纯而偶,故下篇三十四,所以法阴也。乾坤者,阴阳之根本,万物之祖宗也,为上篇始者,尊之也。离为日,坎为月,日月之道,阴阳之经,所以终始万物,故以坎离为终。咸恒者,男女之始,夫妇之道也,人道之兴,必由夫妇,所以奉承祖宗,为天地主也,故为下篇始者,贵之也。既济、未济为最终者,所以明戒慎而存王道。孔子曰:泰者,天地交通,阴阳用事,长养万物也。否者,天地不交通,阴阳不用事,止万物之长也。上经象阳,故以乾为首,坤为次,先泰而后否。损者,阴用事,泽损山而万物损也,下损以事其上。益者,阳用事,而雷风益万物也,上自损以益下。下经以法阴,故以咸为始,恒为次,先损而后益,各顺其类也。"② 《易经》卦爻象构建的基础是阴阳观念,《系辞》:"一阴一阳之谓道。"通行本卦序正是鲜明地体现了《易经》作者的阴阳思想。

除了通行本卦序,再介绍一下两种比较重要的卦序。一是马王堆帛书《周易》卦序。马王堆帛书《周易》约抄写于汉文帝初年,可视为秦汉之际南方传《易》流派的一种文本。其卦序是以按乾、艮、坎、震、坤、兑、离、巽之序,以八经卦自重而得的别卦为首卦,分别统领七卦;每组所统领的七卦之序,是按照乾、坤、艮、兑、坎、离、震、巽八经卦之序(为下卦),分别与乾、艮、坎、震、坤、兑、离、巽八经卦(为上卦)相重而得的别卦。以图表示之如下(序号为笔者所加):

---

① (唐)孔颖达著,李申、卢光明整理:《周易正义》,北京大学出版社1999年标点本,第334页。

② [日]安居香山、中村璋八:《纬书集成》,河北人民出版社1994年版,第15—16页。

表 1-1

下卦＼上卦	乾 ☰	艮 ☶	坎 ☵	震 ☳	坤 ☷	兑 ☱	离 ☲	巽 ☴
	¹乾	⁹艮	¹⁷坎	²⁵震	³³坤	⁴¹兑	⁴⁹离	⁵⁷巽
乾 ☰		¹⁰大畜	¹⁸需	²⁶大壮	³⁴泰	⁴²夬	⁵⁰大有	⁵⁸小畜
坤 ☷	²否	¹¹剥	¹⁹比	²⁷豫		⁴³萃	⁵¹晋	⁵⁹观
艮 ☶	³遁		²⁰蹇	²⁸小过	³⁵谦	⁴⁴咸	⁵²旅	⁶⁰渐
兑 ☱	⁴履	¹²损	²¹节	²⁹归妹	³⁶临		⁵³睽	⁶¹中孚
坎 ☵	⁵讼	¹³蒙		³⁰解	³⁷师	⁴⁵困	⁵⁴未济	⁶²涣
离 ☲	⁶同人	¹⁴贲	²²既济	³¹丰	³⁸明夷	⁴⁶革		⁶³家人
震 ☳	⁷无妄	¹⁵颐	²³屯		³⁹复	⁴⁷随	⁵⁵噬嗑	⁶⁴益
巽 ☴	⁸姤	¹⁶蛊	²⁴井	³²恒	⁴⁰升	⁴⁸大过	⁵⁶鼎	

二是京房易学卦序。京房易学以八经卦的自重卦称为八宫卦，其顺序是乾、震、坎、艮、坤、巽、离、兑，取《说卦》乾坤为父母卦而生六子卦之说，乾、坤分别按长、中、少之序统领三男三女。每一宫卦，又分别统领七个卦，这七个卦，分别称所在宫的一世、二世、三世、四世、五世、游魂、归魂卦，每宫的八卦之间，在象数上呈现出一定的变化规律：一世卦由本宫卦的初爻变而得，二世卦由一世卦的二爻变而得，三世卦是由二世卦的三爻变而得，四世卦由三世卦的四爻变而得，五世卦由四世卦的五爻变而得，游魂卦由五世卦的四爻变而得，归魂卦由游魂卦的下体三爻皆变而得。《京氏易传》六十四卦序排列如下（序号为笔者所加）：

表1-2

八宫＼世系	乾	震	坎	艮	坤	巽	离	兑
	¹乾	⁹震	¹⁷坎	²⁵艮	³³坤	⁴¹巽	⁴⁹离	⁵⁷兑
一世	²姤	¹⁰豫	¹⁸节	²⁶贲	³⁴复	⁴²小畜	⁵⁰旅	⁵⁸困
二世	³遁	¹¹解	¹⁹屯	²⁷大畜	³⁵临	⁴³家人	⁵¹鼎	⁵⁹萃
三世	⁴否	¹²恒	²⁰既济	²⁸损	³⁶泰	⁴⁴益	⁵²未济	⁶⁰咸
四世	⁵观	¹³升	²¹革	²⁹睽	³⁷大壮	⁴⁵无妄	⁵³蒙	⁶¹蹇
五世	⁶剥	¹⁴井	²²丰	³⁰履	³⁸夬	⁴⁶噬嗑	⁵⁴涣	⁶²谦
游魂	⁷晋	¹⁵大过	²³明夷	³¹中孚	³⁹需	⁴⁷颐	⁵⁵讼	⁶³小过
归魂	⁸大有	¹⁶随	²⁴师	³²渐	⁴⁰比	⁴⁸蛊	⁵⁶同人	⁶⁴归妹

由之可见，《京氏易传》中的卦序与马王堆帛书《周易》卦序虽从表面上看有一定的相似性，但二者的易学内涵有着根本不同。帛书《周易》卦序是八经卦相互重叠（《说卦》"八卦相错"）的产物，其着眼点是三画卦；京房易学卦序则主要是爻变的产物，体现了阴阳二气生生不息、变化流行的易学观。

六爻之位

《易经》发展到六十四卦的阶段，爻象的意义逐渐突出，从而为卦爻辞的撰系准备了条件。对于这一点，《系辞》有精辟的论述："八卦成列，象在其中矣；因而重之，爻在其中矣。"爻位之象，跃升至与卦象同等甚至更重要的地位。

对于一卦六位之序，《易纬·乾凿度》曰："《易》气从下生。"郑玄注："易本无形，自微及著，故气从下生，以下爻为始也。"[①] 又

---

① ［日］安居香山、中村璋八：《纬书集成》，河北人民出版社1994年版，第13页。

曰:"天地之气,必有终始,六位之设,皆由上下。故《易》始于一,分于二,通于三,□于四,盛于五,终于上。"① 故一卦六爻之位从下至上依次为:初、二、三、四、五、上之位。古人认为一卦六位涵摄天地人三才之道,《系辞》:"六爻之动,三极之道也。"《说卦》继《系辞》之后作了系统的总结:"昔者圣人之作《易》也,将以顺性命之理。是以立天之道,曰阴与阳;立地之道,曰柔与刚;立人之道,曰仁与义。兼三才而两之,故《易》六画而成卦。分阴分阳,迭用柔刚,故《易》六位而成章。"这一观点被《易纬》完全继承了下来,《易纬·乾凿度》曰:"孔子曰:'《易》有六位三才,天地人道之分际也。三才之道,天、地、人也。天有阴阳,地有柔刚,人有仁义,法此三者,故生六位。六位之变,阳爻者制于天也,阴爻者系于地也。天动而施曰仁,地静而理曰义。仁成而上,义成而下,上者专制,下者顺从,正形于人,则道德立而尊卑定矣。'"②《易纬·乾凿度》又曰:"三画已下为地,四画已上为天。物感以动,类相应也。"③ 其以初、二之位为地位,以三、四之位为人位,以五、上之位为天位,反映了中国自春秋时期以来以人为天地之中的思想。天地人三才各兼一卦中的二位,又有正位与非正位之说,王夫之《周易内传·乾》曰:"卦之六爻,初、三、五,三才之正位也;二、四、六,重爻非正位。"④

对于一卦六爻所象征的社会阶层,《易纬·乾凿度》曰:"初为元士,二为大夫,三为三公,四为诸侯,五为天子,上为宗庙。"⑤ 此种说法,当是本之于《京氏易传》,认为一卦六位所象征的阶层逐

---

① [日]安居香山、中村璋八:《纬书集成》,河北人民出版社1994年版,第13页。按《易纬》此处文字本之于京房易学,其所缺字,或当为"壮"。《京氏易传》于坤宫一世卦《复》曰"周而复始,土水见候",于二世卦《临》曰"金土应候,刚柔分",于三世卦《泰》曰"通于天地,长于品汇",于四世卦《大壮》曰"内外二象动而健,阳胜阴而为壮",于乾宫五世卦剥曰"故当剥道已成,阴盛不可逆",当为《易纬》论述卦气由下而上"始、分、通、壮、盛、终"行进路线之所本。
② [日]安居香山、中村璋八:《纬书集成》,河北人民出版社1994年版,第19—20页。
③ [日]安居香山、中村璋八:《纬书集成》,河北人民出版社1994年版,第13页。
④ (清)王夫之著,李一忻点校:《周易内传》,九州出版社2004年版,第14页。
⑤ [日]安居香山、中村璋八:《纬书集成》,河北人民出版社1994年版,第20—21页。

级而上，未必符合《易经》六十四卦的情实。笔者认为，六爻之象当结合上下二体之象来看，上经卦为朝廷，五位为上经卦之中，最贵，为天子之象；下经卦为郊野，二位为下经卦之中，为诸侯之象；三位行事最为勤苦，当为大夫；四位最近五位，为辅翼天子之三公。如此安排，或更符合《易经》作者撰系卦爻辞之实际。总之，六爻之象与《易经》的成书有着密切关系，正是因为爻象和爻变概念的产生，才最终使六十四卦构成了一个循环的象征系统。

爻变与筮法

《易经》爻象概念的建立，催生了爻变的概念。《系辞》："爻也者，效天下之动者也。"又曰："爻象动乎内，吉凶见乎外。"爻变简言之是一个卦中阴爻阳爻属性的改变，其最初与《易经》的占筮活动密不可分，是指所筮得的别卦中的一个或几个爻处于"阳极"或"阴极"的状态，"阳极生阴"、"阴极生阳"，爻的阴阳属性须向对立面转化，从而形成新的别卦（先秦时期又称"之卦"）。所以在占断吉凶结果的时候，不但要参考所筮得的本卦，还要参考"阳极"或"阴极"之爻的属性改变之后所形成的新卦。

"大衍筮法"堪称《周易》爻变思想的完美展现。大衍筮法本质上是一个运用数字"4"的同余知识求得36、32、28、24之数，也就是求得九、八、七、六所代表的老阳、少阴、少阳、少阴四爻象的数学方法，兹作一说明：

从50策中，先取出1策，以象征"太极"，摆在一边不用。

以49策作为揲扐成卦之用。（"大衍之数五十，其用四十有九"。）再按以下四个步骤操作：（1）将49策任意分为上下两部分，以象征天地。（"分而为二以象两"。）（2）从上部分中取出1策，摆在上下两部分的中间，以象征天地人。（此为第二营，即"挂一以象三"。）（3）将上部分之策，每4策为一组数之。数至最后，或余1策，或余2策，或余3策，或余4策，将所余之策取而夹之指间；将下部分之策，每4策为一组数之。数至最后，或余1策，或余2策，或余3策，或余4策，将所余之策取而夹之指间。（4）然后将上下两次所夹在指间之策挂起来（"后挂"）。则所挂之策或为4策、或为8策，其剩余上下两部分之策合在一起，或44策或40策。以上所述，为"十有八变而成卦"之"一变"。

"二变"则将剩余之策再照"一变"推演一遍，同样，所挂的策数或是4策，或是8策，则剩余之策或40策或36策或32策。

"三变"则将"二变"后剩余之策又照"一变"推演一遍，同样，所挂的策数或是4策、或是8策，则剩余之策或36策或32策或28策或24策。余36策，9揲之数，是为九，为老阳，可变之阳爻；余32策，8揲之数，是为八，为少阴，不变之阴爻；余28策，7揲之数，是为七，为少阳，不变之阳爻；余24策，6揲之数，是为六，为老阴，可变之阴爻。

以49策按上述过程重复操作六遍，即筮得一卦六爻。关于占断之法，朱熹曾根据春秋时的筮例做过归纳：

> 凡卦六爻皆不变，则占本卦彖辞，而以内卦为贞，外卦为悔。
> 一爻变，则以本卦变爻辞占。
> 二爻变，则以本卦二变爻辞占，仍以上爻为主。
> 三爻变，则占本卦及之卦之彖辞，即以本卦为贞，之卦为悔；前十卦主贞，后十卦主悔。
> 四爻变，则以之卦二不变爻占，仍以下爻为主。
> 五爻变，则以之卦不变爻占。
> 六爻变，则乾坤占二用，余卦占之卦彖辞。①

以蓍草占筮，未免繁杂，后人又创立出金钱卦：取用六枚铜钱，置于龟壳或竹筒中，单手托握，单手封口，上下摇晃6次以上，将封口手放下，轻轻将器物内的铜钱依次倒出，前三铜钱为外卦，后三铜钱为内卦，铜钱正面为阳，背面为阴。此种筮法，其弊在于无法产生

---

① （宋）朱熹：《易学启蒙》卷4，朱杰人、严佐之、刘永翔主编：《朱子全书》第1册，上海古籍出版社2002年版，第258—259页。

变爻。另一种金钱卦筮法则是以三枚铜钱起卦,将三枚铜钱放入手中,双手合拢随意晃动若干次,然后抛到平整的桌面上,连续六次,三个正面为老阳,三个反面为老阴,一正二反为少阳,二正一反为少阴。因古代铜钱形制、新旧不一,所以不建议选用旧时的钱币。读者若要尝试一下占筮活动的话,可选用中国人民银行发行的五角铜币,其大小、质地及颜色都最为合适。

阴 阳

阴阳是《周易》的核心思想。尽管《易经》中没有完全出现"阴阳"二字,只在《中孚·九二》爻辞"鸣鹤在阴,其子和之"中出现一次"阴"字,但整部《易经》可以视为一个阴阳二元对立统一的体系。

阴阳最初的含义与日光有关,有日光照耀的天气为阳,不见日光的天气为阴;日光容易照射到的地方为阳,日光不容易照射到的地方为阴。《易传》中首先把阴阳概念引入解《易》的是《彖》《象》,《彖》中对阴阳的使用集中在《泰》《否》两卦,《泰·彖》:"泰,小往大来,吉,亨。……内阳而外阴,内健而外顺,内君子而外小人。"《否·彖》:"否之匪人,不利君子贞,大往小来。……内阴而外阳,内柔而外刚,内小人而外君子。"《象》对"阴阳"的使用仅见于对《乾》《坤》初爻的解释上,《乾·初九·小象》:"潜龙勿用,阳在下也。"《坤·初六·小象》:"履霜,坚冰至,阴始凝也。"虽然《彖》《象》中阴阳的概念使用较少,但基本构建起了天地阴阳二气相交相感的天道观。就阴阳与卦爻象的结合来看,既可指"乾""坤"经卦之体,也可指"—""- -"之爻。

《彖》《象》之后,对阴阳观念作了较大发展的是《系辞》:"阳卦多阴,阴卦多阳,其故何也?阳卦奇,阴卦偶。其德行何也?阳一君而二民,君子之道也。阴二君而一民,小人之道也。"按照《系辞》"乾道成男,坤道成女"的说法,乾道所成"震""坎""艮"三男为阳卦,这三卦都是由一个阳爻和两个阴爻组成,故曰"阳卦多阴";坤道所成"巽""离""兑"三女为阴卦,这三卦都是由一个阴爻和两个阳爻组成，故曰"阴卦多阳"。可见，《系辞》中"阴阳"的概念，可指爻，可指卦；而且突破了《彖》在卦的意义上只能以乾坤纯阳纯阴之体称"阴阳"的说法。

《易传》对阴阳关系进行了深入探讨，提出了很多重要的观点，如"一阴一阳之谓道""阳尊阴卑""阳主阴从""阳大阴小""阴阳合德"等，读者可结合《易传》对《易经》的解释仔细体会。

刚　柔

《彖》《象》大量使用"刚柔"概念解《易》，这与极少运用"阴阳"概念解《易》形成了鲜明对照。《彖》中"刚"字出现59次，"柔"字出现39次；《小象》中"刚"字出现了13次，"柔"字出现了6次。《彖》引入"刚柔"与卦爻象结合，如《否·彖》："内阴而外阳，内柔而外刚。"这句话也将"阴阳"与"刚柔"两组概念联系了起来。"内柔外刚"之语，乍一看似乎"柔"指坤卦、"刚"指乾卦为，刚柔指的是卦，但更准确地说，当是内卦坤全为柔爻，外卦乾全为刚爻的意思。因为就《彖》《小象》总体使用"刚柔"概念解《易》实践来看，"刚柔"是一组对《易经》"爻"的性质予以定义的概念。如《屯·彖》："屯，刚柔始交而难生。"朱熹《周易本义》："'始交'，谓震；'难生'，谓坎。"① 是说乾之阳爻与坤之阴爻初次相交而得震卦，可见刚柔是指阳爻和阴爻。再如《师·彖》："刚中而应"，"刚"是指九二阳爻。又如《蒙·九二·小象》："'子克家'，刚柔接也"，"刚柔"指九二与初六。又如《豫·六五·小象》："'六五贞疾'，乘刚也"，六五所乘之"刚"为九四。又如《姤·初六·小象》："'系于金柅'，柔道牵也"，"柔"指初六。

在此，《彖》中有几处关于"刚"的用例需要略作辨析：

《讼·彖》："上刚下险，险而健。"
《需·彖》："刚健而不陷。"

---

① （宋）朱熹：《周易本义》，北京古籍出版社1996年版，第265页。

《大畜·象》："刚健笃实辉光。"

"上刚下险"似乎是说上卦为"刚"，但实际是说上卦三爻的属性都是"刚"爻，所以作者在下文以"险而健"之"健"对上经卦之德作了补充说明。"刚健"一词，不是说内卦乾为"刚"，而是说内卦乾三爻的属性为"刚"，"健"则是对乾卦之体的界定。可见，从"刚柔"被《彖》《象》引入解《易》时，即明确是对"爻"的属性的界定。

《彖》《象》之后，《文言》中"柔"字出现了1次，"刚"字出现了3次，就其言乾卦"九三重刚""九四重刚"之语而言，"刚柔"指爻的属性是明确的。《系辞》中"柔"字出现了13次，"刚"字出现了11次，日本学者今井宇三郎认为《系辞》中的"刚柔"专指"爻"而言，意即刚爻、柔爻。① 这个论断是正确的。《说卦》："观变于阴阳而立卦，发挥于刚柔而生爻。"《杂卦》："《乾》刚，《坤》柔……《姤》遇也，柔遇刚也……《夬》决也，刚决柔也。"马王堆帛书《易之义》篇："子曰：'《易》之义谇阴与阳，六画而成章。曲句焉柔，正直焉刚。六刚无柔，是谓大阳，此天［之义也］。□□□□□见始而□□方。六柔无刚，此地之义也。天地相率，气味相取，阴阳流刑，刚柔成章。万物莫不欲长生而恶死，会心者而始作易，和之至也。'"② 皆可见"刚柔说"是基于爻的意义。而《易之义》"曲句焉柔，正直焉刚"之语，直接从爻画的特点界定"刚柔"，也反映了爻画的写法至秦汉之际已基本定型化。

健　顺

"健顺"是《彖》《象》引入解《易》实践的一组概念。春秋时

---

① ［日］小野泽精一、福永光司、山井涌等编著：《气的思想——中国自然观和人的观念的发展》，上海人民出版社1999年版，第114—115页。
② 廖名春：《帛书〈周易〉论集》，上海古籍出版社2008年版，第381页。为方便读者的理解，个别通假字略作改动。

期的文献中，尚无"健"字出现，只有与健字意义相近的是"伉"字。《说文解字》曰："健，伉也，从人建声。""顺"的概念，则因西周以来礼乐文化的影响而高度发达，就《左传》《国语》等对"顺"德的阐述来看，主要指少顺长，小顺大，臣顺君，人顺天等内容，是卑、弱、小一方相对尊、大、长一方的道德要求。春秋时期的易学即以坤之德性为"顺"。《国语·晋语》：

> 公子亲筮之，曰："尚有晋国?"得贞《屯》悔《豫》，皆八也。……司空季子曰："吉。……震，车也。坎，水也。坤，土也。屯，厚也。豫，乐也。车班内外，顺以训之，泉原以资之。土厚而乐其实，不有晋国，何以当之? 震，雷也，车也。坎，劳也，水也，众也。主雷与车，而尚水与众。车有震武，众顺文也。文武具，厚之至也。故曰《屯》。其繇曰：'元亨利贞，勿用有攸往，利建侯。'主震雷，长也。故曰'元'，众而顺，嘉也。故曰'亨'，内有震雷，故曰'利贞'。车上水下，必伯。小事不济，壅也。故曰'勿用有攸往'。一夫之行也，众顺而有威武，故曰'利建侯'。坤，母也。震，长男也。母老子疆，故曰'豫'，其繇曰：'利建侯行师'。居乐出威之谓也! 是二者，得国之卦也。"[①]

屯卦震下坎上，豫卦坤下震上，司空季子在解释两卦卦象的时候，以"顺"释坤而多次说"众顺"，反映了"顺"德在人道上的指向性。春秋时期虽没有乾德为健的说法，但《左传·文公五年》有"天为刚德"一语，"刚""健"二者的意义相近，为战国时期"健"德说的提出准备了条件。

《彖》中"顺"字出现 24 次，"健"字出现 10 次；《象》中"顺"字出现 18 次，"健"字只出现 1 次。《泰·彖》："内阳而外阴，内健而外顺。"《否·彖》："内阴而外阳，内柔而外刚。"泰卦乾下坤上，否卦坤下乾上，《彖》通过乾坤卦爻象与"阴阳""刚柔""健

[①] 徐元诰著，王树民、沈长云点校：《国语集解》，中华书局 2002 年版，第 340—342 页。

顺"相结合，不但赋予了三组概念的象数意义，而且实现了三组概念在意义上的联结。

《彖》《象》所用"顺"字，主要指坤卦之性为顺。如《坤·彖》："至哉坤元，万物资生，乃顺承天"，《师·彖》："刚中而应，行险而顺"，《豫·彖》："顺以动，豫"，《升·彖》："柔以时升，巽而顺"，《升·大象》："地中升木，升；君子以顺德，积小以高大。"由坤卦性之顺，又延伸出以柔爻在刚爻之下为"顺"。如《旅·彖》："旅，小亨，柔得中乎外，而顺乎刚，止而丽乎明，是以'小亨旅贞吉'也"，指六五顺于上九。再如《小过·彖》："有飞鸟之象焉，飞鸟遗之音，不宜上宜下大吉，上逆而下顺也"，"下顺"指初六、六二在九三之下为顺；"上逆"指六五、上六在九四之上为逆。又如《颐·六五·小象》："居贞之吉，顺以从上也"，《咸·六二·小象》："虽凶居吉，顺不害也"，《明夷·六二·小象》："六二之吉，顺以则也"，皆是柔爻在下位顺刚爻之义。需要注意的是以下几个用例：

　　《蒙·上九·小象》："利用御寇，上下顺也。"
　　《临·九二·小象》："咸临吉无不利，未顺命也。"
　　《渐·九三·小象》："利用御寇，顺相保也。"
　　《革·上六·小象》："小人革面，顺以从君也。"

前三例《小象》于刚爻之象亦言"顺"，《蒙》卦是指六五柔爻与上九相顺，《临》卦是指六三柔爻在九三之上，与九二不顺；《渐》卦是指六二柔爻与九三相顺。可见《小象》虽在刚爻之象上言"顺"，所指皆是柔爻在下位顺刚爻之义。之于《革》卦的用例，上六在九五之上，与九五不顺，《小象》的用意是上六小人"应当"顺从九五国君的旨意，所以不算突破柔爻顺于刚爻的体例。

至于"健"字，则只能指乾卦之德性，而不能指刚爻的性质。《彖》中所言"健"字皆指乾卦卦象。如《需·彖》"刚健而不陷"，《讼·彖》"上刚下险，险而健"，《小畜·彖》"健而巽"，《泰·彖》"内健而外顺"，《同人·彖》"文明以健"，《大有·彖》"其德刚健而文明"，《大畜·彖》"刚健笃实辉光，日新其德，刚上而尚贤。能止健，大正也"，《夬·象》"健而说"。"健"字在《象》中只出现 1 次，即《乾·大象》"天行健"之语，此"健"字自然也是指乾卦的德性而言。这便带来一个问题："天行健"与其他六十三卦《大象》文辞在体例上不谐。后者皆是先揭示一卦上下二体之象以引出卦名，后阐发一卦的义理；尤其是阐释八经卦自重而得的六爻卦之象时，注重卦序上相邻两卦在行文上的一致性，如"水洊至，坎"① 对应"明两作，离"，"洊雷，震"对应"兼山，艮"，"随风，巽"对应"丽泽，兑"，但乾卦《大象》"天行健"一语没有出现乾卦卦名，而与之相对应的"地势坤"一语，坤卦的卦名也是出现的。为何《大象》唯独解释乾卦不称卦名？有学者认为"健"是"乾"之讹，或认为"乾""健"通假，甚至认为"☰""☷"本来的卦名是"健""顺"。这些观点都欠妥当。若我们从《彖》《象》引入"健顺"概念，并赋予其象数意义的角度看，就会发现问题的所在："顺"概念既可指卦象，又可指爻象；"健"概念则只能指乾卦之象，而不能指阳爻之象。战国时期的解《易》文献《彖》《象》《文言》《系辞》等各篇都是单行的，《小象》因只释爻象而无法使用"健"的概念，六十四卦唯独乾卦当"健"之义，若《大象》不曰"天行健"而曰"天行，乾"，则《象》中的"以乾为健"意义就被隐没了，《大象》当是出于保留"健顺"概念象数意义考虑，以"健"代"乾"而不写卦名。

爻位说

《彖》《象》把"阴阳""刚柔""健顺"三组概念引入解《易》实践之中，以之创立了战国易学最主要的解《易》理论——爻位说。《彖》《小象》的爻位说，可细分为"当位说"、"中位说"、"应位说"、"乘顺说"、"际遇说"等几种解《易》体例。兹略作说明：

"当位说"是辨析爻的性质与其所居位的性质是否相符的学说。按照一般的理解，以一卦六位的"初、三、五"奇位为阳位，"二、

---

① 坎卦名或作"习坎"，高亨认为"习"字为后人依据《彖》《象》所加。详见高亨《周易古经今注》，中华书局1984年版，第242页。

四、上"偶位为阴位。若刚（阳）爻处于奇位，柔（阴）爻处于偶位，则为"当位"；若柔（阴）爻处于奇位，或刚（阳）爻处于偶位，则不当位，又称"失位"。卦爻当位则吉，不当位则往往不吉。《彖》多用"当位说"解释卦名和卦爻辞。如《遁·彖》："'遁亨'，遁而亨也。刚当位而应，与时行也"，指刚爻居五位，当位且与六二阴爻相呼应。再如《噬嗑·彖》曰："柔得中而上行，虽不当位，'利用狱'也。"指柔爻居五位不当位。又如《归妹·彖》："'征凶'，位不当也。"是说《归妹》卦中间四爻，九二以阳爻居阴位，六三以阴爻居阳位，九四以阳爻居阴位，六五以阴爻居阳位，处位皆不当。《小象》亦多用"当位说"解说爻辞。如《履·六三·小象》："'咥人'之'凶'，位不当也。"再如《履·九五·小象》："'夬履贞厉'，位正当也。"又如《否·六三·小象》："'包羞'，位不当也。"又如《旅·九四·小象》："'旅于处'，未得位也。"需要特别指出的是：关于"当位说"，王弼认为《易传》不论初位和上位当位与否。《周易略例》：

> 案，《象》无初上得位失位之文。又，《系辞》但论三五、二四同功异位，亦不及初上，何乎？唯《乾》上九《文言》云"贵而无位"；《需》上六云"虽不当位"。若以上为阴位邪？则《需》上六不得"云不当位"也；若以上为阳位邪？则《乾》上九不得云"贵而无位"也。阴阳处之，皆云非位，而初亦不说当位失位也。然则，初上者是事之终始，无阴阳定位也。故《乾》初谓之"潜"，过五谓之"无位"。未有处其位而云"潜"，上有位而云"无位"者也。历观众卦，尽亦如之。初上无阴阳定位，亦以明矣。①

笔者认为，王弼的意见是对的。《象》《小象》无一言涉及初位之爻是否当位的问题；至于论上位之爻当位与否，仅见《需·上六·小象》"虽不当位，未大失也"一处，"虽不当位"之语，王弼已辨

---

① 楼宇烈：《王弼集校释》，中华书局1980年版，第613页。

析其与"当位说"的解《易》体例不合，现在看此处实为衍文，当涉《噬嗑·象》《困·九四·小象》《未济·象》中的"虽不当位"之语而误。《象》《小象》对于初爻和上爻的解释体例，确如《系辞》所总结的："其初难知，其上易知，本末也。初辞拟之，卒成之终"，强调的是本末、终始的意义，而非辨析其当位不当位。至于《文言》论《乾》上九"贵而无位"，笔者认为，其是从王朝政治的角度阐述上九无位，因为乾卦九五为至尊之位，上九之位"亢龙"势过其极，喻示虽为天子却无至尊之位的权势，故曰"无位"。如果从"当位说"的角度看，《文言》成书于《象》《小象》之后，其虽接受了"爻位说"，却对《象》《小象》不论初、上当位的原理没有深察，而认为乾上九是阳据阴位，失位，故"无位"。

"中位说"缘于古人的"尚中"观念，认为一卦的二、五位分别居于下经卦和上经卦的中间位置，从而具有特别重要的意义。一卦的卦义，往往决定于二位和五位的刚柔情况。如《履·象》："刚中正，履帝位而不疚"，认为阳刚中正之德可以践履帝位。再如《观·象》："中正以观天下"，指出《观》卦主旨是以中正的态度观察天下民政。据笔者统计，《象》中涉及对中位的解释多达41处，可见《象传》对一卦之中位非常重视。《小象》亦多用中位说解《易》，如《坤·六五·小象》："'黄裳元吉'，文在中也。"再如《比·九五·小象》："'显比'之'吉'，位正中也。舍逆取顺，'失前禽'也。'邑人不诫'，上使中也。"需要特别指出的是，《象》《小象》在论述"中位"意义的同时，仍辨析其当位不当位，兹作一详细解说：

如果是九二、六五，则不当位，只称"刚中""柔中"或"中"。如《旅·彖》："柔得中乎外，而顺乎刚"，六五不正位，故只言"柔得中"。再如《解·彖》："其来复吉，乃得中也"，《彖》以"来"指称下经卦，以"往"指称上经卦，"来"指明卦爻在下经卦坎，九二不正位，故只言"中"。又如《需·九二·小象》："'需于沙'，衍在中也。虽'小有言'，以吉终也"，《师·六五·小象》："'长子帅师'，以中行也。'弟子舆尸'，使不当也"，皆只言"中"。

如果是二、五位同是阴爻或阳爻，且不特指哪一爻，《彖》只称"柔中"或"刚中"，如《坎·彖》"乃以刚中也"、《大过·彖》"刚过而中"、《困·彖》"以刚中也"、《兑·彖》"刚中而柔外"、《中孚·彖》"柔在内而刚得中",皆是九二不正位、九五正位,概而言之,故不言"正",只言"刚中"。再如《小过·彖》:"柔得中,是以小事吉也",六二正位,六五不正位,总而言之,故不言"正",只言"柔中"。

只有六二、九五,才能称"正中""正位"或"正当"。如《需·彖》"位乎天位,以正中也"、《履·彖》"刚中正,履帝位而不疚",皆指九五正位。再如《离·彖》:"柔丽乎中正",专指六二正位。又如《益·彖》:"利有攸往,中正有庆",指六二、九五皆正位。

还有虽处位中正却只言"中"不言"正",一共涉及《小象》三处文辞。《离·六二·小象》:"'黄离,元吉',得中道也",不言"正",当是因为《彖》已经指出了六二中正的缘故。另外两处是《谦·六二·小象》"'鸣谦,贞吉',中心得也"和《坎·九五·小象》"'坎不盈',中未大也",当是因为《谦》六二之柔正、《坎》九五之刚正,不言自明。

另外需要特别指出的两处是:一处是《大有·彖》:

"大有",柔得尊位大中,而上下应之,曰"大有"。其德刚健而文明,应乎天而时行,是以"元亨"。

"柔得尊位",是不是指《大有》六五正位?不是,只是表示柔爻占据上卦中位而已。若是表示得位为正位,《彖》一般会进一步说明,如:

《同人·彖》:"'同人',柔得位得中而应乎乾,曰'同人'……文明以健,中正而应,君子正也。"
《渐·彖》:"进得位,往有功也。进以正,可以正邦也。其位,刚得中也。"

《同人·彖》为说明六二正位,于"得位得中"之后,又进一步指出其"中正";《渐·象》"进得位"指九五,后面又曰"进以正",以指出其正位。

另一处是《未济·九二·小象》:

"九二贞吉",中以行正也。

笔者认为,九二、六五不当位,此是《彖》《小象》之通例,故此处的"中以行正也"当作"以中行也","正"字或是受了《未济》九二爻辞之"贞"字的影响而误增,因为《小象》一般把"贞"解释为"正"。

在此赘述几句《文言》的"中位说",《文言·乾》:

九二曰:"见龙在田,利见大人",何谓也?子曰:"龙德而正中者也。"

《文言·坤》:

君子"黄"中通理,正位居体,美在其中,而畅于四支,发于事业,美之至也。

《乾》九二不正位,如何言"正中"?《坤》六五不正位,如何言"正位"?于此可见《文言》的作者虽接受了《彖》《小象》的"当位说"和"中位说",但并没有真正理解其中的深刻含义,误认为只要中位皆是正位,而不知《彖》《小象》凡言"中正""正中"皆须爻位的阴阳意义与卦爻的刚柔意义一致。此亦《文言》较《彖》《小象》晚出之证。

"应位说"是指上下卦相对应的两个爻位(初与四、二与五、三与上),如果爻的性质刚柔相反,那么二者是相应的关系,吉利;反之,如果两爻都是阴爻或都是阳爻,则二者是不相应的关系,或称"敌应",不吉。如《师·彖》:"刚中而应,行险而顺,以此毒天下,而民从之,吉又何咎矣",是说九二与六五相应。再如《同人·彖》:

"文明以健,中正而应,君子正也",是说六二与九五相应。又如《恒·彖》:"刚上而柔下,雷风相与,巽而动,刚柔皆应",是说初六与九四、九二与六五、九三与上六皆相应。又如《未济·彖》:"虽不当位,刚柔应也",《未济》卦坎下离上,六爻皆不当位,但初与四爻、二与五爻、三与上爻,皆一阴爻与一阳爻相应,即"刚柔应",《彖》认为结果是吉利的。可见"应位说"是"当位说"的补充与发展。

"乘顺说"是解释一卦中相邻两爻或数爻的上下关系的爻位说。"乘"有乘凌、凌驾、压制的意思,就《彖》《小象》对"乘"的解《易》体例使用情况来看,皆指上位阴爻乘凌下位阳爻。如《夬·彖》:"'扬于王庭',柔乘五刚也",是指上六乘凌它之下的五个阳爻。再如《归妹·彖》:"'征凶',位不当也;'无攸利',柔乘刚也",是指六三凌驾于初九、九二之上。又如《屯·六二·小象》:"六二之难,乘刚也。'十年乃字',反常也",是指六二凌驾于初九之上。又如《豫·六五·小象》:"'六五贞疾',乘刚也。'恒不死',中未亡也",是指六五凌驾于九四之上。又如《震·六二·小象》:"'震来厉',乘刚也",是指六二凌驾于初九之上。又如《困·六三·小象》:"'据于蒺藜',乘刚也",是指六三凌驾于九二之上。"顺"有顺从、顺承、服从的意思,就《彖》《小象》对"顺"的解《易》体例使用情况来看,皆指下位阴爻顺承上位阳爻。《坤·彖》开宗明义,指出阴爻当顺承阳爻:

> 至哉坤元,万物资生,乃顺承天。坤厚载物,德合无疆。含弘光大,品物咸亨。牝马地类,行地无疆,柔顺利贞。

故《彖》中凡言"柔顺刚""下顺"之语,皆指下位柔爻顺承上位刚爻。如《比·彖》:"比,吉也;比,辅也,下顺从也",是指初至四位阴爻皆顺承九五。再如《小过·彖》:"有飞鸟之象焉,飞鸟遗之音,不宜上宜下大吉,上逆而下顺也","下顺"是指初六、六二皆顺承九三。又如《旅·彖》:"柔得中乎外,而顺乎刚",指六五顺承上九。又如《巽·彖》:"重巽以申命,刚巽乎中正而志行,柔皆顺乎刚"，指初六顺承九二，六四顺承九五。《小象》更是多用"顺"字以表示下位阴爻与上位阳爻的关系。如《蒙·六五·小象》："童蒙之吉，顺以巽也"，《蒙·上九·小象》："利用御寇，上下顺也"，六五顺承上九之义甚明。再如《比·六四·小象》："外比于贤，以从上也"，《比·九五·小象》："舍逆取顺，失前禽也"，是说六四顺承九五。又如《需·六四·小象》："需于血，顺以听也"，指六四顺承九五。又如《颐·六五·小象》："居贞之吉，顺以从上也"，指六五顺从上九。又如《咸·六二·小象》："虽凶居吉，顺不害也"，指六二顺承九三。又如《明夷·六二·小象》："六二之吉，顺以则也"，指六二顺承九三。又如《家人·六二·小象》："六二之吉，顺以巽也"，《家人·六四·小象》："富家大吉，顺在位也"，指六二顺承九三、六四顺承九五。又如《涣·初六·小象》："初六之吉，顺也"，指初六顺承九二。可见，"乘顺说"体现了《彖》《小象》作者浓郁的"尊阳卑阴"思想。

"际遇说"亦是对相邻的属性不同的两个爻之间关系的解说。当阴爻与阳爻相邻，二者又不是明显的乘、顺关系时，则往往从"际"或"遇"的角度解释之。"际"指毗邻、交接，"遇"亦是相遇、相接之意，二者的意思差别不大。"际遇说"与"乘顺说"相比，前者不像后者那样有着鲜明的褒贬色彩，而只是对相邻两爻不同属性状况的一种提示，以引起人们的注意。如《姤·彖》："'姤'，遇也，柔遇刚也"，指初六与九二相遇。再如《睽·九二·小象》："'遇主于巷'，未失道也"，《睽·六三·小象》："'无初有终'，遇刚也。"崔觐注曰："遇者，不期而会。"[1] 可见《小象》所谓"遇主""遇刚"指九二与六三相遇。又如《解·初六·小象》："刚柔之际，义无咎也"，指初六与九二交接。又如《坎·六四·小象》："'樽酒簋贰'，刚柔际也"，指六四与九五交接。又如《蒙·九二·小象》："'子克家'，刚柔接也"，指九二与六三交接。又如《鼎·上九·小象》："'玉铉'在上，刚柔节也"，指六五与上九交接。又如《泰·九三·小象》："'无往不复'，天地际也"，指九三与六四交接。

---

[1] （清）李道平著，潘雨廷点校：《周易集解纂疏》，中华书局1994年版，第359页。

一卦主爻说

一卦主爻说，是指一卦六爻的地位和作用是不同的，在决定卦义、体现卦德、占断吉凶等方面发挥主导作用的一个爻或两个爻，称之为一卦主爻。一卦六爻有主次之分的观念，萌芽于《彖》。《彖》重视一卦中二、五位之爻的属性，多以之论述卦义，笔者在上文"爻位说"中已述。此外，《彖》在解卦时，直接指出某爻在卦中的主导地位，如《小畜·彖》："柔得位而上下应之，曰小畜。"此是以六四为《小畜》卦义之主导。《大有·彖》："柔得尊位，大中而上下应之，曰大有。"此是以六五为《大有》卦义之主导。《无妄·彖》："无妄，刚自外来而为主于内。"此是以初九为《无妄》卦义之主导。《彖》之后，《说卦》提出乾坤生六子说："乾，天也，故称乎父；坤，地也，故称乎母。震一索而得男，故谓之长男；巽一索而得女，故谓之长女；坎再索而得男，故谓之中男；离再索而得女，故谓之中女；艮三索而得男，故谓之少男；兑三索而得女，故谓之少女。"震、坎、艮皆一阳爻二阴爻，而其卦性以一阳爻为主；巽、离兑皆一阴爻二阳爻，而其卦性以一阴爻为主。

《易传》之后，进一步发展一卦主爻说的是西汉易学家京房，《京氏易传·姤》："定吉凶，只取一爻之象。"其八宫卦的体系，即以各宫的"世爻"为主爻。东汉经学家郑玄则吸收了《说卦》六子卦的主爻思想，提出了爻体说的解《易》体例。张涛先生指出："爻体是指某一爻可以代表某一卦体，同时代表某一卦义。如屯卦上体为坎，下体为震。震之初为阳爻，凡初或四为阳爻，皆可称'震爻'，并取震卦之义。又如兑之上为阴爻，凡三或上为阴爻，皆可称'兑爻'，并取兑卦之义。这样，根据一爻就可以推导出一个新的卦象。这是对以往象数理论中卦主说的继承、丰富和发展。"[①]

郑玄之后，三国时期玄学家王弼又从哲学的高度将一卦主爻说进一步理论化、系统化。《周易略例·明彖》："夫众不能治众，治众

---

① 张涛：《论郑玄易学》，《南都学坛（哲学社会科学版）》2000年第1期。

者，至寡者也……故六爻相错，可举一以明也；刚柔相乘，可立主以定也……夫少者，多之所贵也；寡者，众之所宗。一卦五阳而一阴，则一阴为之主矣；五阴而一阳，则一阳为之主矣。夫阴之所求者，阳也；阳之所求者，阴也。阳苟一焉，五阴何得不同而归之？阴苟只焉，五阳何得不同而从之？故阴爻虽贱，而为一卦之主者，处其至少之地也。"①

王弼之后，对主爻理论贡献最大的当属清代学者李光地，他将一卦主爻分为"成卦之主"和"主卦之主"，认为二者在一卦中的地位和作用是不同的，《周易折中·凡例》："凡所谓卦主者，有成卦之主焉，有主卦之主焉。成卦之主，则卦之所由以成者。无论位之高下，德之善恶，若卦义因之而起，则皆得为卦主也。主卦之主，必皆德之善，而得时、得位者为之。故取于五位者为多，而它爻亦间取焉。其成卦之主，即为主卦之主者，必其德之善，而兼得时位者也。其成卦之主，不得为主卦之主者，必其德与时位，参错而不相当者也。大抵其说皆具于夫子之《彖传》，当逐卦分别观之。若其卦成卦之主，即主卦之主，则是一主也。若其卦有成卦之主，又有主卦之主，则两爻皆为卦主矣。或其成卦者兼取两爻，则两爻又皆卦主矣。或其成卦者兼取两象，则两象之两爻，又皆为卦主矣。亦当逐卦分别观之。"②

一卦主爻说是分析一卦六爻关系、阐释《易经》卦义的重要理论，但也有应用上的局限性，因为《易经》卦义的形成是受多方面因素影响的，故主爻说并不能全部适用于六十四卦，我们在探究易卦的奥秘时，需要兼用象数和义理的手段进行综合考量。

互 体

互体是源于春秋时期的《易》说，指《易》卦上下两体交互取象而形成新卦，又叫"互卦"。如《左传·庄公二十二年》：

---

① 楼宇烈：《王弼集校释》，中华书局1980年版，第591—592页。
② （清）李光地著，刘大钧整理：《周易折中》，巴蜀书社1998年版，第30页。

周史有以《周易》见陈侯者，陈侯使筮之，遇《观》之《否》，曰："是谓'观国之光，利用宾于王。'此其代陈有国乎？不在此，其在异国；非此其身，在其子孙。光，远而自他有耀者也。坤，土也。巽，风也。乾，天也。风为天于土上，山也。有山之材，而照之以天光，于是乎居土上，故曰：'观国之光，利用宾于王。'庭实旅百，奉之以玉帛，天地之美具焉，故曰：'利用宾于王'。犹有观焉，故曰其在后乎！风行而著于土，故曰其在异国乎！若在异国，必姜姓也。姜，大岳之后也。山岳则配天。物莫能两大。陈衰，此其昌乎！"及陈之初亡也，陈桓子始大于齐；其后亡也，成子得政。[1]

《观》卦象为坤下巽上，坤为土，巽为风；《否》卦象为坤下乾上，乾为天。《观》《否》二卦都没有山的卦象，为什么周史说"风为天于土上，山也"呢？西晋杜预解释曰："自二至四有艮象，艮为山。"[2] 按此理论，对于六十四别卦来说，其二至四爻、三至五爻，不考虑是否重复，又可组成两个新的经卦，而初至四、二至五、三至上又可视为三个新的别卦，如此则一个别卦实则包含了四个经卦、四个别卦。古代象数派易学家对互体说多有创新，如东汉郑玄以四个爻画构成互体之卦，其注《大畜》卦辞"不家食吉"曰："自九三至上九有颐象，居外，是'不家食吉'。"[3] 三国时虞翻易学则有"二爻互体""三爻互体""四爻互体""五爻互体"等诸种说法。"二爻互体"，又称"半象"。虞氏注《小畜·彖》"密云不雨，尚往也"曰："密，小也。兑为密。需坎升天为云，坠地称雨。上变为阳，坎象半见。故'密云不雨，尚往也'。"[4] 所谓"坎象半见"，是指小畜卦四五爻互体成坎卦下部分。关于"五爻互体"，虞氏注《明夷·大象》"明入地中，明夷。君子以莅众，用晦而明"曰："君子谓三。体师

---

[1] 杨伯峻：《春秋左传注》，中华书局1990年版，第222—224页。
[2] 按："互体"在《国语》《左传》的《易》说中仅此一例。
[3] （清）孙星衍：《周易集解》卷4，上海书店1988年版，第230页。
[4] （唐）李鼎祚：《周易集解》卷3，上海古籍出版社1989年版，第49页。

象，以坎莅坤。坤为众，为晦，离为明，故'用晦如明'也。"① 所谓"体师象"，是以二至上位五爻互体象师卦，下经卦为坎，上经卦为坤，故曰"以坎莅坤"。

"互体说"增大了易卦取象的范围，使人们在解释《易经》卦爻辞的意义、研判筮占的结果等方面有了更大的灵活性。

元亨利贞

"元亨利贞"是《易经》中的重要术语，单字或组合出现在《易经》卦爻辞中达188次之多。"元亨利贞"四字联用，出现在《乾》《屯》《随》《临》《无妄》《革》6个卦的卦辞中；"元亨"二字联用，出现在《坤》《大有》《蛊》《升》4个卦的卦辞中；"利贞"二字联用，出现在《蒙》《大畜》《离》《咸》《恒》《遁》《大壮》《萃》《渐》《兑》《涣》《中孚》《小过》《既济》14个卦的卦辞中；还有31卦的卦辞中出现"元亨利贞"的单字或与其他词的组合，只有《讼》《观》《剥》《颐》《晋》《睽》《姤》《井》《艮》9个卦的卦辞中"元亨利贞"一个字也没有出现。此外，"元亨利贞"之字在六十四卦爻辞中亦是频频出现。可以说，对"元亨利贞"这一断占之辞的认识，关涉我们对《易经》卦爻辞，甚至《易经》一书性质的理解。

就现有的文献来看，最先阐释"元亨利贞"之义的是春秋时期鲁成公母亲穆姜，《左传·襄公九年》：

> 穆姜薨于东宫。始往而筮之，遇《艮》之八。史曰："是谓《艮》之《随》。《随》，其出也，君必速出！"姜曰："亡！是于《周易》曰：'《随》，元、亨、利、贞，无咎。'元，体之长也；亨，嘉之会也；利，义之和也；贞，事之干也。体仁足以长人，嘉德足以合礼，利物足以和义，贞固足以干事。然，故不可诬也，是以虽随无咎。今我妇人，而与于乱。固在下位，而有不

---

① （唐）李鼎祚：《周易集解》卷7，上海古籍出版社1989年版，第122页。

仁，不可谓元。不靖国家，不可谓亨。作而害身，不可谓利。弃位而姣，不可谓贞。有四德者，随而无咎。我皆无之，岂随也哉！我则取恶，能无咎乎？必死于此，弗得出矣。"①

穆姜以元亨利贞为"仁""义""礼""贞固"四德的说法，后为《文言》所引。孔颖达《周易正义·乾》引《子夏传》之说："元，始也；亨，通也；利，和也；贞，正也。"②孔氏解释说："言此卦之德，有纯阳之性，自然能以阳气始生万物而得元始亨通，能使物性和谐，各有其利，又能使物坚固贞正得终。此卦自然令物有此四种使得其所，故谓之四德。言圣人亦当法此卦而行善道，以长万物，物得生存而为'元'也；又当以嘉美之事，会合万物，令使开通而为'亨'也；又当以义协和万物，使物各得其理而为'利'也；又当以贞固干事，使物各得其正而为'贞'也，是以圣人法乾而行此四德，故曰'元、亨、利、贞'。"③可见，孔疏把穆姜的四德说与子夏之说糅合了起来，这也成为古代易学关于"元亨利贞"的主流观点。

直到20世纪初期，罗振玉通过对甲骨文中"贞"字的考释，肯定了许慎《说文解字》"贞"为"卜问"的说法。④李镜池于1930年撰成的《周易筮辞考》一文采纳了罗振玉的观点，认为"《周易》卦、爻辞的贞，是贞之于蓍"，即占问之义；并提出"元亨利贞"四字应该分两读念："元亨，利贞"，"元"字只是副词，不能独立使用，"利"字、"贞"字亦亦须与他词联结而成文，从而否定了"元亨利贞"的本义为"四德"说。⑤高亨继李镜池之后，对《易经》中的"元亨利贞"之义作了比较全面、系统的研究，他认为："元，大也；亨，即享祀之享；利，即利益之利；贞，即贞卜之贞也。"⑥高

---

① 杨伯峻：《春秋左传注》，中华书局1990年版，第964—966页。
② 今本《子夏易传》或为后人伪作，但孔氏所引，当为先秦易学之遗说，因为《乾·彖》及《文言·乾》"乾'元'者，始而亨者也"一节，与《子夏传》的解释相谐。
③ （唐）孔颖达著，李申、卢光明整理：《周易正义》，北京大学出版社标点本1999年版，第1页。
④ 罗振玉：《增订殷虚书契考释》卷中，东方学会民国十六年石印本，第18页。
⑤ 李镜池：《周易探源》，中华书局1978年版，第26—32页。
⑥ 高亨：《周易古经今注》，中华书局1984年版，第110页。

亨的观点自发表以来产生了广泛的影响。今人对高亨的解释又提出一些修正意见。如郑万耕认为，对于元亨利贞的解释"不必定于一体，不必一例求之"，"元"当兼首（最）、始、大三义，"亨"之义或为祭祀、或为沟通、或为亨通，"贞"之义"一般情况下，可释为占问，而有些地方也可以释为守正或坚贞。"① 笔者赞同郑先生的观点，因当今学术界对"贞"的含义仍多有争论，故对"贞"字赘述几句：《说文解字》曰："贞，卜问也。从卜，贝以为贽。一曰鼎省声。"罗振玉已经指出，"古金文中'贞''鼎'二字多不别……合卜辞观之，并可为许书之证。"② "贞"与"鼎"字形相同，"鼎"为象形字，当为本字；"贞"字借用鼎的字义，当为假借字。至于"贞"为什么借用"鼎"字，并且后来以"鼎"为构形部件，当与占卜时贞人以鼎火炙烤龟甲的仪式有关。商周时期青铜鼎身多刻以突出双眼的兽面纹，鼎上沿铸有双耳，鼎口朝天，下三足立地，这种造型和纹饰体现了鼎"巽而耳目聪明"（《鼎·彖》）的特点，是当时浓郁的祭祀文化的反映，故《鼎·彖》曰："鼎，象也。以木巽火，亨饪也。圣人亨以享上帝，而大亨以养圣贤。"以鼎之首要功用为烹饪食物祭祀上帝。鼎在使用过程中又产生了"正""定"之义，就商代的青铜鼎来看，多为重器，在燃火烹饪之前，须先把鼎立正、立定，这既是对上帝享祀的虔诚，也是为了防止在向鼎中放入宰杀后的牲畜及烹饪时发生倾覆。若祭祀时鼎发生颠覆，则被视为大不祥，会受到杀戮的刑罚，其观念保存在《鼎·九四》爻辞："鼎折足，复公餗，其刑渥，凶。"所以《鼎·大象》曰："木上有火，鼎；君子以正位凝命。"《广雅》："凝，定也。"即是说古代君主举行享祀上帝之礼时，虔诚庄重，正鼎之位，精神凝定，以视天命。鼎在祭祀中衍生的"正""定"之义，自然传导到了占卜活动中，故"贞"字虽指"占问"，亦有"正""定"之义。

---

① 郑万耕：《易学中的元亨利贞说》，《首都师范大学学报（社会科学版）》2004年第3期。

② 罗振玉：《增订殷虚书契考释》卷中，东方学会民国十六年石印本，第18页。

吉凶悔吝厉咎

与"元亨利贞"相类,"吉凶悔吝厉咎"亦是《易经》卦爻辞中用以断定卦爻象意义的重要词语,《系辞》:

> 吉凶者,失得之象也。悔吝者,忧虞之象也。……吉凶者,言乎其失得也。悔吝者,言乎其小疵也。无咎者,善补过者也。……辨吉凶者存乎辞,忧悔吝者存乎介,震无咎者存乎悔。……吉凶悔吝者,生乎动者也。

关于"吉"字,在《易经》卦爻辞中出现了148次。《说文解字》:"吉,善也。从士口。"就甲骨文"吉"与"圭"的字形来看,"吉"的部首"士"当是"圭",后因形近误写作"士",吉字上圭下口,意为手持玉圭礼器向上帝祈求善祥福佑。《易经》中的"吉",可解释为吉祥、吉利、喜庆。

关于"凶"字,在《易经》卦爻辞中出现了58次。《说文解字》:"凶,恶也。象地穿交陷其中也。"段玉裁《说文解字注》:"凶者,吉之反。"凶即不幸、灾殃、祸殃之义。

关于"悔"字,在《易经》卦爻辞中出现了33次。《说文解字》:"悔,恨也。从心每声。"段玉裁《说文解字注》:"悔者,自恨之意。"《易经》卦爻辞中的"悔",体现了商周之际人们对个人行事所造成后果的一种自我省察的意识。所悔之事,可大可小,有灾、有罪可以言悔,《诗·大雅·抑》:"庶无罪悔。"《公羊传·襄公二十九年》:"天苟有吴国,尚速有悔于予身。"① 此悔之大者。有小的过失亦可以言悔,故《蛊·九三》:"小有悔",《豫·六三》:"迟,有悔"。所悔之事可以补救,则可"悔亡""无悔",《易经》中言"无悔"者凡16条,言"悔亡"者凡19条,可见周人非常注

---

① (唐)徐彦著,浦卫忠整理:《春秋公羊传注疏》卷21,北京大学出版社1999年标点本,第464—465页。

重观察人的自省活动，认为人们主动地"悔"则往往改变事件最终的结果。先秦儒家的自省精神，当与《易经》重"悔"的观念有密切的关系。今天我们理解《易经》中的"悔"，应根据所描述事件的性质，结合卦爻辞之义予以判断，可释为"悔恨""遗憾"或"灾殃"。

关于"吝"字，在《易经》爻辞中出现了 20 次。《说文解字》："吝，恨惜也。从口文声。"黄寿祺、张善文《周易译注》取此义将"吝"译为"憾惜"。高亨则释"吝"为"难"：

> 《周易》吝字皆借为遴。《说文》："遴，行难也。从辵舜声。《易》曰：'以往遴。'僯，或从人。"《广雅·释诂》："遴，难也。"考《易·蒙》初六云"发蒙，利用刑人，用说桎梏，以往吝"，许引作"遴"，可证许所据本，全书皆作遴也。又按《易·说卦》曰"为吝啬"，《释文》："吝，京作遴。"盖京房本行难之义作吝，爱啬之义作遴欤？抑其全书吝字皆作遴欤？不可知也。《汉书·地理志下》"民以贪遴争讼"，《杜钦传》"不可以遴"，《王莽传上》"班赏亡遴"，颜《注》并云："遴与吝同。"《高惠高后文功臣表》"遴柬布章"，《王莽传下》"性实遴啬"，颜《注》并云："遴读与吝同。"此又吝、遴通用之证。行难谓之遴，故遴者，艰难也。《周易》吝字均借为遴。①

高亨以"吝"为"遴"，以此论证"吝"之义为艰难，有一定道理，但若说"《周易》吝字皆借为遴"，则证据不足。从甲骨文到楷书，吝字字形都是从口、文声。段玉裁《说文解字注》："按此字盖从口文会意，凡恨惜者多文之以口，非文声也。"以文饰口，则有饰过之义。《论语·子张》记子夏之言曰："小人之过也，必文。"《系辞》言悔吝为"小疵""存乎介"，干宝曰："忧虞未至于失得，悔吝不入于吉凶。事有大小，故辞有缓急，各象其意也。"② 可见"吝"有小

---

① 高亨：《周易古经今注》，中华书局 1984 年版，第 129 页。
② （唐）李鼎祚：《周易集解》卷 13，上海古籍出版社 1989 年版，第 208—209 页。

的过失之义。出现小过失的原因，或受客观条件的限制，故吝有艰难之义；或受主观认识的束缚，故吝有憾惜之义；或是个人行为之不当，故吝又有羞愧之义。

关于"咎"字，在《易经》爻辞中出现了100次。《说文解字》："咎，灾也。从人从各。各者，相违也。"《说文解字注》："（咎）灾也。灾当是本作灾。天火曰灾，引申之凡失意自天而至曰灾。《释诂》曰：'咎，病也'。《小雅·伐木》传曰：'咎，过也。'《北山》笺云：'咎犹罪过也。'《西伯戡黎》郑注：'咎，恶也。'《吕览·移乐》篇注：'咎，殃也。'《方言》：'咎，谤也。'"《易经》中的咎字，比凶的"灾殃"之义轻，可译为咎害，过失。

关于"厉"字，在《易经》爻辞中出现了27次。《说文解字》："厉，旱石也。"旱石即磨刀石。《说文解字注》："旱石者，刚于柔石者也。《禹贡》：'厉、砥、砮、丹。'《大雅》：'取厉取锻。'引申之义为作也，见《释诂》。又危也，见《大雅·民劳传》、虞注《周易》。又烈也，见《招魂》王注。俗以义异异其形，凡砥厉字作砺，凡劝勉字作励，惟严厉字作厉，而古引申假借之法隐矣。凡经传中有训为恶，训为病，训为鬼者，谓厉即疠之假借也。"《易经》中的厉字，多有预判和警戒之义，各随文意，可译为危险、祸患，或勉励、砥砺等义。

三 《易》

"三《易》"是《连山》《归藏》与《周易》三部筮书的合称。《周礼·春官·大卜》曰："掌三《易》之法，一曰《连山》，二曰《归藏》，三曰《周易》。其经卦皆八，其别皆六十有四。"《礼记·礼运》记孔子之言："我欲观殷道，是故之宋，而不足征也。吾得《坤乾》焉。《坤乾》之义，《夏时》之等，吾以是观之。"郑玄注"《坤乾》"曰："得殷阴阳之书也，其书存者有《归藏》。"[1]东汉桓谭《新论·正经》："《连山》八万言，《归藏》四千三百言。夏《易》

---

[1] （唐）孔颖达著，龚抗云整理：《礼记正义》，北京大学出版社1999年标点本，第664—665页。

繁而殷《易》简，《连山》藏于兰台，《归藏》藏于太卜。"① 孔颖达《周易正义·卷首》"论三代《易》名"条引郑玄曰："夏曰《连山》，殷曰《归藏》，周曰《周易》。……《连山》者，象山之出云，连连不绝；《归藏》者，万物莫不归藏于其中；《周易》者，言易道周普，无所不备。"② 朱震《汉上易传》引三国姚信曰："连山氏得河图，夏人因之，曰《连山》；归藏氏得河图，商人因之，曰《归藏》；伏羲氏得河图，周人因之，曰《周易》。连山，神农氏也；归藏，黄帝氏也。"③ 王应麟《玉海》引王洙曰："《山海经》云：'伏羲氏得河图，夏后因之，曰《连山》；黄帝得河图，商人因之，曰《归藏》；列山氏得河图，周人因之，曰《周易》。'"④ 按，今《山海经》不见此文，且与《山海经》文句绝不相类，疑是晋人郭璞注《山海经》之文。姚信、郭璞关于三《易》的说法，当皆本之于郑玄。可见，古人在三《易》的认识上，一致将其视为夏商周三代之易占类的筮书。

《连山》早已亡佚，清人马国瀚《玉函山房辑佚书》辑录了《连山》佚文，兹引数条：

> 《剥·上七》曰："数穷致剥而终吝。"《象》曰："致剥而终，亦不知变也。"
>
> 《复·初七》曰："龙潜于神，复以存身。渊兮无畛，操兮无垠。"《象》曰："复以存神，可与致用也。"
>
> 《姤·初八》曰："龙化于虵，或潜于窪，兹孽之牙。"《象》曰："阴滋牙，不可与长也。"
>
> 《中孚·初八》（笔者按："初八"疑当为"初七"）："一人知女，尚可以去。"《象》曰："女来归，孚不中也。"⑤

---

① （汉）桓谭著，朱谦之校辑：《新辑本桓谭新论》卷9，第38页。
② （唐）孔颖达著，李申、卢光明整理：《周易正义》，北京大学出版社1999年标点本，第7页。
③ （宋）朱震：《汉上易传》卷8，文渊阁四库全书本。
④ （宋）王应麟：《玉海》卷35，文渊阁四库全书本。
⑤ （清）马国翰：《玉函山房辑佚书》卷1，广陵书社2005年版。

◇ 周易新释 ◇

按，疑此为古之好事者模仿《周易》而作之。至于《归藏》，根据郭璞《山海经注》所引及马国翰所辑佚的文献，则有《归藏·初经》《归藏·郑母经》《归藏·启筮》等内容。其中《归藏·初经》中有八卦卦名与六十别卦之名，学者认为《周易》卦名与《归藏》卦名有一定的渊源关系。① 1993 年湖北江陵县荆州镇王家台秦墓出土了疑似《归藏》的易占类竹简文献，学者发现其卦名与卦辞与保留在古书中的《归藏》佚文多有相同，认为其就是殷易《归藏》或《归藏·郑母经》。② 为便于读者理解，兹引述数条秦简《归藏》筮例如下③：

1. ䷱鼏（鼎）曰：昔者宋君卜封□而枚占巫苍，苍占之曰：吉。鼏之它它，鼏之轪轪。初有咎，后果遂。

2. ䷾卷（既济）曰：昔者殷王贞卜亓邦尚毋有咎而枚占巫咸，巫咸占之曰：不吉。卷亓席，投之谿。卷在北为牝□。

3. ䷇比（比）曰：比之苶苶，比之苍苍。生子二人，或司阴司阳。不□□姓□□。

4. ䷪罽（夬）曰：昔者赤乌止木之遽，初鸣曰鹊，后鸣曰乌。有夫取妻，存归其家。

5. ䷣明夷（明夷）曰：昔者夏后启卜乘飞龙以登于天而枚占□□。

6. 归妹（归妹）曰：昔者恒我窃毋死之［药］［于西王母］，□□奔月，而枚占□□□。

由之可见，《归藏》的文本形态有一个大致固定的模式：先写占筮所得的卦爻符号和卦名，然后写何人因何事而占，之后写主持占筮

---

① 饶宗颐：《殷代易卦及有关占卜诸问题》，《文史》1983 年第 20 辑；于豪亮：《帛书〈周易〉》，《文物》1984 年第 3 期。
② 廖名春：《王家台秦简〈归藏〉管窥》，《周易研究》2001 年第 2 期。
③ 王明钦：《王家台秦墓竹简概述》，载艾兰、邢文《新出简帛研究》，文物出版社 2004 年版，第 30—32 页。为便于读者理解，笔者对个别异体字略作改动，并于《归藏》卦名后写出对应的《周易》卦名。

活动的筮人的占辞，一般先写筮人判定所占之事的吉凶结果，最后写判断吉凶结果的详细占辞。① 就《归藏》占辞与所占事件往往有着密切关系的特点来看，当是出于巫师的临事创制，即在每一次占筮时对所占之事的新造之辞，说明《归藏》六十四卦还没有形成固定的卦辞，其筮法也没有涉及爻变。《汉书·艺文志》没有著录《连山》《归藏》，但《艺文志》"蓍龟类"著录龟占、筮占类十五家，说明先秦留下的占卜文献是非常丰富的，我们将《连山》《归藏》视为先秦时期的筮占文献的遗存，应该是不错的。

至于《周易》，"周"自然是指"周代"；《周易》与《连山》《归藏》本质的不同是有爻变，以变为占，故"易"是"变易"之义，《周易》即是周代创制的以变易为本质的占筮书。

《十翼》

《十翼》即《易传》，语出汉代文献《易纬·乾坤凿度》卷下："（孔子）五十究《易》，作《十翼》。"汉代撰写纬书的学者认为《易传》各篇皆为孔子所撰，为《易经》之辅翼，取"十翼"之名，以示孔子翼宣《易》理的完备、周全之意。后人以《易传》各篇当十翼之数，说法有所不同，孔颖达《周易正义·卷首》"论夫子《十翼》"条曰："其《彖》《象》等《十翼》之辞，以为孔子所作，先儒更无异论，但数《十翼》亦有多家。"② 孔氏取郑玄易学的说法，以《十翼》为《彖》上下、《象》上下、《系辞》上下、《文言》《说卦》《序卦》《杂卦》十篇。

《易纬》"孔子五十作《十翼》"之说，本之于《论语》，在一定程度上夸大了孔子的易学贡献。《论语·述而》记孔子之言曰："加我数年，五十以学《易》，可以无大过矣。"先秦两汉时期"作"的意思是制作、创作的意思，若说《易传》各篇或主要几篇皆为孔子

---

① 此与《周易》卦辞一般先断卦义的吉凶，然后再述卦所系之事的写法相同；而与《周易》爻辞一般先写爻所系之事，最后才断以吉凶的写法正好相反。

② （唐）孔颖达著，李申、卢光明整理：《周易正义》，北京大学出版社1999年标点本，第10页。

所创作，则《论语》不该没有记载。《史记·孔子世家》："孔子晚而喜《易》，序《彖》《系》《象》《说卦》《文言》。读《易》，韦编三绝。曰：'假我数年，若是，我于《易》则彬彬矣。'"① 其中"序彖系象说卦文言"一句历来断句不同，笔者认为"序"在此句中作为动词是可以确定。"序"是整理、排列、编次的意思，与"作"的含义有着本质的差异。司马迁用"序"而不用"作"，当是经过审慎考虑的，以此说明孔子与《易传》各篇的关系，是进一步的整理、加工、完善，而非原创。如同《论语·子罕》记孔子之言曰："吾自卫反鲁，然后乐正，《雅》《颂》各得其所。"

春秋时期"礼坏乐崩"，"天子失官，学在四夷"，原先的王官之学下衍为私学，《周易》与《诗》《书》《礼》《乐》一道逐渐为人们熟知，但易学由于其与生俱来的占筮功能，在解读与传承上还保持着史官、筮人职守世袭的官学特性。《左传·昭公二年》："（韩宣子）观书于太史氏，见《易象》与《鲁春秋》，曰：'周礼尽在鲁矣，吾乃今知周公之德与周之所以王也。'"② 若《易象》即《易经》，恐不会引发韩宣子如此感慨。李学勤认为《易象》是"类似的讲卦象的书籍，供筮者习用。这种书是若干世代筮人知识的综合，对《易》有所阐发，是后来《易传》的一项来源和基础。"③ 笔者赞同李氏的这一观点。《周易》之创作与周之王天下有直接的关系；据说周公继文王之后参与《易经》卦爻辞的撰写，《易经》文辞中体现了强烈的道德意识和君子风范，可归于周公之德，故韩宣子"周公之德与周之所以王"之语，当主要是针对《易象》而言，可知《易象》对于《易经》有着精深的解读，从中亦可见春秋晚期鲁国易学的发达情况。鲁昭公二年（前540）孔子年仅12岁，当还没接触《周易》；至鲁哀公十一年（前484）孔子68岁，自卫国返回鲁国，始开始整理《诗经》，依据鲁国的国史作《春秋》。他对《周易》产生兴趣，整理史官所传的《易象》类文献，大约也在此时。《易传》中的《彖》

---

① （汉）司马迁：《史记》卷47，中华书局1982年版，第1937页。
② 杨伯峻：《春秋左传注》，中华书局1990年版，第1226—1277页。
③ 李学勤：《周易经传溯源》，中国社会科学出版社2007年版，第47页。

《象》成书最早，《象》主要通过诠释卦象、爻象的关系解释了六十四卦的卦名和卦辞，《象》中的《大象》专门解释了六十四卦的卦象，《小象》则解释了六十四卦的六爻之辞。二者合起来完成了对《周易》卦爻辞的解释，且在"阴阳""刚柔""健顺"等范畴的使用意义上保持了一致性，最有可能出自鲁国世袭掌《易》的太史所撰，最终经过孔子的整理、编次而受到战国儒家学者的推崇与弘扬。

《文言》《系辞》继《彖》《象》之后成书，《文言》专门解释《乾》《坤》两卦的卦义，《系辞》则是一篇阐述《周易》哲理与象数的通论性文献，二者都记有孔子关于《周易》的论述，当是出于孔门弟子的追记与整理，年代应在战国中期偏晚。《说卦》《序卦》《杂卦》的成书年代当是战国晚期，《说卦》侧重于《周易》象数的阐发与整理，其中八卦取象的内容可追溯至春秋时期甚至更早；《序卦》是作者出于诠释通行本卦序的内在依据和哲理而作的；《杂卦》是一篇杂述六十四卦卦义的押韵歌诀，其阐释最后八卦时与前面体例不同，或是因为错简的缘故。

二 《易》图论略

《易经》一书除了卦名、卦爻辞和卦爻符号，并无"图"学，但《系辞》曰："河出图，洛出书，圣人则之。"认为《易经》与"河图""洛书"有关系，易学从此有了"图""书"之学。笔者在《先秦两汉易学研究》"论河图洛书"一节中对易学与河图洛书的关系作了阐释，[1]读者可以参看。我们认为，被后人称为"河图""洛书"的数字图式，最早见于《管子·幼官》及《幼官图》等篇[2]，这种数字图式或许有着更为久远的渊源，但战国时期齐地学者使用它们的目的，显然是为了把阴阳五行观念熔铸其中，从而为新构建的天道模式和宇宙秩序赋予"数"的依据。《系辞》作者在战国时期构建新天道与新占术的学术思潮影响下，在"《易》与天地准"理论框架的指引下，引入"河图"是为了说明大衍之数来源于天地之数，说明《易》四象之数与河图四方（四季）之数相合，从而论证大衍筮法与天地之道相合。

为方便读者理解，兹将《管子·幼官》《幼官图》中的相关文字引之如下：

> 春……八举时节，君服青色。味酸味，听角声，治燥气，用八数。
> 夏……七举时节，君服赤色，味苦味，听羽声，治阳气，用七数。

---

[1] 于成宝：《先秦两汉易学研究》，中国社会科学出版社2019年版，第115—129页。
[2] 何如璋认为，"幼官"当作"玄宫"，其说可从，详见黎翔凤《管子校注》，中华书局2004年版，第133页引。

二 《易》图论略

秋……九和时节，君服白色，味辛味，听商声，治湿气，用九数。

冬……六行时节，君服黑色，味咸味，听徵声，治阴气，用六数。

（中）……五和时节，君服黄色。味甘味，听宫声，治和气，用五数。①

黎翔凤指出："木数三，火数二，金数四，水数一，土数五。《洪范》'五行：一曰水，二曰火，三曰木，四曰金，五曰土'，《管子》用其义。土旺于四时，四方之数加五，是为'五和时节'。如东方木，为春，加五为八也。"② 可见，在《管子》的撰写年代，人们已经把数字进行了五行属性的分类，即水一、火二、木三、金四、土五，此为五行之生数；再加五则水六、火七、木八、金九、土十，此为五行之成数。就《管子·幼官》《幼官图》的叙述来看，玄宫图分东、南、西、北、中五方，五方各有"本图""副图"，图中当有图像、有数字、有文字，但其核心是1—10数的五方架构，《说文解字》："十，数之具也。一为东西，丨为南北，则四方中央备矣。"故玄宫图在本质上是以1—10个数字表达宇宙秩序，即天道。我们约略画出"玄宫"图式，见下页图2-1（图中以白点标示五行之生数，以黑点标示五行之成数）。

《系辞》则明确指出，1—10数的总和为天地之数：

（天一，地二；天三，地四；天五，地六；天七，地八；天九，地十。）天数五，地数五，五位相得而各有合。天数二十有五，地数三十，凡天地之数五十有五，此所以成变化而行鬼神也。

---

① 黎翔凤著，梁运华整理：《管子校注》，中华书局2004年版，第188—189、138、182、185、184页。

② 黎翔凤著，梁运华整理：《管子校注》，中华书局2004年版，第137页。

◇ 周易新释 ◇

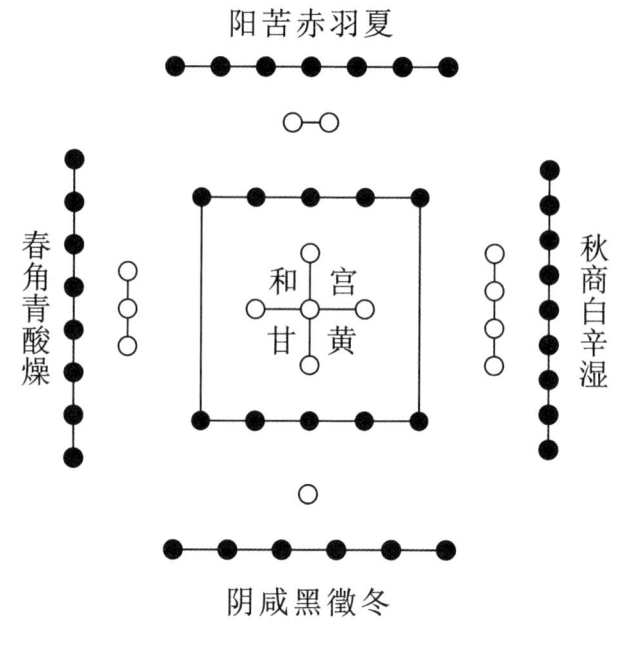

```
        阳苦赤羽夏
    ●—●—●—●—●—●—●
          ○—○

  ●                        ●
  春         ┌─●─┐         秋
  角   ○    和│宫    ○     商
  青   │    ──┼──    │     白
  酸   ○    甘│黄    ○     辛
  燥         └─●─┘         湿
  ●                        ●

          ○
    ●—●—●—●—●—●—●
        阴咸黑徵冬
```

图 2-1　玄宫略图

需要我们注意的是"五位相得而各有合"之句，虞翻曰："五位，谓五行之位也。"① 韩康伯亦曰："天地之数各五，五数相配，以合成金、木、水、火、土。"② 可见《系辞》所谓的天地之数呈五个方位排列，则《系辞》所述1—10数的图式，正是玄宫的数字图式。需要我们注意的是，《系辞》基于阴阳的观念，以数的奇偶将1—10数分为天数和地数，如此，我们对玄宫图中的黑白点标示略作改动，并去掉相关文字，即得数字图式（见下页图 2-2）。

此当是《系辞》作者认定的"河图"，其源头则是《管子》"玄宫图"。可以推想，战国时期人们虽知上古以来相传河图、洛书，恐无人知其本原面目，故《系辞》虽说天地之数而不说其源于河图、洛书，虽说河图、洛书而不说其与天地之数的关系。

---

① （唐）李鼎祚：《周易集解》卷14，上海古籍出版社1989年版，第223页。
② （唐）孔颖达著，李申、卢光明整理：《周易正义》，北京大学出版社1999年标点本，第281页。

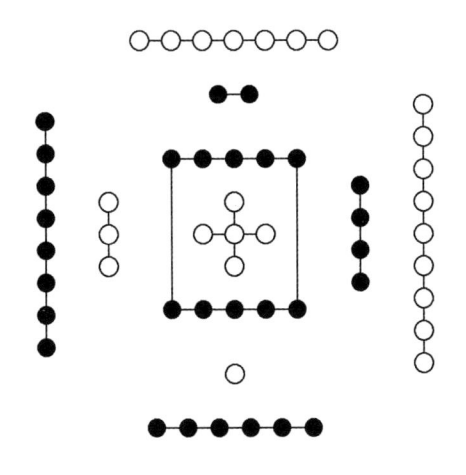

图 2-2 河图

我们从易学史的宏观角度看,战国中期直至秦汉时期,易学在阐发《易经》卦爻辞之外,汲汲于新的天道观和新的占术的构建,《系辞》中的"大衍筮法"、《说卦》中的八卦方位,皆是此一时期易学新天道的产物。《系辞》将河图、洛书以比较含混的方式引入《易》,并阐发天地之数,目的即在于说明大衍之数来源于河图、洛书所标示的天地之数,从而赋予大衍之数的神圣性。

大衍之数五十,天地之数五十五,如何说明二者的差异性?在此必须说一下数字"五",《说文解字》:"五,五行也。从二,阴阳在天地间交午也。"从五行的角度看,天地生物,从一至五而五行以成,故"五"既为天地之生数,又是五行之成数,一至五数再加五而得六、七、八、九、十,这五个数字的五行属性,皆与原数加五相同,故"五"又可称之为五行之衍数,至少在《管子·幼官》《幼官图》中"五"发挥了衍数的作用。《系辞》将易卦筮数五十名之曰"大衍之数",当与其时以"五"为五行之衍数的思想有直接的关系,"五"只能推演五行,故为小衍之数;五十则可以推演天地万物,故为大衍之数。大衍之数不取五十五而取五十,既是实际筮法的需要,也是为了取整,即弃天地之数的余数五,取天地之数的整数五十,故大衍之数可视为天地之数。另外,五十又可看作以五乘十而得,五为五行之数，十为数之具，从这个角度亦可将五十视为天地之数。

《系辞》除了以河图论证大衍之数外，还以之论证"四象"之数。"河出图，洛出书，圣人则之"出现在"《易》有太极，是生两仪，两仪生四象，四象生八卦，八卦定吉凶，吉凶生大业"之后，而"《易》有太极"几句既是讲宇宙生成论，又是讲揲扐画卦之法，"四象"虽不是画卦的最终状态，却决定揲扐所得之爻的属性或状态，即由七、八、九、六之数，而得少阳、少阴、老阳、老阴。故《系辞》"圣人则之"之后，紧承以"《易》有四象，所以示之"之语。由于《管子》以"四时春木、夏火、秋金、冬水，土旺于四时，分配在季夏"，① 实际发挥作用的是"八、七、九、六"之数，故从河图的角度看，《易》之四象又与河图四方之数相合。

下面简述一下"洛书"。洛书的形成年代或晚于河图。就《管子·幼官》《幼官图》的叙述来看，其"中方本图"所使用的数字是"五"，而不是与"八、七、九、六"相谐的成数"十"，这是否说明"十"这个数字存而不用？故玄宫图可能还有一种由1—9数构成的图式，即图2-3：

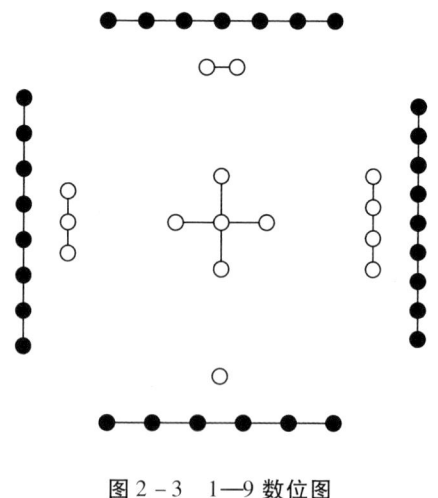

图2-3　1—9数位图

---

① 黎翔凤著，梁运华整理：《管子校注》，中华书局2004年版，第137页。

二 《易》图论略

此图或是洛书的雏形,战国中晚期,随着历法的进步,天道的刻度转而为八方风说,就《灵枢·九宫八风》《吕氏春秋·有始览》《淮南子·天文》篇的记载来看,八方风说在战国秦汉间颇为盛行,先秦时期的明堂之制及太一行九宫理论,皆与八方风说相关。兹转引朱伯崑据《大戴礼记·明堂》等文献所绘明堂图如图2-4[①]:

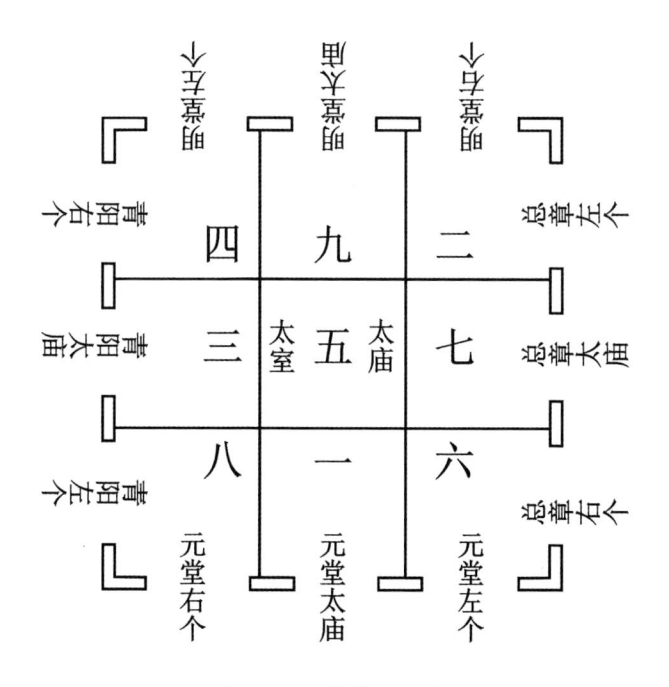

图2-4 明堂九室图

此一图式,对1—9数的方位作了部分变动。朱伯崑指出:"阴阳五行家的代表人物邹衍提出大九州说,明堂九室乃邹衍一派的学说。"[②] 再看《灵枢经·九宫八风》篇,此篇是先图式,后文字,需要结合起来看才能明白其意思。先看图2-5:

---

① 朱伯崑:《易学哲学史》第1卷,华夏出版社1995年版,第174页。
② 朱伯崑:《易学哲学史》第1卷,华夏出版社1995年版,第174页。

◇ 周易新释 ◇

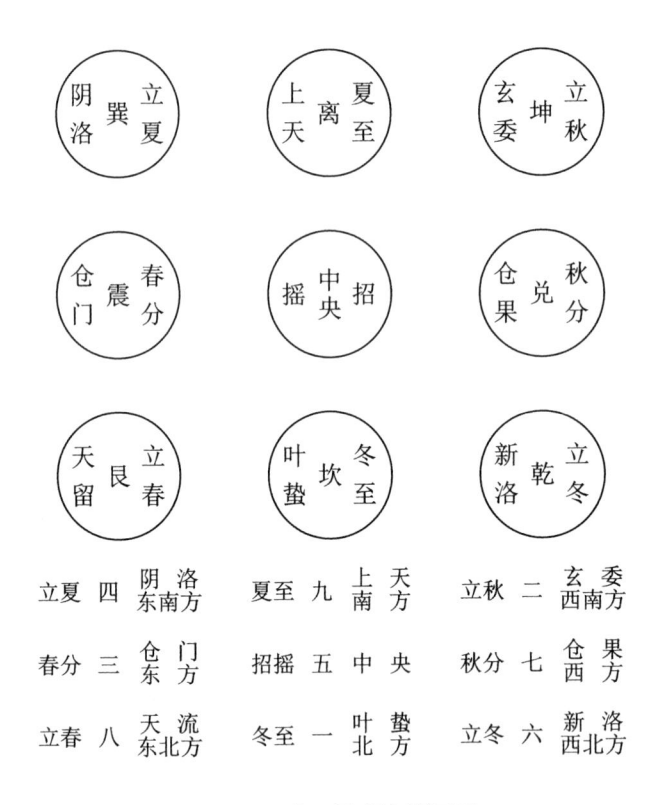

阴洛 巽 立夏	上天 离 夏至	玄委 坤 立秋
仓门 震 春分	摇 中央 招	仓果 兑 秋分
天留 艮 立春	叶蛰 坎 冬至	新洛 乾 立冬

立夏 四	阴洛 东南方	夏至 九	上天 南方	立秋 二	玄委 西南方
春分 三	仓门 东方	招摇 五	中央	秋分 七	仓果 西方
立春 八	天流 东北方	冬至 一	叶蛰 北方	立冬 六	新洛 西北方

图 2-5 合八风虚实邪正图

《九宫八风》篇相关文字摘引如下：

> 太一常以冬至之日，居叶蛰之宫四十六日，明日居天留四十六日，明日居仓门四十六日，明日居阴洛四十五日，明日居天宫四十六日，明日居玄委四十六日，明日居仓果四十六日，明日居新洛四十五日，明日复居叶蛰之宫，曰冬至矣。太一日游，以冬至之日居叶蛰之宫，数所在日，从一处至九日，复反于一。太一移日，天必应之以风雨，以其日风雨则吉，岁美民安少病矣。……因视风所从来而占之，风从其所居之乡来为实风，主生，长养万物；从其冲后来为虚风，伤人者也，主杀，主害者……是故太一入徙立于中宫，乃朝八风，以占吉凶也。风从南方来，名曰大弱风……风从西南方来，名曰谋风……风从西方

来，名曰刚风……风从西北方来，名曰折风……风从北方来，名曰大刚风……风从东北方来，名曰凶风……风从东方来，名曰婴儿风……风从东南方来，名曰弱风……此八风，皆从虚之乡来，乃能病人……

文中并未出现八种"实风"（顺时节发动的风）的名字，却出现了八种虚风的名字，这当是作者从医学视角长期观察八风而作的总结，由之可见时人对八风现象已经研究得非常深入。需要我们注意的是：九宫之下各有九处文字，它们与九宫是相对应的关系，二者的大部分内容重复，可知此图最初本是两个图，上九宫为独立的一个图，下面部分实际也是一个九宫图。上九宫之图，其目的是以八卦配九宫，所依据的八卦方位源于《说卦》"帝出乎震"一节，但出现在《九宫八风》篇则非常可疑，因为该篇正文内容根本未涉及卦名、卦象或八卦方位，《灵枢经》其他各篇中皆无易卦卦名，故"下九宫图"当为该篇的原图。"上九宫图"当是战国晚期易学构建了八卦方位说之后，易卦天道模式与八风天道模式相互融合的结果，其出现在《九宫八风》篇，应是后人掺入的结果。汉代以太一为最高崇拜，汉易据此构建了"太一行九宫八卦"的模式，《易纬·乾凿度》曰："太一取其数以行九宫。"见图2-6：

巽 四	离 九	坤 二
震 三	中 五	兑 七
艮 八	坎 一	乾 六

图2-6 太一行九宫八卦图

无论是"明堂九室图"，还是"合八风虚实邪正图"，我们抽象出其中数的图式，则是后人所谓的"洛书"，见图2-7：

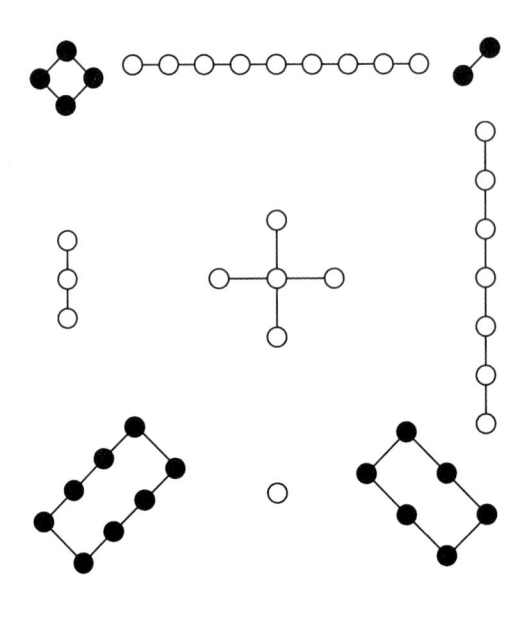

图 2-7 洛书

关于明堂九室与九宫八风之关系，以及洛书图式的得名，笔者之前曾有论述，引之如下：

> 将九宫八风说与明堂九室说相比较的话，前者将天分为九宫，讲述了自然界八个时节的风与人体健康的关系；后者则是讲天子当随着一年八个时节的变化而选择九所不同方位和朝向的居室。很明显，九宫八风说为明堂九室说奠定了理论基础，其产生的时代要更早。洛书图式的得名，或有九宫八风说有着直接的关系，因为东南宫所标识的节气为立夏，宫名为"阴洛"；西北宫所标识的节气为立冬，宫名为"新洛"。阴洛就是洛阴，水之南为阴，洛水之南，故名之阴洛。水之北为阳，从阴阳的角度看，宫名可称"阳洛"，但因洛邑位居洛水之北，战国时已称洛阳，如果称"阳洛"的话，与之重复了，天域的划分与地域的划分会发生混淆，故不取。而"新洛"，因洛邑西周时又有"新大邑"这一名称，故以之称，亦是指洛水之北的意思。如此看来，九宫八风说的坐标点，就是先秦时期被人们认为天下中心的洛阳。而"阴洛"

二 《易》图论略

"新洛"之名，或是这种图式称之为"洛书"的最大理由。①

《系辞》在引入"河图""洛书"以证《易》之外，又使用了"太极"概念，作为易学系统中的宇宙生成本原。《系辞》："《易》有太极，是生两仪，两仪生四象，四象生八卦，八卦定吉凶，吉凶生大业。"此处文字，既是讲揲扐成卦，又是讲宇宙生成，认为宇宙（易卦）是一个由太极→两仪→四象→八卦→六十四卦的展开过程。后人据此创制出了各种"太极"图式。就相关文献来看，最早传授太极图的是五代北宋之际的华山道士陈抟，他继承前人以《周易》卦爻象及图式说明炼丹术的思维成果，精研易卦象数，创立了各种易学图式，其中就有太极图，保存在明初赵撝谦《六书本义》中，赵氏曰："此图世传蔡元定得于蜀之隐者，秘而不传，虽朱子亦莫之见。今得之陈伯敷氏，尝熟玩之，有太极含阴阳，阴阳含八卦之妙，实万世文字之本原，造化之枢纽也。"② 见图 2-8：

图 2-8 天地自然之图（先天太极图）

---

① 于成宝：《先秦两汉易学研究》，中国社会科学出版社 2019 年版，第 123 页。
② （明）赵撝谦：《六书本义》卷 1，文渊阁四库全书本。

赵氏称此图为"天地自然之图"或"天地自然河图"，明末赵仲全《道学正宗》中也收录此图，在赵氏"河图"的基础上按照八卦所占阴阳之地作八等分，名称也改为"古太极图"。清代经学家胡渭《易图明辨》引赵仲全《道学正宗》曰："古太极图阳生于东而盛于南，阴生于西而盛于北，阳中有阴，阴中有阳，而两仪，而四象，而八卦，皆自然而然者也。"① 见图2-9：

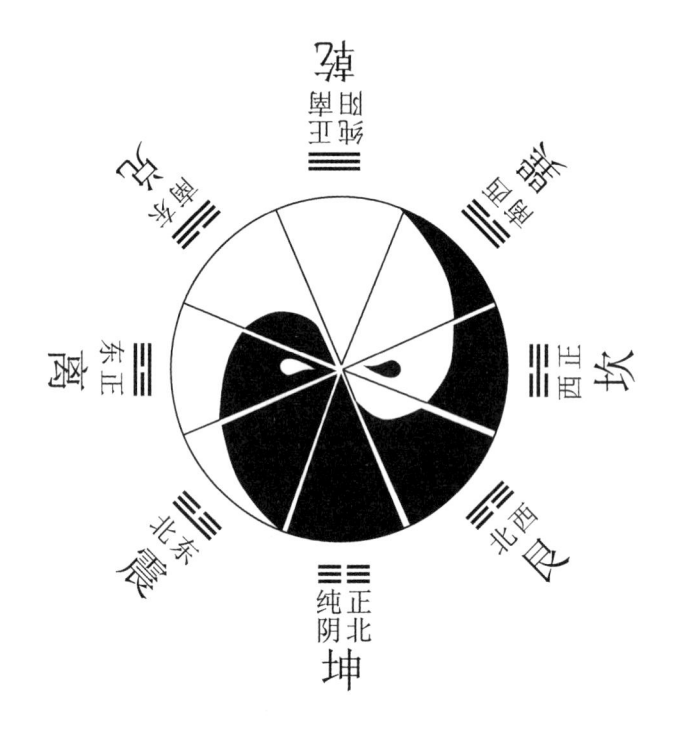

图 2-9 古太极图

北宋象数易学家邵雍在陈抟"图""书"易学的基础上，又提出"先天易学"和"后天易学"，即以伏羲画八卦及六十四卦之图为先天之《易》，他通过阐发《系辞》"《易》有太极"章的画卦之义，构建了一系列先天易图，主要有伏羲八卦次序图、伏羲八卦方位图、

---

① （清）胡渭著，郑万耕点校：《易图明辨》，中华书局2008年版，第84—85页。

伏羲六十四卦次序图、伏羲六十四卦方位图；而以文王作《周易》卦爻辞及《说卦》所载八卦方位图为后天之《易》。邵氏易图，主要保存在南宋朱熹《周易本义》以及朱熹和蔡元定合著的《易学启蒙》中，兹引之如下：

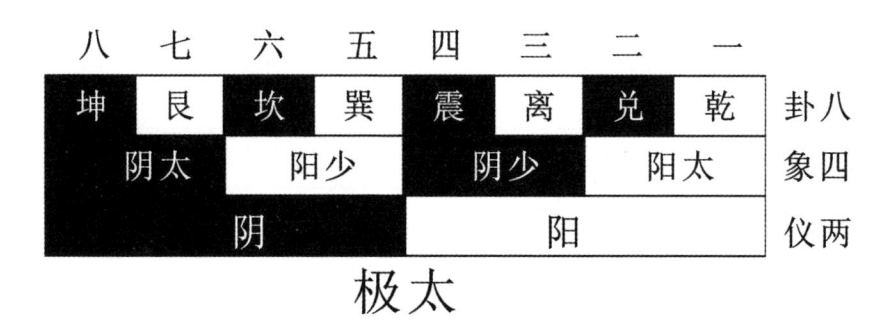

图2-10 伏羲八卦次序图（画法一）

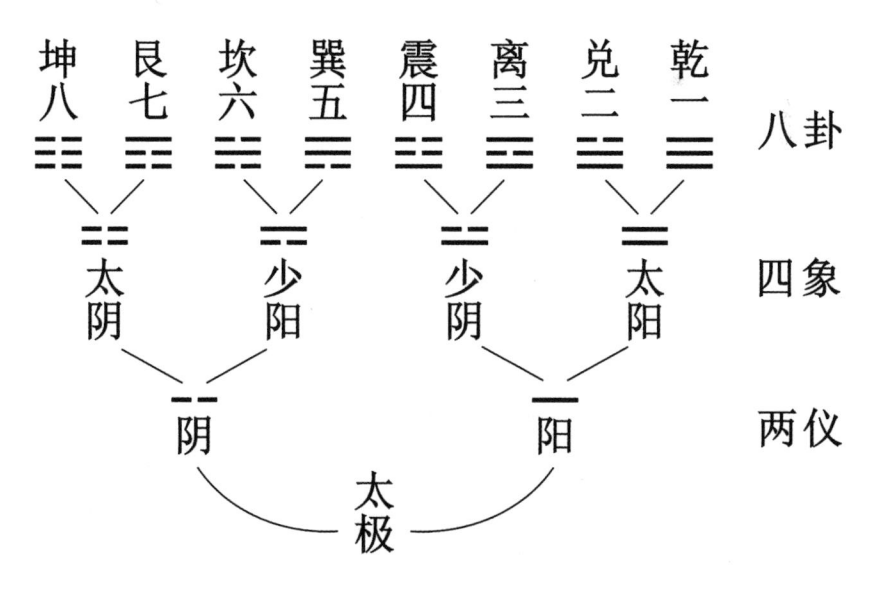

图2-11 伏羲八卦次序图（画法二）

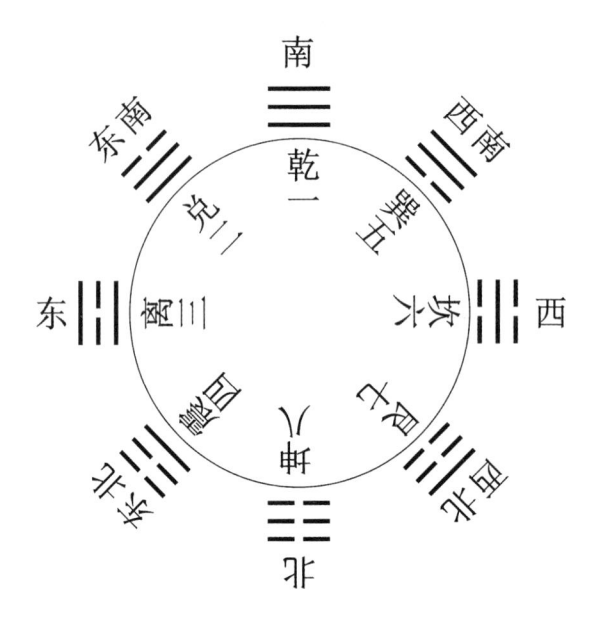

图 2-12　伏羲八卦方位图

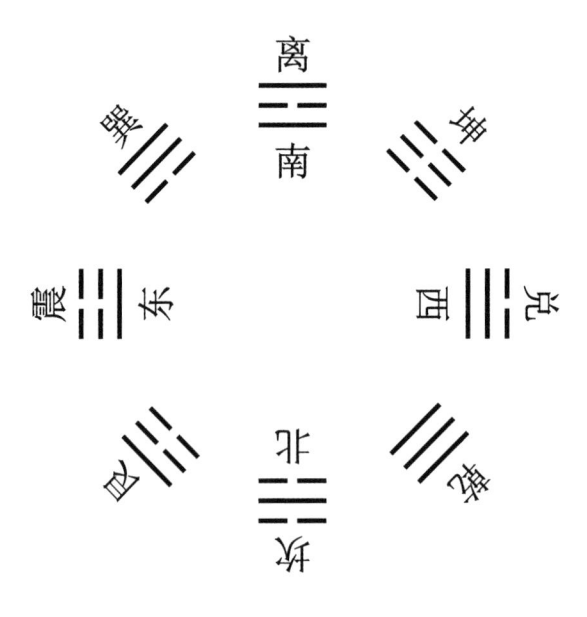

图 2-13　文王八卦方位图

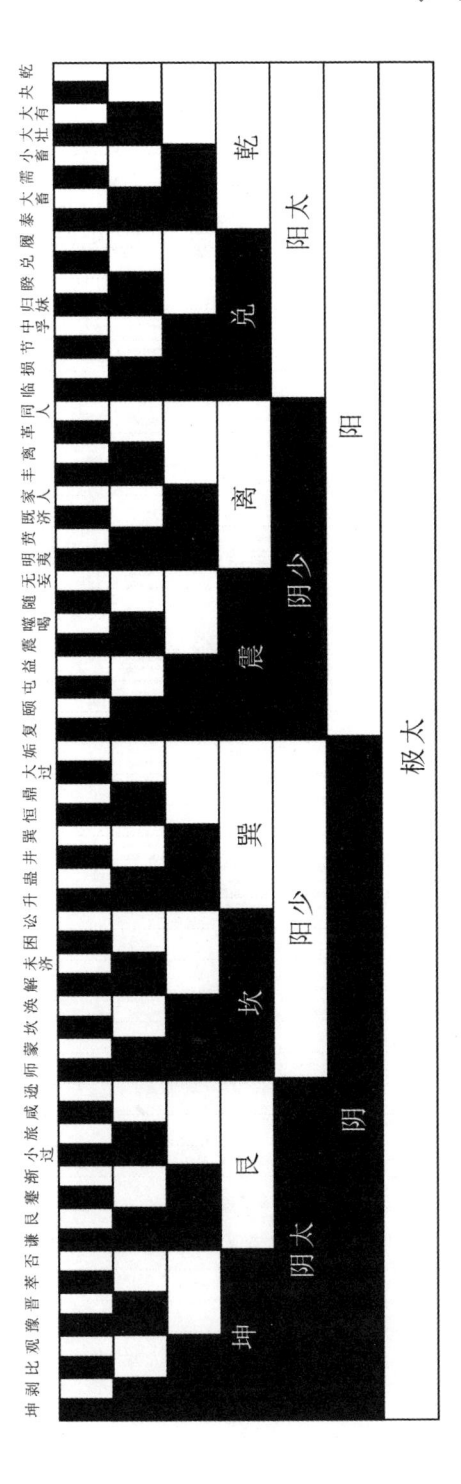

图 2-14 伏羲六十四卦次序图

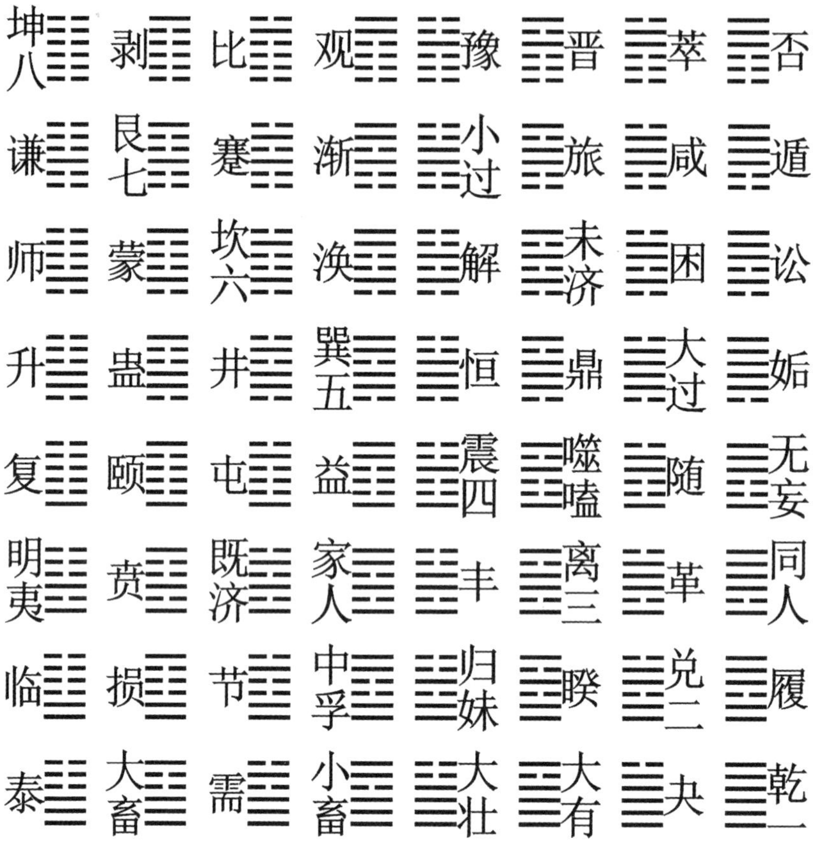

图 2-15 伏羲六十四卦方图

◇ 二 《易》图论略 ◇

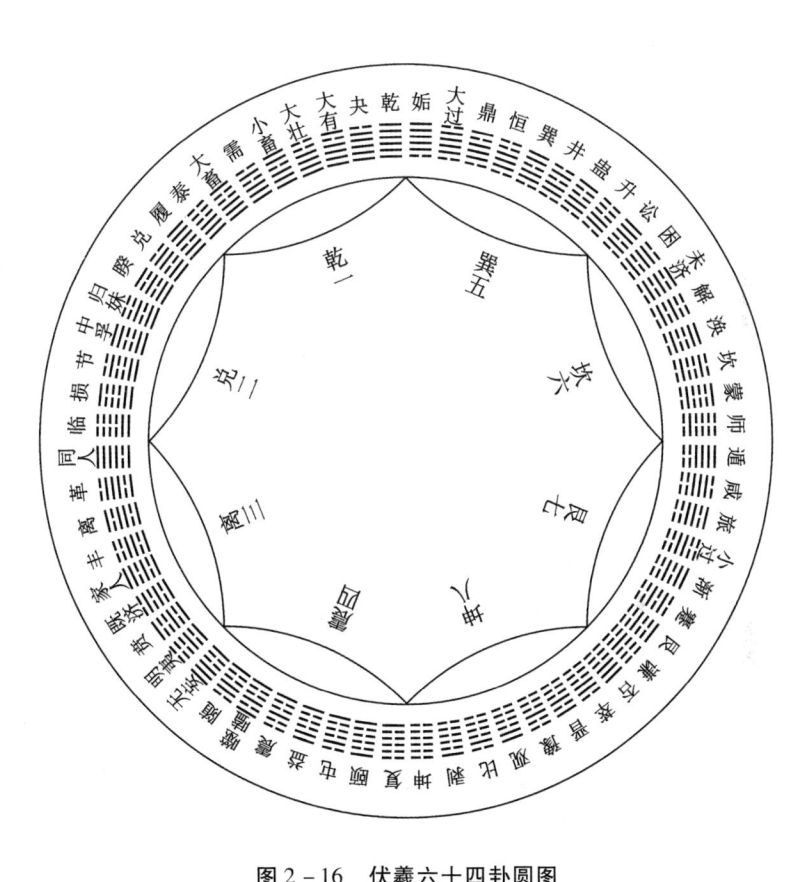

图 2-16 伏羲六十四卦圆图

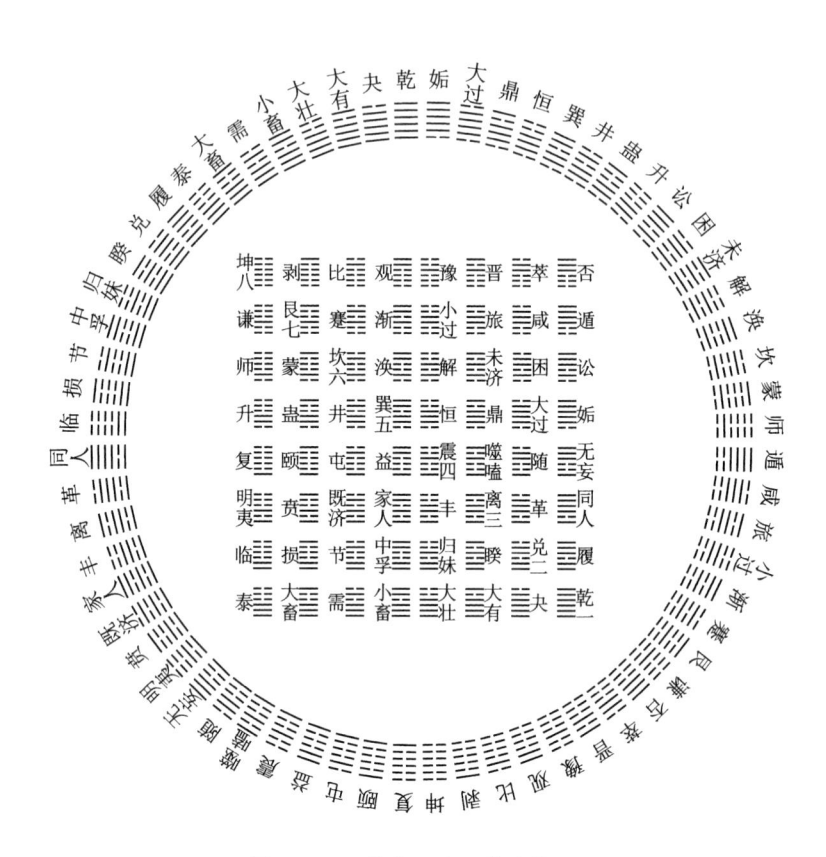

图 2-17 伏羲六十四卦方位图

二 《易》图论略

关于邵氏六十四卦次序图及六十四卦方位图的奥妙，朱伯崑在其《易学哲学史》邵雍易学部分中论之甚详①，兹不赘述。从易学史的角度看，邵氏易学的关键是揭示太极所生八卦的次序，由之推演出八卦、六十四卦卦位问题。八卦的方位问题，在战国易学中已成为一个重要的学术问题，《系辞》《说卦》等篇皆有讨论。《系辞》开篇曰：

> 天尊地卑，乾坤定矣。卑高已陈，贵贱位矣……是故刚柔相摩，八卦相荡。鼓之以雷霆，润之以风雨。日月运行，一寒一暑。乾道成男，坤道成女。

学者认为此处文字是将"八个经卦所象征的事物组成一个反映宇宙运动变化的动态模型"②。《说卦》前半部分在论述易卦体系下的天道观方面与《系辞》一脉相承：

> 天地定位，山泽通气，雷风相薄，水火不相射，八卦相错。数往者顺，知来者逆，是故《易》逆数也。雷以动之，风以散之，雨以润之，日以烜之，艮以止之，兑以说之，乾以君之，坤以藏之。

也是构建了一个八经卦的运转模型，二者都是强调天地"定位"的意味；与《说卦》"帝出乎震，齐乎巽，相见乎离，致役乎坤，说言乎兑，战乎乾，劳乎坎，成言乎艮"一节所述八卦方位，当有所不同。李学勤认为：

> 《说卦》"天地定位"和"帝出乎震"两章有不同的来源。"天地定位"和它前面两章本来是和今《系辞》的大部分结合在一起的，很可能比其后面各章写成较早。……这样，我们对宋以

---

① 朱伯崑：《易学哲学史》第 2 卷，华夏出版社 1995 年版，第 116—158 页。
② 唐明邦：《周易评注》，中华书局 1995 年版，第 197 页。

来所谓先天卦位和后天卦位,都需要重新评价。①

马王堆帛书《易之义》篇"天地定立(位),[山泽通气],火水相射,雷风相榑(薄)"之语②,与《说卦》相比,"水火"一句调整到了"雷风"一句的前面,也说明了战国时期已有类似先天卦位的图式。邵雍的易图之学,与帛书易学在易理上相合,而其推演变化,则胜前人远矣!胡渭曾评价邵氏易学曰:"邵子之书虽得真传,而变通恢廓,多所自得。"③ 此堪称公允之论也。

---

① 李学勤:《马王堆帛书〈周易〉的卦序卦位》,《中国哲学》第14辑,人民出版社1988年版,第25—26页。
② 《说卦》作"雷风相薄,水火不相射",李学勤等学者认为帛书《易之义》"火水"的顺序当作"水火",详见李学勤《周易溯源》,巴蜀书社2006年版,第303页。
③ (清)胡渭著,郑万耕点校:《易图明辨》,中华书局2008年版,第86页。

三　上经

乾卦第一

☰乾下乾上

乾：元亨，利贞。
初九：潜龙勿用。
九二：见龙在田，利见大人。
九三：君子终日乾乾，夕惕若，厉，无咎。
九四：或跃在渊，无咎。
九五：飞龙在天，利见大人。
上九：亢龙有悔。
用九：见群龙无首，吉。

【译文】
乾：大亨通，占问之事有利。
初九：龙处于潜伏之时，不宜有所作为。
九二：龙出现在田野上，利于出现伟大人物。
九三：君子整个白天勤勉努力，到了傍晚仍保持警惕，处境危险，但无灾祸。
九四：龙或跃上天空，或停留在深渊，没有灾祸。
九五：龙在天上飞，利于出现伟大人物。
上九：处于极盛状态的龙会有灾祸。
用九：群龙并出，谁也不居首领之位，吉利。

《彖》曰：大哉乾"元"，万物资始，乃统天。云行雨施，品物流形。大明终始，六位时成，时乘六龙以御天！乾道变化，各正性命，保合太和，乃"利贞"！首出庶物，万国咸宁。

【译文】

《彖》曰：昊大啊，乾元之气，万物依靠它才得以产生，它统御天道。云气流动，霖雨降下，众物受到滋育而成形。太阳每天朝升暮落，上下四方之位因之得以确定，乾阳驾驭六龙按时巡天啊！天道的变化使万物各得其命、各成其性，保持着宇宙自然的和谐状态，才是天下之正利啊！天始生万物，万国安宁祥和。

《象》曰：天行健；君子以自强不息。
［初九］《象》曰："潜龙勿用"，阳在下也。
［九二］《象》曰："见龙在田"，德施普也。
［九三］《象》曰："终日乾乾"，反复道也。
［九四］《象》曰："或跃在渊"，进无咎也。
［九五］《象》曰："飞龙在天"，大人造也。
［上九］《象》曰："亢龙有悔"，盈不可久也。
［用九］《象》曰："用九"，天德不可为首也。

【译文】

《象》曰：天的运行刚健；君子效法天道，自强不息。

［初九］《象》曰："龙处于潜伏之时，不宜有所作为"，因为阳气尚处在下位。

［九二］《象》曰："龙出现在田野上"，说明圣王广施德泽。

［九三］《象》曰："君子整个白天勤勉努力"，说明反复践行于道。

［九四］《象》曰："龙或跃上天空，或停留在深渊"，说明此时前进没有过失。

［九五］《象》曰："龙在天上飞"，说明圣王正在造就太平盛世。

［上九］《象》曰："处于极盛状态的龙会有灾祸",因为极盛状态不能持久。

［用九］《象》曰："用九之义",说明此时乾刚之德不可为首。

【注解】

［1］乾,卦名,象征"天"。

［2］"元亨利贞":《乾》卦的卦辞。关于这四个字的意思,孔颖达《周易正义》引《子夏易传》:"元,始也;亨,通也;利,和也;贞,正也。"① 此与《彖》的解释一致。今人一般释"元"为"大",释"贞"为"占问",与传统的解释有所不同。

［3］初九:爻题,指刚爻居初位。《周易》大衍筮法最终推导出七、八、九、六之数,奇数为阳,偶数为阴,七为少阳,九为老阳,八为少阴,六为老阴。《周易》尚变,以变爻为占,故以九、六之数表示爻的阴阳属性,阳爻"—"称九,阴爻"- -"称六。初、上二爻,先读爻位,后读爻象;二、三、四、五各爻,先读爻象,后读爻位。

［4］见:同"现",出现。

［5］君子:对统治者和贵族男子的通称。孔颖达曰:"言'君子'者,谓君临上位,子爱下民,通天子诸侯,兼公卿大夫有地者。"②

［6］惕若:警惕的样子。

［7］《彖》(tuàn):解释《易经》六十四卦的卦名、卦象和卦辞,说明一卦之总义的专著。

［8］用九:"用九"这一则文辞,是因占筮的需要而设的占辞,并不是爻辞。占筮的时候,如果遇到结果为"《乾》之《坤》"的情况,因本卦《乾》每一爻的筮数都是九,六爻皆变,卦变为《坤》,这样就无法从本卦或之卦的哪一爻来判断吉凶,这时就看"用九"

---

① (唐)孔颖达著,李申、卢光明整理:《周易正义》,北京大学出版社1999年标点本,第1页。

② (唐)孔颖达著,李申、卢光明整理:《周易正义》,北京大学出版社1999年标点本,第11页。

之辞。《乾》卦"用九"、《坤》卦"用六",都是因占筮技术上的需要而设置的。

[9]大明:指太阳。《礼记·礼器》:"大明生于东,月生于西,此阴阳之分,夫妇之位也。"郑玄注:"大明,日也。"①

【释义】

乾卦象征天,作为六十四卦之首,源于中国古人天地生万物的观念。天是一切生命的源头,所以必须要探究天道。天道运转不息,故以最善变化又最为尊威的动物——龙比拟之。初九处于最下位,故取象"潜"。九二处于地位,故取象"田"。九三为人位,故以"君子"喻之。九四处于上卦,最接近天位,故取象"跃";又处于上卦之最下位,故取象"渊"。九五为天位,故取象"飞"。上九处在上卦之极,故取象"亢"。乾卦六爻代表六个时位,由"潜"→"见"→"惕"→"跃"→"飞"→"亢",形象地揭示了事物由微至著、由卑至尊、盛极而衰的发展规律,也反映了西周时期人们的理性思维已经达到很高的水平。

乾卦精蕴,重在"龙德"。六爻皆阳,健之又健,此其主旨。初位刚爻居阳位,爻辞曰"潜龙勿用",此乃以刚守内而以柔示外也。九二刚爻居阴位,处下卦之中,爻辞曰"见龙在田",此乃刚柔兼济而务致中庸,以德行取信于世人也。九三刚爻处阳位,处下卦之极,居上卦之下,故曰"乾乾",此乃以刚健之行事取信于人主也;终日勤勉干事,亦未必无失,故亦须"夕惕",躬身自省,以内柔辅外刚也。《国语·鲁语下》载敬姜之言曰:"诸侯朝修天子之业命,昼考其国职,夕省其典刑,夜儆百工,使无慆淫,而后即安。卿大夫朝考其职,昼讲其庶政,夕序其业,夜庀其家事,而后即安。"②即此义也。九四刚爻居阴位,处上卦之下,近九五之尊,承君命则"跃",未奉命则"在渊",此乃以刚德行柔道也,《诗经·小雅·小旻》:"战战兢兢,如临深渊,如履薄冰。"虽处高位而以谦冲之道守之。

---

① (清)朱彬著,饶钦农点校:《礼记训纂》,中华书局1996年版,第375页。
② 徐元诰著,王树民、沈长云点校:《国语集解》,中华书局2002年版,第196页。

九五以刚爻居阳位，处上卦之中，乘势得时，故曰"飞龙"，此乃圣王以刚健中正之德开启太平盛世之时也。上九刚爻居阴位，处位最外，君德不能施之于下，故曰"有悔"，此乃以上反下、以内刚辅外柔之时也。"用九"则是六爻皆刚变柔，阳先阴后，柔顺于刚，故曰"群龙无首"，此时不可以刚健之天德为首，当行柔顺之地德。马王堆帛书《二三子》开篇称颂龙德"能阳""能阴"，既"精白柔和"，又"精白坚强"，以龙德兼具乾坤两卦之义。可见乾体纯阳，而不可尽行刚道；坤体纯阴，而不可尽行柔道。刚柔相济，方得始终。

坤卦第二

☷坤下坤上

坤：元亨，利牝马之贞。君子有攸往，先迷后得主，利西南得朋，东北丧朋。安贞吉。

初六：履霜，坚冰至。

六二：直、方、大，不习无不利。

六三：含章，可贞；或从王事，无成有终。

六四：括囊，无咎无誉。

六五：黄裳，元吉。

上六：龙战于野，其血玄黄。

用六：利永贞。

【译文】

坤：大亨通，占问牝马之事有利。君子出远门，起初迷失方向，后来得到主人的款待。去西南方得财；去东北方则失财。安于正道则吉利。

初六：踩到寒霜，可以推断坚冰的时节将要来临。

六二：地道顺直、方正、广大，即使到了不熟悉的地方也没有不利。

六三：蕴含着文采，占问之事可行。跟随君王干事，不以成功自居，有好结果。

六四：如同扎紧的口袋一样缄口不言，没有过失，也没有赞誉。

六五：穿着黄色的裙裳，大吉。

上六：两条龙在原野上相斗，流出的血青黄相杂。

用六：利于永远坚守正道。

《彖》曰：至哉坤"元"，万物资生，乃顺承天。坤厚载物，德合无疆。含弘光大，品物咸"亨"。"牝马"地类，行地无疆，柔顺"利贞"。"君子"攸行，"先迷"失道，"后"顺"得"常。"西南得朋"，乃与类行；"东北丧朋"，乃终有庆。"安贞"之"吉"，应地无疆。

【译文】

《彖》：美善之至啊！坤元之气，万物依靠它而生长，它顺承着天道的变化。博厚的大地上充盈着万物，生生之德无边无际啊。大地含容一切并使之发展壮大，各种物类无不亨通畅达。牝马属于阴性、地类，在大地上可以行远乃至无疆，体现了柔顺贞正的德性。君子远行，起初迷惑失路，后来顺利找到正确的道路。去西南方得财，是因为有伴同行。去东北方失财，最终才有吉庆。安于正道的吉祥，堪与大地无疆的美德相媲美。

《象》曰：地势坤；君子以厚德载物。

[初六]《象》曰："履霜"，阴始凝也。驯致其道，至"坚冰"也。

[六二]《象》曰：六二之动，直以方也。"不习无不利"，地道光也。

[六三]《象》曰："含章可贞"，以时发也。"或从王事"，知光大也。

[六四]《象》曰："括囊无咎"，慎不害也。

[六五]《象》曰："黄裳元吉"，文在中也。

[上六]《象》曰："龙战于野"，其道穷也。

［用六］《象》曰："用六永贞"，以大终也。

【译文】

《象》：地势博厚无边；君子效法坤道，以淳厚之德容载万物。

［初六］《象》："踩到寒霜"，说明阴气刚开始凝结。推断其中的自然规律，坚冰时节必将到来。

［六二］《象》：六二的变动，顺直且方正。"即使到了不熟悉的地方也没有不利"，是因为地道广大啊。

［六三］《象》："蕴含着文采，占问之事可行"，当把握时机而动。"跟随君王干事"，从而使他的才智得以光大。

［六四］《象》："如同扎紧的口袋一样缄口不言，没有过失"，说明应当谨慎言语以避祸害。

［六五］《象》："穿着黄色的裙裳，大吉"，说明文德在内心。

［上六］《象》："两条龙在原野上相斗"，说明阴柔之道走到了尽头。

［用六］《象》："用六之义，利于永远守正"，说明阴柔终将归依于阳刚。

【注解】

［1］坤：卦名，象征地。

［2］牝（pìn）：雌性的鸟或兽，与"牡"相对。

［3］攸（yōu）：放在动词之前，构成名词性词组，相当于"所"。

［4］朋：古代货币单位。古代曾以贝壳为货币，五贝为一串，两串为一朋。

［5］履：践踏。

［6］括囊：结扎袋口。指缄口不言。

［7］裳（cháng）：古代指遮蔽下体的衣裙。

【释义】

龙者，行天之物也；马者，行地之物也。坤象征地，故以牝马为喻，以牝马之柔顺，说明地道顺承天道、辅助天道而成就天下万物。坤下坤上，内外皆顺，此其大旨也。

恩格斯指出："我们不要过分陶醉于我们人类对自然界的胜利。对于每一次这样的胜利，自然界都对我们进行报复。"[①] 中华先民在与大地打交道的过程中同样是付出了巨大的代价，才换来了宝贵的经验和智慧。无论是《山海经》中记载的"夸父逐日"，还是《淮南子》中记载的"后羿射日"，虽然主题都和太阳有关，但实际上都是对大地的探索与丈量，从中也逐渐形成了地道的观念与认识。故《坤》卦卦辞，讲述君子之远行，先"迷"后"得"，有"得"有"丧"，旨在提醒人们出行路上充满着艰难危险，告诫人们遵循天地之常道，不妄走捷径，才能最终获吉。

初六居位最下，阴气初凝，故取下位之象"履"、阴类之物"霜"。易理扶阳抑阴，故于《乾》卦初九，阳气微弱，告诫其要"潜"，呵护其"勿用"；而于《坤》卦初六，由履地之薄霜而明天道阴阳之变，知坚冰时节之将至也，提醒君子见微知著，早做预防，以不为阴所侵害也。

六二柔爻处阴位，得正；居内（下）卦之中，得安贞之吉。大地之"直、方、大"三盛德开示于此爻。直者，顺直之理也。地顺直以承天道，天道有春夏秋冬四时之运，地道有生长收藏之承。直者，生物之力也。地生万物，真实不妄，各随物类，继善成性，成其直质。直者，载物之势也。许慎《说文解字》："直，正见也，从乚从十从目。"大地形态各异：山丘有高低，坳谷有广狭，河流有弯曲，平原有斜倾……然人类所见所悟地形之势，则无不顺直也。方者，地德方正也。六二外柔顺而内中正，不为外物所惑，行为有方也。大者，地独承天，阴数小而体大，育万物而不息，载山岳而不泄，故坤德广大也。

六三柔爻处阳位，阴阳相错以成"文"也，故曰"含章"。柔处阳位，思动也，故初六曰"履"，六三曰"从"。处非正之位，居下卦之极，而上无所应，故虽以"含章"之才辅助君王以成其功，而

---

① ［德］恩格斯：《自然辩证法》，人民出版社2018年版，第313页。

不居功自矜，最终得吉也。

六四柔爻处阴位，居上卦之下，阴之阴者也。坤之"履霜"已至"坚冰"也，故取象曰"括囊"，天地若橐龠而阴阳之气无从出入。君子当此闭塞之时，唯谨慎以行事，缄口以避祸，事无过而人无誉，智以存身之道也。

六五柔爻处阳位，居上卦之中，兼有六二之德、六三之才、六四之智而供事于朝廷，人臣之极贵者也，故取象曰"黄裳"。"黄"者，贵之色也；"裳"者，下之服也。君子体察坤顺之德，敦乎仁而恪于礼，可得修齐治平之大吉也。

上六柔爻处阴位，阴之阴者也；又居外卦之极，上无所制，阴之极盛而无所归依者也。故于《乾》之上九曰"亢龙有悔"，阳无所制也；于《坤》上六曰"龙战于野"，阴无所制，背离坤顺之道，至于外野也。

用六，则是六爻皆柔变刚，坤卦变为乾卦。此与乾卦"用九"之义相合，说明阴极生阳，阳极生阴，阴阳二气相交相感的天道是永恒的。保全坤之性，谨守顺之德，不挟极盛之势而犯上，不趁无约束之时而放纵，安于坤道厚德敦仁之正性，可得长久之吉利也。

屯卦第三

☳震下坎上

屯：元亨，利贞。勿用有攸往，利建侯。

初九：磐桓，利居贞，利建侯。

六二：屯如，邅如，乘马班如。匪寇，婚媾。女子贞不字，十年乃字。

六三：即鹿无虞，惟入于林中，君子几，不如舍，往吝。

六四：乘马班如，求婚媾；往吉，无不利。

九五：屯其膏，小贞吉，大贞凶。

上六：乘马班如，泣血涟如。

【译文】

屯：大亨通，占问有利。不宜出行，利于建国封侯。

初九：徘徊、彷徨啊！占问安居有利，利于建国封侯。

六二：艰苦难进啊，骑着马来回盘旋。不是来抢劫的，而是来求婚的。女子贞正不嫁，十年之后才出嫁。

六三：追猎野鹿而没有掌管山泽鸟兽的人引导，野鹿跑入林子中，君子见机行事，不如放弃，继续追猎则艰难。

六四：骑着马徘徊，想去求婚。前行吉祥，没有什么不利的。

九五：囤积肥美的肉，占问小事吉，占问大事凶。

上六：骑着马徘徊，伤心泣血，泪流不止。

《彖》曰：屯，刚柔始交而难生。动乎险中，大亨贞。雷雨之动满盈，天造草昧，宜建侯而不宁。

【译文】

《彖》：屯卦，是刚柔两种力量开始相交而出现艰难。行动于危险之中，占问得大亨通。雷雨之动盈满宇内，此乃大自然草创万物之时，适宜建国封侯而不得宁居。

《象》曰：云雷，屯；君子以经纶。

[初九]《象》曰：虽"磐桓"，志行正也。以贵下贱，大得民也。

[六二]《象》曰：六二之难，乘刚也。"十年乃字"，反常也。

[六三]《象》曰："即鹿无虞"，以从禽也。"君子舍之"，往吝穷也。

[六四]《象》曰："求"而"往"，明也。

[九五]《象》曰："屯其膏"，施未光也。

[上六]《象》曰："泣血涟如"，何可长也？

【译文】

《象》：乌云密布，雷声轰动，雨欲下而未下，是《屯》卦；君子当此之时，应筹划治理国家大事。

［初九］《象》：虽然徘徊不前，但志在行走正道。以谦卑的态度对待人民，将会大得民心。

［六二］《象》：六二的困难，是因为凌驾于初九刚爻之上。"女子待嫁十年之后才出嫁"，此事违反常理。

［六三］《象》："追猎野鹿而没有掌管山泽鸟兽的人引导"，说明贪于捕捉野鹿。"君子放弃追逐野鹿"，因为继续追猎将很艰难。

［六四］《象》：有求而往，是明智之举。

［九五］《象》："囤积肥美的肉"，说明惠泽人民的德行没有光大。

［上六］《象》："伤心泣血，泪流不止"，这种状态怎么可能长久呢？

【注解】

［1］屯（zhūn）：卦名，意为艰难。《说文解字》曰："屯，难也。象屮木之初生，屯然而难。从屮（chè）贯一。一，地也。尾曲。"

［2］经纶：整理蚕丝，引申为筹划治理国家大事。

［3］磐桓（pán huán）：徘徊；逗留。

［4］邅（zhān）如：难行不进的样子。

［5］婚媾（gòu）：婚姻。

［6］班如：盘桓不进的样子。

［7］匪：同"非"。

［8］字：女子许嫁。

［9］虞：虞人，其职为贵族掌管鸟兽。

［10］屯（tún）其膏：储存肥肉。

【释义】

《屯》卦作为乾坤之后的第一卦，象征天地相交、初生万物的状态，故爻辞屡屡以"婚媾"为喻，与《周易》下经之首卦少男少女之"咸"，意义相近。初生之物柔弱，面临着各种艰难险阻，然顺天地之道而动，集萃天地日月之精华，则可得天道之元亨利贞也。故内卦震乃乾阳入坤阴、刚柔始交之春雷也，以喻乾坤催动万物之力也。外卦坎乃乾阳入坤阴、刚柔再交之春雨也，以明万物之初生，急需春雨之润泽也。然雨水泛滥则为坎险，震雷激进则易入险中，故君子不可不深察也。

初九刚爻居阳位，上有六四之来应，动而建功者也；下接地气，甘居三阴（互体为坤）之下，谦卑以得众者也。有功有土而得众，建国之诸侯也。

六二柔爻居阴位，当往应九五，然而九五"屯其膏"，德不下施，六二前行无路，故独"屯如邅如"也。处下卦之中，有贞顺之质，故可守贞十年以待婚嫁。

六三柔爻居阳位，处震体之外，故有"即鹿"之动。然上无阳刚所应，以阴入阴（林），必有失路之难，且前临坎险之境也。君子有识于此，当幡然自省，涤除心中贪欲，舍弃非分横财，人身方得安全。

六四柔爻居阴位为正，顺之至也。初九身份尊贵而行为谦卑，诚心"来"聘六四，六四"往"则吉无不利也。

九五刚爻居阳位为正，然身处坎险之中，坤之众又为初九所得，君德不能施之于下，犹自"屯其膏"以享乐，此于天下草创之时，大凶之兆也。

上六以阴柔之质处《屯》难之极，下无正应以脱险，又比附于屯膏享乐之君，其结果可知矣，故有"泣血涟如"之象也。

蒙卦第四

䷃坎下艮上

蒙：亨。匪我求童蒙，童蒙求我。初筮告，再三渎，渎则不告。利贞。

初六：发蒙，利用刑人，用说桎梏。以往，吝。

九二：包蒙，吉。纳妇，吉，子克家。

六三：勿用取女，见金夫，不有躬，无攸利。

六四：困蒙，吝。

六五：童蒙，吉。

上九：击蒙，不利为寇，利御寇。

【译文】

蒙：亨通。不是我来求蒙昧的孩童，而是蒙昧的孩童来求我。初次占筮告诉他结果，再三占筮则亵渎《周易》，不再告诉他结果。占问有利。

初六：启发蒙昧，利于使用受刑的人，卸去他们身上的枷锁。使他们外出则不利，会有憾惜。

九二：包容蒙昧，吉利。娶妻，吉庆，儿子成家。

六三：不要娶这个女子，她见到有钱的男子，就丧失了贞操，娶她没有什么好处。

六四：困于蒙昧，艰难。

六五：孩童幼稚、蒙昧，吉利。

上九：攻击蒙昧，不利于侵犯别人，利于抵御侵犯。

《彖》曰：蒙，山下有险，险而止，蒙。"蒙亨"，以亨行时中也。"匪我求童蒙，童蒙求我"，志应也。"初筮告"，以刚中也。"再三渎，渎则不告"，渎蒙也。蒙以养正，圣功也。

【译文】

《彖》：《蒙》卦，（坎下艮上），山下有险阻，看到险阻而止步，（不知该不该继续前行），说明处于蒙昧状态啊。《蒙》卦亨通，因其以顺行事又随时中道啊。"不是我求蒙昧的孩童，而是蒙昧的孩童求我"，这样孩童学之志与老师教之志才能相应。"初次占筮告诉他结果"，因为求筮者诚德在中。"再三占筮则亵渎《周易》，不再告诉他结果"，是因为求筮者轻慢无礼又愚昧无知。《蒙》卦之义在于使孩童养成纯正无邪之性，这是圣人的功德啊。

《象》曰：山下出泉，蒙；君子以果行育德。

［初六］《象》曰："利用刑人"，以正法也。

［九二］《象》曰："子克家"，刚柔接也。

［六三］《象》曰："勿用取女"，行不顺也。

［六四］《象》曰："困蒙"之"吝"，独远实也。

［六五］《象》曰："童蒙"之"吉"，顺以巽也。

［上九］《象》曰："利"用"御寇"，上下顺也。

【译文】

《象》："高山下流出泉水，（泉流被大山所遮拦），是《蒙》的卦象；君子观此卦象，当用果断的行动来培育自己的美德。"

［初六］《象》："利于使用受刑的人"，目的在于端正法纪。

［九二］《象》："儿子成家"，说明阳刚与阴柔相接。

［六三］《象》："不要娶这个女子"，因其行为不贞顺。

［六四］《象》："困于蒙昧"而导致的"艰难"，因其远离客观事实。

［六五］《象》："孩童幼稚、蒙昧"是吉利的，因其柔顺而服从。

［上九］《象》：作为抵御侵犯是有利的，因为自上而下都顺从、支持。

【注解】

［1］蒙：卦名，意为蒙昧。

［2］我：指童蒙的老师。

［3］渎（dú）：轻慢；不敬。

［4］刑人：受刑之人

［5］说：通"脱"，卸去。

［6］桎梏（zhì gù）：脚镣手铐。为古代的刑具，在足曰桎，在手曰梏，主要用来拘系犯人。

［7］纳妇：娶妻

［8］取：通"娶"。

［9］金夫：多金的男子，也指英俊强健的男子。

◈ 三 上经 ◈

【释义】

《蒙》卦是开启蒙昧之卦，所以卦爻辞从各个方面喻说开启蒙昧之道。卦辞讲述了孩童教育的问题，认为在孩童的学习上，不是老师央求孩童学习，而是孩童求着老师教着学，才是正途。可见西周社会已经非常重视儿童的教育问题。古人视占筮为探查上天意志的神圣活动，所以对那些亵渎占筮神圣性的行为，也视为蒙昧行为而予以批判。

初六以柔处阳位，居下卦之下，濒临险地，故有桎梏之象。桎梏者，镣铐也，在足曰桎，在手曰梏，皆为下位之象。阴质柔弱，又无上应，故出行则艰难，不利。当蒙之始，民众茫然不知所从，唯有行晓谕、开导之道，令百姓熟悉法律政令，方能释民惑，收民心，定民志，得民望，然后根基得以稳固矣。

九二以刚处阴位，居下卦之中，具阳刚之质，有包容之德，行中庸之道，故能刚柔相应而得吉。"包"者，《说文解字》："象人怀妊，巳在中，象子未成形也。元气起于子。子，人所生也。男左行三十，女右行二十，俱立于巳，为夫妇。"故以"包蒙"言娶妻得子之吉也。

六三柔处阳位，居位不正而躁动者也；居下卦之上，乘凌九二而欲系牵上九者也。上九天位，故有乾金之象，此喻女子处蒙之中而不能以坚贞自守也，贪昧金钱而失贞正之德，娶这样的女子怎么会有好处呢？

六四上下皆阴，无"比附"者也；初六质柔，不能接应也；远离阳实，陷于蒙昧也；以柔处阴，不能出蒙也。故为蒙所困，其艰难可知矣。

六五之柔与九二之刚，志气相应也，二者共成"蒙以养正"之义也。孩童幼稚、蒙昧，然其心地若山下初出之泉流般澄明洁净，故师者当循孩童好奇、爱问之天性，因势利导而以时通之，传之以道，授之以业，培之以德，启之以智，使孩童养成端正的品格，这是圣人的事业啊！

上九下据三阴，得坤之众也，坤为顺，故曰"上下顺"也。当启蒙之终，濒阴阳之变，斯时斯地以施教，则无所不用其极，故曰"击"蒙也。然于冥顽不化者，当头棒喝，亦未必猛醒也；于礼教未施之地者，虽道德仁义未必有用也。故于愚昧之人，谨慎防御则可，不可尽行启蒙之道也。

需卦第五

☰乾下坎上

需：有孚，光亨，贞吉，利涉大川。

初九：需于郊，利用恒，无咎。

九二：需于沙，小有言，终吉。

九三：需于泥，致寇至。

六四：需于血，出自穴。

九五：需于酒食，贞吉。

上六：入于穴，有不速之客三人来，敬之终吉。

【译文】

需：有诚信，前途光明亨通，占问结果吉祥。利于渡过大河。

初九：在郊野等待，利于持守恒道，没有过错。

九二：在沙地等待，稍微受到他人的责备，结果是吉利的。

九三：在泥泞里等待，招致贼寇的到来。

六四：在血泊中等待，由洞穴中逃出。

九五：在酒食面前等待，占问吉利。

上六：进入洞穴，有三个不速之客到来，恭敬相待他们，最终获得吉利。

《彖》曰：需，须也。险在前也，刚健而不陷，其义不困穷矣。"需：有孚，光亨，贞吉"，位乎天位，以正中也。"利涉大川"，往有功也。

三 上经

【译文】

《彖》：需卦，等待之义。险阻就在前面，刚强稳健则不会陷于危险之中，需卦的哲理在于不使人们陷于困难、绝路之中。"需：有孚，光亨，贞吉"，是因为九五刚爻居于一卦的天位，有中正之德。"利涉大川"，前往必然成功。

《象》曰：云上于天，需；君子以饮食宴乐。

[初九]《象》："需于郊"，不犯难行也。"利用恒无咎"，未失常也。

[九二]《象》："需于沙"，衍在中也。虽"小有言"，以终吉也。

[九三]《象》："需于泥"，灾在外也。自我"致寇"，敬慎不败也。

[六四]《象》："需于血"，顺以听也。

[九五]《象》："酒食贞吉"，以中正也。

[上六]《象》："不速之客来，敬之终吉"，虽不当位，未大失也。

【译文】

《象》：云气集聚在天上（而未下雨），是需卦卦象；君子在等待之时，当安于日常的饮食宴乐。

[初九]《象》："在郊野等待"，说明不犯险难而行动。"利于持守恒道，没有过错"，说明没有违背常道。

[九二]《象》："在沙地等待"，说明能行于中道。即使"稍微受到他人的责备"，最终还是吉利的。

[九三]《象》："在泥泞里等待"，将有灾难自外而来。因自身原因招致贼寇，但能恭敬谨慎，所以不会失败。

[六四]《象》："在血泊中等待"，应以顺从的态度听命于上。

[九五]《象》："酒食宴饮，占问吉利"，说明九五有中正之德。

[上六]《象》："有不速之客到来，恭敬相待，最终获得吉利"，

说明上六虽然不当主人之位，但并无大的过失。

【注解】

［1］需：卦名，意为等待。
［2］孚：诚信。
［3］郊：上古时代国都外百里以内的地区称"郊"。
［4］衍：宽衍。
［5］言：怨言、谤言。
［6］虽不当位：此句疑是衍文。

【释义】

需卦乾下坎上，乾体刚健上进，坎为险阻在前。当此之时，最忌鲁莽邅进，深陷险境而穷困无路，故圣人以需待之义示之，教人先查知前方之险，然后有所进矣。需待之时，最宜于养，于内则养心养志、蓄力蓄智，于外则示之以无为、不争之道，故有酒食宴乐之义。

初九距坎最远，故有郊野之象。以刚居阳位，健而欲进。然在需待之初，位卑力微，险难未可易除。故当去躁进之心，而以恒道积阳刚之力，然后可以无咎矣。

九二距坎渐近，故有沙滩之象。以刚居阴位，阴为小，以逼近险地而有言语中伤之患，但能以刚健行中道，故终吉。

九三距坎最近，故有泥潭之象。以刚居下卦之极，与上卦之坎险相接，故需提防外来之灾。九三有至健之德，故能行至柔之道，乾乾以自惕，敬以待人，慎以处事，可使自己立于不败之地。

六四处于坎下，《说卦》曰"坎为血卦"，"血"喻灾祸及身。但六四以柔处阴位，顺听于九五，得九五阳刚之助，故得出坎穴之下以免灾。

九五处坎之中，居天位之尊，喻有德有位者也。得下卦之三阳来助，以酒食待之，礼贤下士之雄主也。汇聚群贤以济险难，何险不可济？故曰"贞吉"。

上六处坎体之外，故有脱离险境之象。居上卦之极，需卦之终，由上返下，云降而为雨，故有"入于穴"之象，坎在乾上为云，坎在乾下为雨也。上六不当济险之位，又有乘凌九五之嫌，当此下卦三阳上腾之际，唯当以敬待之，最终可得"吉"也。

讼卦第六

☵坎下乾上

讼：有孚，窒，惕，中吉，终凶。利见大人，不利涉大川。
初六：不永所事，小有言，终吉。
九二：不克讼，归而逋其邑人三百户，无眚。
六三：食旧德，贞厉，终吉。或从王事，无成。
九四：不克讼，复即命，渝。安贞吉。
九五：讼，元吉。
上九：或锡之鞶带，终朝三褫之。

【译文】

讼：人有诚信但心意窒塞不通，心中有所警惕，中期是吉利的，最终是凶险的。利于出现伟大人物，不利于涉渡大河。

初六：没有久缠于争讼之事，略受到言语责备，最终是吉利的。

九二：没有胜诉，回来后逃到他那三百户封地的小邑，没有祸难。

六三：依赖祖宗的德业，占问有危险，最终吉利。有机会辅助王的事业，事遂而不居其成。

九四：没有胜诉，回来就听从命令，改变争讼的念头。安于正道是吉利的。

九五：决断讼事，大吉。

上九：有人获赐象征官位的腰带，在一日之内却多次被剥夺。

《彖》曰：讼，上刚下险，险而健，讼。"讼：有孚，窒，惕，中吉"，刚来而得中也。"终凶"，讼不可成也。"利见大人"，尚中正也。"不利涉大川"，入于渊也。

【译文】

《彖》：《讼》卦，上经卦刚健，下经卦险陷，处于险境而一意强健，引起争讼。"《讼》卦：人有诚信但心意窒塞不通，心中有所警惕，中期是吉利的"，是因为刚爻来居下经卦之中位。"最终是凶险的"，是因为争讼之事无所谓成功。"利于出现伟大人物"，说明决断讼事依赖于九五守正持中的国君。"不利于涉渡大河"，自恃刚健冒进将会坠入深渊之中。

《象》曰：天与水违行，讼；君子以作事谋始。
[初六]《象》曰："不永所事"，讼不可长也。虽"小有言"，其辩明也。
[九二]《象》曰："不克讼"，"归逋"窜也。自下讼上，患至掇也。
[六三]《象》曰："食旧德"，从上"吉"也。
[九四]《象》曰："复即命渝"，"安贞"不失也。
[九五]《象》曰："讼元吉"，以中正也。
[上九]《象》曰：以讼受服，亦不足敬也。

【译文】

《象》：天向西旋，水向东流，二者相背而行，象征《讼》卦；君子在做事之初要深谋远虑（以避免引起争讼）。
[初六]《象》："没有久缠于争讼之事"，说明争讼是不可长久的。尽管"略受到言语的责备"，通过辩论终将分清是非。
[九二]《象》："没有胜诉"，便逃窜而归。处于下位的人与处于上位的人争讼，祸难是他自己拾掇的。
[六三]《象》："依赖祖宗的德业"，顺从上位而获得吉利。
[九四]《象》："回来就听从命令"，安于正道则不会有损失。
[九五]《象》："决断讼事，大吉"，九五国君能行中正之道。
[上九]《象》：通过争讼而得到赏赐，也是不值得尊敬的。

【注解】

［1］讼：卦名，意为争讼。

［2］窒（zhì）：阻塞不通。

［3］永：长久。

［4］逋（bū）：逃亡。

［5］掇（duō）：拾取。

［6］食（shí）：依赖，依靠。

［7］锡：同"赐"，赏赐。

［8］鞶（pán）带：古代官员所系的腰带，因以皮革制成，故称为"鞶带"。

［9］褫（chǐ）：剥夺。

【释义】

讼卦内险而外健，上欲以刚制约于下，下欲以险环伺于上，上下相敌，是讼之道。就卦象上看，"天与水违行"，既可解释为天向西转，水向东流；又可解释为天气上腾，水势下润，二者的运行相互背离。

初六柔爻质弱，居下卦之下，本无意于讼；虽受九二之挟以争讼，犹冀其不成讼也，故爻辞言"事"而不言"讼"。故虽暂受九二之小责，以只身远讼，最终则吉也。

九二为柔爻所围，心有诚信而窒塞于内，不能上通九五，而相敌以争讼。以刚处阴位居下卦，势位皆不及九五，故讼败而逃归小邑，以示屈服、隐遁之意，仰赖九五中正之德，则祸不及于其身及邑人矣。

六三以柔居阳位，若坤之六三"含章"者也，参与国君之事，功成而不自居；居下卦之极，若乾之九三惕然自省者也；故虽处险境，以承袭乾刚坤柔之旧德而终吉也。

九四处上卦之初，以刚居阴位，刚质为柔道所牵；且下卦之初六与之相应，无意与之争讼，故九四初讼而终退，顺于九五，习于常道，不下涉坎险，终享安贞之吉祥也。

九五位于天位，决断讼事者也。以乾健之全德，故能威孚九二；以中正之大道，故能德服九二。九五仁德，以阳敌阳，使之去险固而遁逃，不忍相伤也。此孔子所谓"听讼，吾犹人也，必也使无讼乎"（《论语·颜渊》）。

　　上九处上卦之极，阳亢健而无所止，穷讼于上而不知反下者也。故虽以讼得官而德不配位，下失庶民、君子之敬，其荣宠何可久也。

师卦第七

☷坎下坤上

　　师：贞丈人吉，无咎。
　　初六：师出以律，否臧凶。
　　九二：在师，中吉，无咎，王三锡命。
　　六三：师或舆尸，凶。
　　六四：师左次，无咎。
　　六五：田有禽，利执言，无咎。长子帅师，弟子舆尸，贞凶。
　　上六：大君有命，开国承家，小人勿用。

【译文】

　　师：占问长者之事吉利，没有咎害。
　　初六：军队出征必须严明军纪，否则必有灾殃。
　　九二：统率军队，持守中道是吉利的，没有咎害。君王多次颁赐爵命。
　　六三：不时有士兵从战场上运送战死者的尸体回来，凶险。
　　六四：率军撤退驻守，没有咎害。
　　六五：打猎时猎获飞禽，利于掌握舆论，没有咎害。长子统率军队出征有战功，次子率军出征大败而归，占问有凶事。
　　上六：君王颁布命令，分封诸侯大夫，小人不得任用。

　　《彖》曰："师"，众也。"贞"，正也。能以众正，可以王矣。刚中而应，行险而顺，以此毒天下，而民从之，"吉"又何"咎"矣！

【译文】

《彖》："师"，是兵众之称。"贞"，是坚守正道。能够使部属大众都持守正道，就可以平定天下了。九二有刚健之德且行中道，六五柔爻与之相应，行于险地而顺应事理，以此来治理天下，民众都乐于服从他，得此吉祥怎么会有过失呢！

《象》曰：地中有水，师；君子以容民畜众。
[初六]《象》曰："师出以律"，失律"凶"也。
[九二]《象》曰："在师中吉"，承天宠也。"王三锡命"，怀万邦也。
[六三]《象》曰："师或舆尸"，大无功也。
[六四]《象》曰："左次无咎"，未失常也。
[六五]《象》曰："长子帅师"，以中行也。"弟子舆尸"，使不当也。
[上六]《象》曰："大君有命"，以正功也。"小人勿用"，必乱邦也。

【译文】

《象》：地中有水，是师卦之象；君子因此容纳百姓，蓄聚兵众。
[初六]《象》："军队出征必须严明军纪"，失去军纪约束必有灾殃。
[九二]《象》："统率军队，持守中道是吉利的"，说明军队统帅上承君王的宠命。"君王多次颁赐爵命"，说明君王心系天下万邦的安宁。
[六三]《象》："不时有士兵从战场上运送战死者的尸体回来"，说明毫无战功。
[六四]《象》："率军撤退驻守"，没有违背兵法之常理。
[六五]《象》："长子统率军队出征有战功"，是六五以中道行事的结果。"次子率军出征大败而归"，说明六五用人不当啊。

[上六]《象》说:"君王颁布命令",以定功封赏。"小人不得任用",任用小人必然为乱邦国。

【注解】

[1] 师:卦名,意为兵众,军旅。

[2] 丈人:古时对老年男子的尊称。

[3] 师出以律:李道平《周易集解纂疏》曰:"《九家》注:《九家·说卦》曰'坎为律',故云'坎为法律也'。古者律度量衡之法,皆起于黄钟之九寸。黄钟,坎位也。《释言》曰'坎,律诠也',然则邑坎为律者,乐律也,非法律也。《周礼·太师》'执同律,以听军声而诏吉凶',又'若师有功,则左执律,右秉钺,以先恺乐',是古者出师,皆执律以从。《左传》称师旷知南风之不竞,《吴越春秋》载大夫皋如之言曰'审声则可以战',皆其道法。逮后《史记·律书》独拳拳于兵械,而《索隐》即援《易》文'师出以律'释之,得其旨矣。《律书》曰:'六律为万事根本,其于兵械,尤所重焉。故云望敌知吉凶,闻声效胜负,百王不易之道也。武王伐纣,吹律听声,推孟春以至于季冬,杀气相并,而音尚宫,同声相从,物之自然也。'又《兵书》云:'太师吹律,合商则战胜,军士强。角则军扰,多变失志。宫则军和,士卒同心。徵则将急数怒,军士劳。羽则兵弱少威。'此皆'师出以律'之明证也。"①

[4] 否(fǒu):不。

[5] 臧(zāng):善,好。

[6] 毒:治理。陆德明《经典释文》引马融云:"毒,治也。"② 李鼎祚《周易集解》引干宝曰:"毒,荼苦也。五刑之用,斩刺肌体;六军之锋,残破城邑,皆所荼毒奸凶之人,使伏王法者也,故曰'以此毒天下而民从之'。"③

[7] 舆(yú):运载。

---

① (清)李道平著,潘雨廷点校:《周易集解纂疏》,中华书局1994年版,第132页。
② (唐)陆德明:《经典释文》,上海古籍出版社2013年版,第80页。
③ (唐)李鼎祚:《周易集解》卷3,上海古籍出版社1989年版,第43页。

◇ 三 上经 ◇

【释义】

师卦坎下坤上，坎为险于内，坤为顺于外，内险而外顺，兵之事也。孙武《孙子兵法·计》篇曰："兵者，国之大事，死生之地，存亡之道，不可不察也。"① 故以大地之内蕴含危险之象示之。师卦上经卦为坤，取出师有名之义，行名正言顺之征讨。而战争的根本在于国力的强弱和民众的多寡，故《大象》阐发"容民蓄众"之义。

初六柔爻质弱，履阳位而动，有师之前军之象。处险象环生之地，然无刚德以统御兵众，军纪松弛，士兵散漫，故有灾殃也。

九二刚爻为一卦之主，以一阳而统御群阴，为将帅在中军之象，处于坎险之中，以刚德而行持中不偏之道，为兵众所拥戴者也。上得六五国君之相应，故得以代天讨伐有罪之邦，战功赫赫，故有"王三锡命"之吉也。

六三柔爻处阳位，处上卦之极，有师之后军之象。质柔而躁进，行险以侥幸，以阴凌阳，不奉九二之军令而贪图尺寸之小功，有"舆尸"之败绩，故《象》曰"大无功也"。

六四以柔居阴位，知止于所当止者也，有师之左军之象。居上卦之初，深谙兵法之道，依凭坎险之固，左次驻扎军队，无敢犯者，故无咎。

六五为上经卦坤之主爻，坤德为顺，王师征伐有罪，先利执讯、声讨，以达师出有名、名正言顺之效。然六五之君柔顺处中，唯见九二之长子捷报频传，而不知战事之险难，复命次子轻率出战，故爻象隐含"右军"之象，最终至于大败，说明六五的决策是不当的。

上六处上卦之极，为班师回朝之爻。坤德无疆，军功尤重，故论功行赏，封邦建国。兵事诡道，故可使阴设险，君子、小人之才可兼而用之；而治国唯正，故唯求有德之君子，小人万勿用之也。

---

① 李零：《〈孙子〉十三篇综合研究》，中华书局 2006 年版，第 7 页。

比卦第八

☷坤下坎上

《比》：吉。原筮，元永贞，无咎。不宁方来，后夫凶。
初六：有孚，比之无咎。有孚盈缶，终来有它，吉。
六二：比之自内，贞吉。
六三：比之匪人。
六四：外比之，贞吉。
九五：显比。王用三驱，失前禽。邑人不诫，吉。
上六：比之无首，凶。

【译文】

比：吉利。推究占筮的结果，大亨通，占问长久之事没有咎害。不安定的诸侯前来归附，后面迟来的诸侯有灾殃。

初六：心有诚信，亲附于他人没有咎害。自己的诚信如同汲水的瓦器盛满水一样，最终会有意外的吉利。

六二：在朝廷内亲附于君王，占问吉利。

六三：亲附于行为不端之人。

六四：在朝廷外亲附于君王，占问吉利。

九五：光明正大地亲附于君王。君王用三面合围的方式去打猎，逃掉了前方的禽兽，邑中的百姓不需要戒备，吉利。

上六：亲附君王却不争先居首，有灾殃。

《象》曰：比，"吉"也；比，辅也，下顺从也。"原筮，元永贞，无咎"，以刚中也。"不宁方来"，上下应也。"后夫凶"，其道穷也。

【译文】

《象》：比卦，是"吉利"的；比卦，是辅佐，是在下位者顺从亲附于上。"推究占筮的结果，大亨通，占问长久之事没有咎害"，因为君王有刚健中正之德。"不安定的诸侯前来归附"，说明君王与诸侯上下相应。"后面迟来的诸侯有灾殃"，说明他的亲附之道穷尽了。

《象》曰：地上有水，比；先王以建万国，亲诸侯。

[初六]《象》曰：《比》之初六，"有它吉"也。

[六二]《象》曰："比之自内"，不自失也。

[六三]《象》曰："比之匪人"，不亦伤乎！

[六四]《象》曰：外比于贤，以从上也。

[九五]《象》曰："显比"之"吉"，位正中也。舍逆取顺，"失前禽"也。"邑人不诫"，上使中也。

[上六]《象》曰："比之无首"，无所终也。

【译文】

《象》：地上有水，是比卦的卦象；先王因此封邦建国，亲近诸侯。

[初六]《象》：比卦初六爻，有意外的吉祥。

[六二]《象》："在朝廷内亲附于君王"，不失正道。

[六三]《象》："亲附于行为不端之人"，岂不是很悲哀吗？

[六四]《象》："在朝廷外亲附于君王"，说明六四顺从君王。

[九五]《象》："光明正大地亲附于君王，吉利"，说明君王有刚健中正之德。舍弃不顺服我的，取得顺服的，所以"逃掉了前方的禽兽"。"邑中的百姓不需要戒备"，说明君王能行中庸之道。

[上六]《象》："亲附君王却不为首争先"，不得善终。

【注解】

[1] 比：卦名，意为亲附。

[2] 缶（fǒu）：古代一种大肚子小口儿的盛酒瓦器。

[3] 方：方国。

[4] 后夫：后到的人。

【释义】

比卦地上有水，水与地相合无间，李鼎祚《周易集解》引《子夏易传》曰："地得水而柔，水得土而流，比之象也。"① 此比卦之取义也。从卦爻上看，刚爻居五位，为天下之主，群阴皆依附于此，故谓之比。比卦为师卦之"覆"，有师之征讨不服，然后五位之尊威得以确立，六五一变而为九五，象征着天下一统、四海一家。

初六位在最下，当比之初，最诚于比之道，有亲附九五之初心而势不及上，故与六四同类而亲附之，借六四之柔贞以昭示其对于九五之君"盈缶"之忠诚，终将为九五所知，故有吉祥。

六二处位得中得正，此乃师卦率军出征之丈人，班师回朝而为辅弼君王之大臣，恪守坤卦柔顺允中之道，故无所失也。

六三处位不正，下不比九二，上不比九五，而亲附于上六之"后夫"，不忠于君而有外志，故将伤及自身。

六四居上卦为外，故曰"外比"，处位得正，有贞正之德，最近于五，专力事上，故得吉祥。

九五为比之主，居尊德位，大一统之圣君也。有网开一面之仁心，德及禽兽也。有斯仁心而必行仁政，天下臣民拥戴其君主若亲附其父母，故不需戒备也。

上六独为凌阳之阴，居位最外，自以为朝廷鞭长莫及而有不臣之二心，故当天下诸侯皆亲附于九五圣君之时，独怀侥幸之心而不尊于上，不见于行，此自取灭亡之道也。《国语·鲁语》载孔子之言曰："丘闻之，昔禹致群神于会稽之山，防风后至，禹杀而戮之，其骨节专车。"② 比卦的卦爻辞所讲的内容，或与此有关。

---

① （唐）李鼎祚：《周易集解》卷3，上海古籍出版社1989年版，第46页。
② 徐元诰著，王树民、沈长云点校：《国语集解》，中华书局2002年版，第202页。

小畜卦第九

☰ 乾下巽上

小畜：亨。密云不雨，自我西郊。
初九：复自道，何其咎？吉。
九二：牵复，吉。
九三：舆说辐，夫妻反目。
六四：有孚，血去，惕出，无咎。
九五：有孚挛如，富以其邻。
上九：既雨既处，尚德载。妇贞厉。月几望，君子征凶。

【译文】

小畜：亨通。浓云密布却不下雨，在我的西郊上空。
初九：由原路返回，哪有什么过失呢？吉利。
九二：牵引着返回，吉利。
九三：大车的辐条从车轮中脱落，夫妻乖离失和。
六四：心怀诚信，血光之灾去除，外出要警惕，没有咎害。
九五：心怀诚信，相互牵系着，将富裕之道推及其邻居。
上九：大雨且下且止，天德载满大地。占问妇女之事有危险。月十四日之夜时，君子远行有灾殃。

《彖》曰：小畜，柔得位而上下应之，曰"小畜"。健而巽，刚中而志行，乃"亨"。"密云不雨"，尚往也。"自我西郊"，施未行也。

【译文】

《彖》：小畜卦，六四柔爻得位而上下刚爻都与之应和，刚爻为柔爻所牵系，故曰小畜。乾健而巽顺，九二、九五刚爻居中而心志得行，所以亨通。"浓云密布却不下雨"，说明云气还在升腾积聚。"在我的西郊上空",说明雨泽之施还未开始。

《象》曰:风行天上,小畜;君子以懿文德。
[初九]《象》曰:"复自道",其义"吉"也。
[九二]《象》曰:"牵复"在中,亦不自失也。
[九三]《象》曰:"夫妻反目",不能正室也。
[六四]《象》曰:"有孚惕出",上合志也。
[九五]《象》曰:"有孚挛如",不独富也。
[上九]《象》曰:"既雨既处","德"积"载"也。"君子征凶",有所疑也。

【译文】

《象》:风在天上流动,是《小畜》卦象;君子应当专力于礼乐教化。

[初九]《象》:"由原路返回",其意义是吉利的。
[九二]《象》:"牵引着返回",因行于中道,也是没有过失的。
[九三]《象》:"夫妻乖离失和",不能规正妻室。
[六四]《象》:"心怀诚信,外出要警惕",能合于九五的旨意。
[九五]《象》:"心怀诚信,相互牵系着",不独自享有财富。
[上九]《象》:"大雨且下且止",天德已积载圆满,"君子远行将有灾殃",宜有所止息。

【注解】

[1] 小畜:卦名,意为小有蓄积。
[2] 挛(luán)如:相互牵系的样子。
[3] 辐(fú):车轮上的辐条。
[4] 几望(jǐ wàng):阴历每月十四日。
[5] 懿:修美。

【释义】

小畜卦一柔爻而五刚爻,刚爻曰"大",柔爻曰"小",六四以柔克刚，大为小所畜止，故曰"小畜"。从上下经卦卦象上看，乾下巽上，风在天上流动，喻朝廷文教之德畜止于上，还未下施民间，故卦辞只曰亨通而已。

初九以刚处阳位，体健而上行，但与六四为正应，为之所系而由道以返，可谓进退不失其道，故吉祥而无咎。

九二以刚处阴位，非与六四为应，由于初九为六四所畜，九二与初九同为刚爻，位次相连，故受其所牵系而复。以处位居中不偏，故亦得吉祥。

九三以刚处阳位，居下卦乾体之极，当柔爻用事之时，亢健而不知止，下不与初九、九二同道以返，孤阳躁进，欲与畜主六四相争，故有"舆说辐"之象。"辐"指插入轮毂以支撑轮圈的细条，无辐条则车轮难行，以此譬喻九三亢进之失。九三与六四，刚柔相接，故有夫妻之象，而柔乘凌于刚，故《小象》曰不能规正妻室也，以此见易之道尊阳卑阴之深意。

六四以柔处阴位，得位用事之爻也。与需卦之六四相类，上下皆体半坎之象，故有"血"象。以诚于顺德而为九五之所信，故二者皆言"孚"也。以惕守位，以诚待人，顺势行事，故得以灾去而无咎也。

九五以刚处阳位，刚健中正之君也。当天下蓄积生息之时，深谙"刚强者死之徒，柔弱者生之徒"之道，任用六四贞顺之臣，以柔之道而畜天下之群刚，使之乾乾以畜止，故朝廷与百姓皆富足也。

上九以刚处阴位，居上卦之极而当畜之终，刚必变柔而成坎，为雨而反下，故有雨泽天下之象。坎又为月，当此阳消阴凝之时，以阴之盛而有"月望"之象，故君子当阴极盛之时，行进必见侵伤，当凝止以求自安也。

履卦第十

☱兑下乾上

履：履虎尾，不咥人，亨。

初九：素履往，无咎。
九二：履道坦坦，幽人贞吉。
六三：眇能视，跛能履，履虎尾，咥人，凶。武人为于大君。
九四：履虎尾，愬愬，终吉。
九五：夬履，贞厉。
上九：视履考祥，其旋元吉。

【译文】

履：人踩在老虎的尾巴上，而老虎不噬咬人，亨通。

初九：朴素无华，前往履新，没有咎害。

九二：履任之道平坦，幽居之士占问有利。

六三：一只眼瞎的还能看，一条腿瘸的还能走。人踩在老虎的尾巴上，老虎咬人，有灾殃。刚暴之人干犯君主。

九四：人踩在老虎的尾巴上，恐惧不安，最终是吉利的。

九五：以刚决果断之道履任，占问当自我砥砺。

上九：回顾总结履任之路，考察吉凶祸福的征祥，周旋圆满，大吉。

《彖》曰：履，柔履刚也。说而应乎乾，是以"履虎尾，不咥人，亨"。刚中正，履帝位而不疚，光明也。

【译文】

《彖》：履卦，六三柔爻踩在刚爻上。内心和悦而与天道相应，所以"人踩在老虎的尾巴上，而老虎不噬咬人，亨通"。九五有刚健中正之德，能够践履帝位而没有弊害，天下一片光明啊！

《象》曰：上天下泽，履。君子以辩上下，定民志。

[初九]《象》曰："素履"之"往"，独行愿也。

[九二]《象》曰："幽人贞吉"，中不自乱也。

[六三]《象》曰："眇能视"，不足以有明也。"跛能履"，不足以与行也。"咥人"之"凶"，位不当也。"武人为于大君"，志刚也。

[九四]《象》曰："愬愬终吉"，志行也。
[九五]《象》曰："夬履贞厉"，位正当也。
[上九]《象》曰："元吉"在上，大有庆也。

【译文】

《象》：天在上面，泽在下面，是《履》卦的卦象；君子因此来辨别尊卑上下，使人民恪守本分，心志安定。

[初九]《象》："朴素无华，前往履新"，说明初九能够独自践行他的心愿。

[九二]《象》："幽居之士占问有利"，说明九二以行中道而不自乱方寸。

[六三]《象》："一只眼瞎的还能看"，不能称得上明察。"一条腿瘸的还能走"，不能称得上善走。遭遇被老虎噬咬的灾殃，是因为自己居位不当。"刚暴之人干犯君主"，他的心志刚愎。

[九四]《象》："恐惧不安，最终是吉利的"，说明九四的志愿得以实现。

[九五]《象》："以刚决果断之道履任，占问当自我砥砺"，说明九五居位正当。

[上九]《象》："大吉在上"，说明上九大有吉庆啊。

【注解】

[1] 履，卦名，意为践履，履行。
[2] 咥（dié）：噬咬。
[3] 说：同"悦"。
[4] 疚（jiù）：弊病；灾殃。
[5] 眇（miǎo）：一目失明。《说文解字》曰："眇，一目小也。"
[6] 跛（bǒ）：瘸，腿或脚有毛病。
[7] 愬愬（shuò shuò）：恐惧的样子。
[8] 夬（guài）：决断。

【释义】

履卦兑下乾上，天在上，泽在下，可见事物上下高低之位，乃自然之理也。以此譬喻人在社会亦有地位尊卑高低之别，当辨明所处之位，履位以行事也。

初九为履之初，与九四相敌应，无意攀缘借势以求进，安于所处之位者也。以刚处阳位，履正行端，故无咎也。

九二以刚居柔位，为六三所乘凌，又与九五相敌应，君子幽居在田之象。然九二以阳刚之质而能行中和之道，乐天知命者也，故履之道"坦坦"：上一"坦"天也，下一"坦"地也，天地真实不妄，九二以幽思贞诚而悟天地之道，故吉祥也。

六三以柔居阳位，质柔而位不当，上承乾体三刚，力不能胜任者也，故有"眇""跛"之象。然处下卦之极，挟乘阳之势，躁进而妄动，欲干犯其九五之君，故有被虎噬之象。其履若此，不亦悲乎？此可为小人之戒也。

九四以刚处阴位，朝廷用事之臣也，上临九五之君，故有"履虎尾"之象。以刚而能柔，知所恐惧而敬慎始终，可得吉祥也。

九五乃刚正之君，以尊威刚德治天下，故有"夬履"之象而天下光明也。然天下之至治，以德为主而以刑为辅，一阴一阳，一张一弛，刚柔相济，方能臻于化境，所谓无为而无不为也，故爻辞叮咛以"贞厉"二字。九五之君以纯阳之刚德断天下之事，又不失自省、惕励之道，方能臻于正当之乾位。于此可见圣人扶阳之意，深矣！

上九以刚处阴位，处卦体之终，刚而能柔者也。履事而知审视，慎也；见兆而能稽考，敬也。处履之终而敬慎恒一，可谓上合环周之天道也。《诗经·大雅·荡》曰："靡不有初，鲜克有终。"《老子·六十四章》曰："民之从事，常于几成而败之。慎终如始，则无败事。"君子之履，不忘初心，其"元吉"可知矣。

泰卦第十一

☷ 乾下坤上

泰：小往大来，吉，亨。

初九：拔茅茹以其汇，征吉。

九二：包荒，用冯河，不遐遗。朋亡，得尚于中行。

九三：无平不陂，无往不复。艰贞无咎。勿恤其孚，于食有福。

六四：翩翩，不富以其邻，不戒以孚。

六五：帝乙归妹，以祉元吉。

上六：城复于隍，勿用师。自邑告命，贞吝。

【译文】

泰：阴气升于上，阳气降于下，吉利，亨通。

初九：把茅草连根拔起，把它们汇聚在一起。远行吉利。

九二：包容边远荒服之民，利用他们来渡河远行，不会疏远蛮荒之民。钱财丢失，在中途可以得到补偿。

九三：不是只有平坦的道路而没有坡道的，没有总是前往而不返回的。占问艰难之事没有咎害。不要担忧他的诚信，有享食俸禄之福。

六四：联翩下降，不富裕是因为他的邻居，以心有诚信而不加戒备。

六五：帝乙出嫁少女，以此得福，大吉。

上六：城墙倾倒在干涸的壕沟里，不宜用兵，从都邑传来了命令。占问不利。

《彖》曰："泰：小往大来，吉，亨。"则是天地交而万物通也，上下交而其志同也。内阳而外阴，内健而外顺，内君子而外小人，君子道长，小人道消也。

【译文】

《彖》:"泰卦:阴气升于上,阳气降于下,吉利,亨通。"说明天地阴阳交合,万物才能通泰;国君与臣民上下交流,心志才能协同。阳气息于内卦而阴气消于外卦,内卦乾德是健而外卦坤德是顺,君子居内而小人居外,所以君子之道增长,小人之道消亡。

《象》曰:天地交,泰;后以财成天地之道,辅相天地之宜,以左右民。

[初九]《象》曰:"拔茅征吉",志在外也。

[九二]《象》曰:"包荒,得尚于中行",以光大也。

[九三]《象》曰:"无往不复",天地际也。

[六四]《象》曰:"翩翩不富",皆失实也。"不戒以孚",中心愿也。

[六五]《象》曰:"以祉元吉",中以行愿也。

[上六]《象》曰:"城复于隍",其命乱也。

【译文】

《象》:天地之气相交合,是《泰》卦的卦象;君王因此裁度天地运行的规律,辅助天地的化育而使万物各得其宜,以保护天下百姓。

[初九]《象》:"把茅草连根拔起,远行吉利",初九的志向是向外进取。

[九二]《象》:"包容边远荒服之民,钱财在中途可以得到补偿",九二的行为光明正大。

[九三]《象》:"没有总是前往而不返回的",九三已经达到了天地交接的边缘。

[六四]《象》:"联翩下降,不富裕",是因为上卦三爻皆为柔爻而不得阳实。"以心有诚信而不加戒备",说明六四是心甘情愿的。

[六五]《象》:"以此得福,大吉",六五的中道之行顺应了臣下的心愿。

[上六]《象》:"城墙倾倒在干涸的壕沟里",从都邑传来的命令是错乱的。

【注解】

[1] 泰,卦名,意为通泰。
[2] 茅茹:茅根相牵连的样子。
[3] 汇:以类相聚。
[4] 冯:同"凭",凭借,依靠。
[5] 遐遗(xiá yí):疏远遗弃。
[6] 尚:通"偿",补偿。
[7] 陂(bēi):倾斜,不平坦。
[8] 恤(xù):忧虑。
[9] 翩翩:指鸟轻飞的样子。
[10] 隍(huáng):没有水的城壕。
[11] 后:君主;帝王。
[12] 财:同"裁",裁制。
[13] 左右:控制,指挥。此处有帮助、保佑的意思。《周易正义》疏曰:"'左右',助也,以助养其人也。"[1]

【释义】

泰卦乾下坤上,阴阳二气相交合之象,《易》崇尚变易之道,阴阳之气交流无碍则天地通泰,此泰卦之取义。

初九在下卦之下,故有"茅茹"之象;以刚处阳位,阳道乐进,故有"拔""征"之象。下三爻成乾卦之体,三阳连类而上进,故有"汇"之象。阴阳气均之时,君子远行则吉也。

九二以刚处阴位,能包容者也。天道远,地道广,故有"包荒"之象。以连类而进,又得行中道,故有涉河之险而无所遗失也。

九三以刚处阳位,居下卦之极,终日乾乾者也,故有"艰贞"之

---

[1] (唐)孔颖达著,李申、卢光明整理:《周易正义》,北京大学出版社1999年标点本,第66页。

象。上与坤位相接，以乾为天而在下，坤为地而在上，得见天地阴阳消息、平跛往复之理，故于亨泰之时，能够倾其诚、竭其力以赞天地之化育，于其禄位将有福佑也。

六四以柔处阴位，与六五、上六成坤卦之体而为阴气，故曰"翩翩"，以示三阴连类而下也。初九"茅茹"，以阳而示以实象也；六四"翩翩"，以阴而示以虚象也。虚无不富，因其六五之邻亦为阴虚也。下与初九为正应，故不戒初九之"孚"也。

六五居帝王之位，与九二为正应，阳实阴虚，九二又有包荒之威、行中之德，故有帝王下嫁公主于方国诸侯之象。此乃以贵下贤，大得民心之举，故曰"元吉"也。

上六为泰卦之终，上六随六四、六五之联翩而下，则阳陷阴中，故有城墙塌陷于壕沟之象也。天道阴阳消长，泰终则否来也，当此天地剧变之时，故宜安内自守，而不宜用兵于外也，故曰"勿用师"。命也，运也，由城墙之倾倒，可见阴为祸之惨烈也。图之不早，谋之不先，当倾覆之时，虽改命亦晚矣。

否卦第十二

坤下乾上

否：否之匪人，不利君子贞。大往小来。

初六：拔茅茹以其汇。贞吉，亨。

六二：包承。小人吉，大人否亨。

六三：包羞。

九四：有命，无咎，畴离祉。

九五：休否，大人吉。其亡其亡，系于苞桑。

上九：倾否，先否后喜。

【译文】

否：否闭之世小人当道，君子占问不利。阳气止于上，阴气凝于下。

初六：把茅草连根拔起，把它们汇聚在一起。占问吉利，亨通。

六二：包容着顺承。小人得吉利，伟大人物否闭不通。

六三：含羞忍辱。

九四：得天命，没有咎害，相附的同类皆得福祉。

九五：停止否闭的状态，伟大人物吉利。将要灭亡啊，将要灭亡啊，把危亡之心系于根深柢固的桑树上，以惕己不忘。

上九：倾覆否闭的状态，先否闭而后有喜庆。

《彖》曰："否之匪人，不利君子贞，大往小来"，则是天地不交而万物不通也，上下不交而天下无邦也。内阴而外阳，内柔而外刚，内小人而外君子，小人道长，君子道消也。

【译文】

《彖》："否闭之世小人当道，君子占问不利。阳气止于上，阴气凝于下。"表明天地阴阳二气不相交接，万物的生机不得畅达，国君与臣民的心志不得交融，天下处于混乱的状态。阴气息于内卦而阳气消于外卦，内卦全是柔爻而外卦全是刚爻，小人居内而君子居外，所以小人之道增长，君子之道消亡。

《象》曰：天地不交，否；君子以俭德辟难，不可荣以禄。

[初六]《象》曰："拔茅贞吉"，志在君也。

[六二]《象》曰："大人否亨"，不乱群也。

[六三]《象》曰："包羞"，位不当也。

[九四]《象》曰："有命无咎"，志行也。

[九五]《象》曰："大人"之"吉"，位正当也。

[上九]《象》曰："否"终则"倾"，何可长也？

【译文】

《象》：天地阴阳二气不相交合，是《否》卦的卦象；君子因此以节俭之德避开祸难，不可以追求荣华，谋取禄位。

[初六]《象》："拔起茅草，占问吉利"，志向在于九五之君。

[六二]《象》："伟大人物否闭不通"，不为群小所扰乱。

[六三]《象》："含羞忍辱"，居位不正。

[九四]《象》："得天命，没有咎害"，志向得以施行。

[九五]《象》："伟大人物吉利"，居位端正适当。

[上九]《象》："否道最终将倾覆"，否闭的状态怎么可能长久呢？

【注解】

[1] 否（pǐ）：卦名，意为闭塞不通。

[2] 畴（chóu）：类，同类的。

[3] 祉（zhǐ）：福，禄。

[4] 辟：通"避"，回避，躲避。

[5] 苞桑：茂盛的桑树。

[6] 休：停止。

【释义】

否卦坤下乾上，天地之气不相交合之象，《易》崇尚变易之道，阴阳二气不能相感相交，则天下生机闭塞不通，此否卦之取义也。

初六处位最下，与六二、六三联结成坤之体，又以柔居阳位而志动于外，故有"拔茅茹以其汇"之象。柔爻为虚，《否》之初六与《泰》之初九爻象相同，以三阴据内而侵得阳实也。当否之初，阴之为祸尚微，君子见微知著，坚贞自守以避否难，故得吉亨。

六二以柔居阴位，为小人得位得志之象，以居中体坤顺之性，又能上应九五，故得吉利。大人当否之世，为群阴所包，故不得亨通也。

六三以柔居阳位，居位不正，挟三阴之否势以与阳相遇也，谄媚而骄纵之情态可见矣！欲近交九四，而九四比于九五之君，不相与也；欲应和上九，而上九正是倾否者也，故六三以阴柔之性而欲以包纳阳刚之质，故羞辱及其身矣。

九四为上卦之初，当否之世而力不能止否，然志行九五刚健之君命，而与否之三阴相绝，故无咎而后有福祉也。

九五居位得正得中，止否之君王也。上下皆得同类之助，故有桑枝丛生之象，以喻阳助之多也。以群阴势大踞于内，故九五除否之举动，不可不慎之又慎，故以"其亡其亡"以惕阳之危也。

上九处上卦之极，终否者也。以六三之扰而受邪僻之害，故"先否"；以九五君王之止否之命，虽处于止否之后者，然能决然乘势而下，一举倾覆否闭之世，故有"后喜"也。

同人卦第十三

☲离下乾上

同人：同人于野，亨。利涉大川，利君子贞。
初九：同人于门，无咎。
六二：同人于宗，吝。
九三：伏戎于莽，升其高陵，三岁不兴。
九四：乘其墉，弗克攻，吉。
九五：同人，先号咷而后笑。大师克，相遇。
上九：同人于郊，无悔。

【译文】

同人：与人在野外和同，亨通。利于涉渡大河，君子占问有利。
初九：在家门口与人和同，没有咎害。
六二：与本宗族的人和同，有遗憾。
九三：潜伏兵众在草莽之中，登上高峻的山岭，三年之久没有振兴。
九四：登上敌人的城墙，没有攻克下来，吉利。
九五：与人和同，起先号啕大哭，后来有欢笑。大军终于战胜敌人，会合在一起。
上九：与人在郊外和同，没有悔恨。

《彖》曰："同人"，柔得位得中而应乎乾，曰同人。"同人于野，亨。利涉大川"，乾行也。文明以健，中正而应，"君子"正也。唯君子为能通天下之志。

【译文】
《彖》："同人"卦，六二柔爻位正且处下卦之中，又与上经卦乾之九五相应，称之为同人卦。"与人在野外和同，亨通。利于涉渡大河，君子占问有利"，顺应天道而行动啊！同人卦德文明又刚健，六二、九五中正而且应和，君子居位得正啊！只有君子才能会通天下人民的意志。

《象》曰：天与火，同人；君子以类族辨物。
[初九]《象》曰："出门同人"，又谁"咎"也？
[六二]《象》曰："同人于宗"，"吝"道也。
[九三]《象》曰："伏戎于莽"，敌刚也；"三岁不兴"，安行也？
[九四]《象》曰："乘其墉"，义"弗克"也。其"吉"，则困而反则也。
[九五]《象》曰："同人"之"先"，以中直也；"大师相遇"，言相克也。
[上九]《象》曰："同人于郊"，志未得也。

【译文】
《象》：上天的光照与下地的火光性质相同，是《同人》卦的卦象；君子因此聚合宗族，辨别事物。
[初九]《象》："一出家门即与人和同"，有谁会怪咎呢？
[六二]《象》："与本宗族的人和同"，是招辱之道。
[九三]《象》："潜伏兵众在草莽之中"，说明敌人太强；"三年之久没有振兴"，怎么可能有所行动呢？
[九四]《象》："登上敌人的城墙"，不宜攻克下来。九四的吉利在于困穷时能回到正确的法则上来。
[九五]《象》："众人起先号啕大哭"，是出自内心的悲痛；"大

军会合在一起"，说明战争胜利了。

［上九］《象》："与人在郊外和同"，和同天下的志向还没有实现。

【注解】

［1］同人：卦名，意为和同于人。
［2］戎：古代兵器的总称，此处指士兵。
［3］莽：密生的草。
［4］墉（yōng）：城墙。
［5］号咷（hào táo）：啼哭呼喊。

【释义】

同人卦离下乾上，天有日月之光明，地有火把烛光之明，天地之光明皆足以照人，比喻君王能以光明中正之德和同天下万民，此同人卦之取义也。

初九以刚处阳位，有动之象，与九四无应，志不在上也。与六二为邻，出门即与之和同，附丽于光明也，故无咎害。

六二为离之主，得位得中，与九五为正应，本当上应九五之君，然以柔质附丽于初九、九三刚爻之间，其所和同，止于宗族而已，故为鄙吝之道。

九三以刚处阳位，贞厉之爻也。在内阻隔六二与九五之正应，有"伏戎于莽"以待九五之象；居下卦之上，有"升其高陵"以觊觎于上之意，然九三与上九敌应，且上经卦三爻成乾健一体，九三之谋无隙得以发动，故曰"三岁不兴"也。

九四与九三分居上下二体而重刚者也，以居九三之上，故得以登上九三之城墙；以居臣顺之位，故能上承九五之命，借"乘其墉"以暗查九三之"伏戎"，而不擅专攻伐之权，以此便宜行事，吉祥。

九五为同人之主，天下之明君也。卦辞"同人于野"疑是衍文，而九五爻辞疑有脱文，"同人"当为"同人于野"是也。按照周制，距王城百里谓之郊，三百里谓之野，"同人于野"即"龙战于野"，军队杀伐之地也。《老子·六十九章》曰："故抗兵相若，哀者胜矣。"故征伐有罪，先"号啕"以义愤，再行杀伐克敌，而后有将士们欢笑庆捷。

上九以刚处上卦之终，同人之极，上同于天也，故于班师回朝之后，而有郊外举行祭祀上天之礼，以示君王平天下之德，与天地同也。此于武功则无悔也，然使全天下人之心，欣然乐同于上，武功之后亟须文治，此独用刚道，故曰"志未平也"。

大有卦第十四

☰乾下离上

大有：元亨。

初九：无交害，匪咎，艰则无咎。

九二：大车以载，有攸往，无咎。

九三：公用亨于天子，小人弗克。

九四：匪其彭，无咎。

六五：厥孚交如，威如，吉。

上九：自天祐之，吉，无不利。

【译文】

大有：大亨通。

初九：没有交往上的伤害，不致灾殃，艰苦奋斗则没有灾殃。

九二：用大车来运载货物，有所前往，没有灾殃。

九三：公侯在天子那里享宴，小人则无此荣宠。

九四：不是他敲击的鼓声，没有灾殃。

六五：他以诚信交接上下，有威严，吉利。

上九：受到上天的福佑，吉利，无所不利。

《彖》曰：大有，柔得尊位大中，而上下应之，曰"大有"。其德刚健而文明，应乎天而时行，是以"元亨"。

三　上经

【译文】

《彖》：大有卦，是六五柔爻居于至尊之位，处于上卦之中，上下刚爻都与之相应，称之为"大有"。其既有刚健之德，又有文明之德，既顺应天道又能按时施行，所以大亨通。

《象》曰：火在天上，大有；君子以遏恶扬善，顺天休命。

[初九]《象》曰：《大有》初九，无交害也。

[九二]《象》曰："大车以载"，积中不败也。

[九三]《象》曰："公用亨于天子"，"小人"害也。

[九四]《象》曰："匪其彭，无咎"，明辩晢也。

[六五]《象》曰："厥孚交如"，信以发志也；"威如"之"吉"，易而无备也。

[上九]《象》曰：《大有》上"吉"，"自天祐"也。

【译文】

《象》：火在天上，是《大有》卦的卦象；君子因此遏止奸恶，举扬贤善，顺承善美的天命。

[初九]《象》：《大有》初九，没有交往上的伤害。

[九二]《象》："用大车来运载货物"，集聚在车的中间就不会毁坏。

[九三]《象》："公侯在天子那里享宴"，小人若参加会致灾祸。

[九四]《象》："不是他敲击的鼓声，没有咎害"，九四明辨睿智。

[六五]《象》："他以诚信交接上下"，六五能用诚信表明自己的心志；"有威严"的吉利，六五行为平易，使大家无须戒备。

[上九]《象》："《大有》上九的吉利"，来自上天的福佑。

【注解】

[1] 大有：卦名，意为大富有。

[2] 匪，同"非"。

［3］亨：即"享"，宴享。

［4］彭：鼓声。

［5］厥（jué）：其；他的；她的。

［6］休：休美，使美好。

［7］辩晢（zhé）：明辨。"晢"通"哲"。明智，明白。

【释义】

大有卦乾下离上，日火在天，无所不照，万物得以生长收成，天下人民才能大富有，此以卦象论大有卦之取义。从爻象上看，六五柔爻居至尊之位，以顺承天道而统御五阳，阳为大，六五之所有者皆大，故曰"大有"。

初九距六五之主爻最远，上与九四为敌应，以刚处阳位而不知变通，与世无交之象也。无交则无害，然当大有之初，而不能相交以求富有，其道"艰"矣，以其刚强之质，仅得"无咎"而已。

九二以刚处下卦之中，下卦三阳成乾，《说卦》"乾为圆"，像车轮，故有"大车"之象，三阳为多实，故有载积之象。九二体乾健之德又能行中正之道，上与六五为正应，当大有之世而不独占财货，以大车往贡于上，其孚如此，故无咎。

九三以刚处阳位为正，履得其位，有三公之象，终日乾乾之君子也，以恪尽职守，交孚于上，故有天子赐宴之殊荣，恩宠莫大焉。若小人当其位，则为天下害矣。《易》之道尊阳卑阴，故时时叮咛天子亲君子而远小人也。

自初至四皆刚爻，而上接六五柔质之君，当群阳并进之时，九四有下招三阳而"刚决柔"之嫌也。《说文解字》："彭，鼓声也。从壴彡声。"朱骏声《说文通训定声》："从鼓省，从彡。会意。彡即三也，击鼓以三通为率。"击鼓则进，鸣金则退，故下三阳之进，若"彭"也。然九四以刚处阴位，能自惕而顺承于上，交孚于六五，言非其之"彭"，故无咎。

六五以柔处上卦中位，虚心而光明之君也，能虚其中，故能包容五阳，为五阳所深孚也；体离之威、有日之明，故能威而使众，含弘光大，故能致大有之世也。

上九为大有之终成，六五能使天下人之"孚"若一，则吉无不利，若天之佑也。

谦卦第十五

䷎艮下坤上

谦：亨。君子有终。
初六：谦谦君子，用涉大川，吉。
六二：鸣谦，贞吉。
九三：劳谦，君子有终，吉。
六四：无不利，㧑谦。
六五：不富以其邻，利用侵伐，无不利。
上六：鸣谦，利用行师，征邑国。

【译文】

谦：亨通。君子的品质始终如一。
初六：谦而又谦的君子，可以涉渡大河，吉利。
六二：谦逊的名声远扬在外，占问吉利。
九三：勤劳而且谦逊，君子有好的结果，吉利。
六四：无所不利，言行举止都很谦逊。
六五：不富裕是因为他的邻居，利于出征讨伐，无所不利。
上六：谦逊的名声远扬在外，利于出师打仗，征伐邑国。

《象》曰：谦，"亨"。天道下济而光明，地道卑而上行。天道亏盈而益谦，地道变盈而流谦，鬼神害盈而福谦，人道恶盈而好谦。谦，尊而光，卑而不可踰，"君子"之"终"也。

【译文】

《象》说：谦卦，亨通。天位在上，然而天气向下运行以济助万物，其德光明；大地处位卑下，然而地气向上运行以育成万物。天道是减损盈满的而增益谦虚的，地道是改变盈满的而趋向谦虚的，鬼神是损害盈满的而福佑谦虚的，人道是厌恶盈满的而喜欢谦虚的。谦虚的人啊，身居尊位则其德光明昭著；处于卑位则其德不可超越，这是君子的好结果。

《象》曰：地中有山，谦；君子以裒多益寡，称物平施。
［初六］《象》曰："谦谦君子"，卑以自牧也。
［六二］《象》曰："鸣谦贞吉"，中心得也。
［九三］《象》曰："劳谦君子"，万民服也。
［六四］《象》曰："无不利㧑谦"，不违则也。
［六五］《象》曰："利用侵伐"，征不服也。
［上六］《象》曰："鸣谦"，志未得也。可"用行师"，征邑国也。

【译文】

《象》：大地之中有高山，是《谦》卦的卦象；君子因此把多余的拿出，济予不足；称量财物，公平施予。
［初六］《象》："谦而又谦的君子"，能以谦卑自我约束。
［六二］《象》："谦逊的名声远扬在外，占问吉利"，是由中正的诚心而得。
［九三］《象》："勤劳而且谦虚的君子"，天下百姓都服从他。
［六四］《象》："无所不利，言行举止都很谦逊"，不违背做人的原则。
［六五］《象》："利于出征讨伐"，目的是征讨不服从王命者。
［上六］《象》："自鸣谦逊"，但其心志还没有实现。"可以出师打仗"，征讨不顺承王命的邑国。

【注解】

［1］谦，卦名，意为谦逊。
［2］有终：有终结，比喻始终一贯。
［3］㧑（huī）：挥动，指言行举止。

[4] 踰：凌越。
[5] 裒（póu）：取出、减少。

【释义】

谦卦艮下坤上，《周易集解》引郑玄曰："艮为山，坤为地。山体高，今在地下。其于人道，高能下下，'谦'之象。'亨'者，嘉会之礼，以谦而为主。谦者，自贬损以下人。唯艮之坚固，坤之厚顺，乃能终之。故'君子'之人'有终'也。"① 就爻象而言，只有一孤阳处于群阴之中，在下卦而不得中位，不足以统御其下之二阴也；处下卦之极而伏于三阴之下，以阳刚之质而行事于阴盛之时，故须"谦"也。

初六以柔处位最下，谦而又谦之象；以处阳位，故有求进之义；其上之二三四爻成坎卦，故有"大川"之象。君子之处世，谦顺而又远志，故"吉"也。

六二以柔居下卦之中，得位者也；与九三最近，以行中道而上承九三，阴阳相合而"鸣"，故曰"鸣谦"。当艮止之时而能安贞于位，故"吉"也。

九三以刚处阳位，得位用事，故"劳"；居艮之极而不自高，以高下下而顺于坤体之三阴，故堪称"谦"之主也。《说卦》："终万物始万物者，莫盛乎艮。"故"君子有终"而"吉"也。

六四以柔处阴位，得位。居坤顺之初，而有履霜之慎，言行举止无不谦也，故"无不利"。

六五以柔处阳位，居上卦之中为尊，本当下拥艮山之富盛，然上六与九三为正应，乘六五之势而多艮山之财也，故"不富以其邻"。当天下裒多益寡、称物平施以济不足之时，上六之贪吝可讨之也。六五拥坤之众，顺民心以征讨骄横悖逆如上六者，故"无不利"。

上六以柔处阴位，为上卦之极而谦之终也，以居边远之地而不服王命，然犹"自鸣谦逊"，此等贪鄙乱国之诸侯，其志何可得也！故当兴师征讨之，以平定邑国也。

---

① （唐）李鼎祚：《周易集解》卷4，上海古籍出版社1989年版，第65页。

豫卦第十六

☷坤下震上

豫：利建侯行师。

初六：鸣豫，凶。

六二：介于石，不终日，贞吉。

六三：盱豫，悔；迟有悔。

九四：由豫，大有得。勿疑，朋盍簪。

六五：贞疾，恒不死。

上六：冥豫，成，有渝，无咎。

【译文】

豫：利于建立诸侯，兴师征战。

初六：自鸣得意，享乐过甚，有灾殃。

六二：意志如石头一样坚定，享乐不到一整天，占问吉利。

六三：献媚以求享乐，有悔恨；醒悟太晚将有悔恨。

九四：顺应悦乐之道，大有所得。无须猜疑，像簪子绾住头发那样把朋友们聚集在一起。

六五：占问有疾病，病期虽长但不致死亡。

上六：在幽冥中享乐，养成恶习，有所改变，没有咎害。

《彖》曰：豫，刚应而志行，顺以动，豫。豫，顺以动，故天地如之，而况"建侯行师"乎？天地以顺动，故日月不过，而四时不忒。圣人以顺动，则刑罚清而民服。豫之时义大矣哉！

【译文】

《彖》：豫卦，九四刚爻与柔爻相应，所以其意愿得以实行，顺着事物的发展规律而动，是豫卦的卦义。豫卦的顺以动之理，就连天地的运行也是如此，何况"建立诸侯，兴师征战"呢？天地顺着自然之理而动，所以日月的运行不会失度，四时的循环不会有差错。圣人顺着自然之理而动，则刑罚清明，百姓服从。豫卦应时而动的意义真大啊！

《象》曰：雷出地奋，豫；先王以作乐崇德，殷荐之上帝，以配祖考。

[初六]《象》曰："初六鸣豫"，志穷"凶"也。

[六二]《象》曰："不终日贞吉"，以中正也。

[六三]《象》曰："盱豫有悔"，位不当也。

[九四]《象》曰："由豫大有得"，志大行也。

[六五]《象》曰："六五贞疾"，乘刚也。"恒不死"，中未亡也。

[上六]《象》曰："冥豫"在"上"，何可长也？

【译文】

《象》：雷声发出，大地震动，是《豫》卦的卦象；先王因此制作音乐以褒崇功德，举行隆重的典礼来祭祀上帝，并配祀祖先的神灵。

[初六]《象》："自鸣得意，享乐过甚"，享乐之志达到极点必有灾殃。

[六二]《象》："享乐不到一整天，占问吉利"，是因为居中持正。

[六三]《象》："献媚以求享乐，有悔恨"，六三居位不正。

[九四]《象》："顺应悦乐之道，大有所得"，九四的意愿得以大行。

[六五]《象》："六五占问有疾病"，因其乘凌九四阳刚的缘故。"病期虽长但不致死亡"，以其尚能守中道的缘故。

[上六]《象》："在幽冥中享乐"，且居于上位，这种状况怎么可能长久呢？

【注解】

[1] 豫：卦名，意为悦乐。

[2] 介：耿介、耿直。

[3] 盱（xū）：睁大眼睛。

[4] 盍（hé）：通"合"，聚合。

[5] 簪：古代用来固定发髻或联结冠发的针形首饰。

[6] 忒（tè）：差错。

[7] 殷：丰盛。

[8] 荐：进献，祭献。

[9] 配：古代祭祀中的"配飨"礼，以祖先配飨上帝，祭祀上帝同时祭祀祖先，让祖先的神灵配合上帝共享丰盛的祭品。

【释义】

豫卦坤下震上，震雷出于地上之象；坤为顺，震为动，故顺天地之道而动，是豫卦的卦义。《国语·周语》："阴阳分布，震雷出滞。"[①] 可见豫卦当春分时节，震雷之阳破出地面，天下阳气日增，万物顺阳气而生长、发动，故豫卦又有悦乐之义。古代帝王有以春分祭日的礼制，《礼记·祭义》："祭日于坛，祭月于坎，以别幽明，以制上下。"孔颖达疏曰："'祭日于坛'，谓春分也。"[②] 故《象》言先王作乐崇德祭祀上帝之事。

初六与九四为正应，然以柔处阳位失正，故有小人得意而忘形之象也。居豫之初，当天下人未乐之时而穷极于享乐之志，其灾祸可知矣。

六二柔爻得位得中而为坤之主，坤之六二乃"直方大"者，《文言》于坤卦六二曰"坤至柔而动也刚，至静而德方"，故六二虽性至柔至静，而有方、刚之德，故有"介于石"之象。六二能行中道，

---

① 徐元浩著，王树民、沈长云点校：《国语集解》，中华书局2002年版，第20页。

② （唐）孔颖达著，龚抗云整理：《礼记正义》，北京大学出版社1999年标点本，第1322—1323页。

又与六三、九四互体成艮，故于享乐之事，不待日夕而旋即止息，有"不终日"之象，此六二之"贞吉"也。

六三以柔处阳位，居下卦之极，上近九四，天下万物由九四之震动而豫乐，故六三亦有"盱"而献媚九四之象。然上下卦体有别，而九四之志在于外，治国平天下也，故无意于六三，六三是以有悔也。若耽意于此而不醒悟，则悔上加悔矣。

九四以刚处上卦之初，居坤卦之上，以震之长阳而与群阴相应，豫卦之主爻也。以行与天下人同乐之道，故能下得坤众之心而上顺天道之行，大有作为于世也。故不须忧虑孤阳之处境，而天下之贤朋，不期而至者若发簪冠发之多也。

六五以柔处尊位，柔弱之君也。以失位故无施与民同乐之道，见九四之得民得朋而欲乘凌之，然九四之势非六五所能抑制，故六五"贞疾"乃是心疾，无可奈何也。以居中位得以苟延残喘，"不死"而已。

上六以柔处阴位，故有"幽冥"之象；居豫之终，故有豫"成"之象。以处极位而荒淫豫乐无度，其凶可知矣。若能顺天道人心而迷途知返、改弦更张，或可无咎。

随卦第十七

☱震下兑上

随：元亨，利贞，无咎。
初九：官有渝，贞吉。出门交有功。
六二：系小子，失丈夫。
六三：系丈夫，失小子。随有求，得。利居贞。
九四：随有获，贞凶。有孚在道，以明，何咎？
九五：孚于嘉，吉。
上六：拘系之，乃从维之，王用亨于西山。

【译文】

随：大亨通，占问有利，没有咎害。

初九：思想观念有改变，占问吉利。出门与人交往会成功。

六二：依附于少年男子，失去成年男子。

六三：依附于成年男子，失去少年男子。追随于人有所要求，得到满足。占问居处有利。

九四：追随于人有所收获，占问凶险。把诚心用在正道上，行事光明磊落，有什么害处呢？

九五：信守美善之道，吉利。

上六：拘系着、捆绑着使他跟随，君王在西山举行祭祀。

《彖》曰：随，刚来而下柔，动而说，随。大亨，贞无咎，而天下随时。随时之义大矣哉！

【译文】

《彖》：随卦，是初九刚爻居于内卦，甘居柔爻之下，震动而快乐，是随卦。大为亨通，占问没有咎害，天下人皆随其时宜。随卦合乎时宜的意义真大啊！

《象》曰：泽中有雷，随；君子以向晦入宴息。

[初九]《象》曰："官有渝"，从正吉也。"出门交有功"，不失也。

[六二]《象》曰："系小子"，弗兼与也。

[六三]《象》曰："系丈夫"，志舍下也。

[九四]《象》曰："随有获"，其义凶也。"有孚在道"，"明"功也。

[九五]《象》曰："孚于嘉吉"，位正中也。

[上六]《象》曰："拘系之"，上穷也。

三 上经

【译文】

《象》：震雷藏于大泽之中，是《随》卦的卦象；君子因此在每月的最后一天宴享和休息。

［初九］《象》："思想观念有改变"，从于正道是吉利的。"出门与人交往会成功"，没有过失。

［六二］《象》："依附于少年男子"，说明六二不能同时跟从少年男子和成年男子。

［六三］《象》："依附于成年男子"，说明六三的意愿是舍弃下面的少年男子。

［九四］《象》："追随于人有所收获"，从卦爻的意义上看是有凶险的。"把诚心用在正道上"没有咎害，因行事光明磊落的缘故。

［九五］《象》："信守美善之道，吉利"，九五居正位又能行中道。

［上六］《象》："拘系着使他跟随"，上六处于穷极末路的境地。

【注解】

［1］随：卦名，意为随从，跟随。
［2］小子：对年幼者的称呼。
［3］丈夫：成年男子。
［4］晦（huì）：阴历每月的最后一天。又可解释为"昏暗"，《周易集解》引翟玄曰："晦者，冥也。雷者阳气，春夏用事，今在泽中，秋冬时也。故君子象之，日出视事，其将晦冥，退入宴寝而休息也。"①

【释义】

古人以雷之动息作为天道的刻度，故豫卦"雷出地奋"当春分之日，复卦"雷在地中"当冬至之日，而随卦"泽中有雷"当入冬之日，认为入冬以后震雷潜伏于泽中，随着天时休息。故君子体察随卦

---

① （唐）李鼎祚：《周易集解》卷5，上海古籍出版社1989年版，第73页。

震雷栖息泽中之义，亦当于晦日（农历每月的最后一天）宴飨和休息，而不需处理政事。就卦德来看，《周易集解》引郑玄曰："震，动也。兑，悦也。内动之以德，外悦之以言，则天下之人咸慕其行而随从之，故谓'随'也。既见随从，能长之以善，通其嘉礼，和之以义，干之以正，则功成而有福。若无此四德，则有凶咎焉。"①

初九当随之初，上与九四无应，故变而欲近随六二，故有"官有渝"之象；以刚处阳位，为震之主，乐动者也，故有"出门"即与六二"交"之象，六二正位居中，初九之随，以此成功也。

六二以柔处阴位为正，上与九五为正应，下比近于初九，九五为居尊之君，故有"丈夫"之象；初九虽为长男，然以阳之初生在下，"小子"之象也。六二为九五、初九二刚所牵，有顾此失彼之象，故有"系小子"则"失丈夫"之戒语。

六三处下卦之极，以初九之刚与六二为比，又以柔处阳位，顺而思动者也，故能上随九四臣位之"丈夫"，而舍初九无位之"小子"。以上承九四故能有求而得，有安居自守之利也。

九四上比于九五中正之君，随而从于王事，故大有所获之象。以距君位最近又功高获多，故其位凶也。以恪守臣道，行事光明而为九五所信赖，故"无咎"。程颐《伊川易传》曰："九四以阳刚之才处臣位之极，若于随有获，则虽正亦凶。'有获'，谓得天下之心随于己。为臣之道，当使恩威一出于上，众心皆随于君。若人心从己，危疑之道也，故'凶'。居此地者奈何？唯孚诚积于中，动为合于道，以明哲处之，则又何咎？古之人有行之者，伊尹、周公、孔明是也，皆德及于民而民随之；其得民之随，所以成其君之功，致其国之安。其至诚存乎中，是'有孚'也。其所施为无不中道、在道也。唯其明哲，故能如是'以明'也。复何过咎之有？是以下信而上不疑，位极而无逼上之嫌，势重而无专强之过，非圣人大贤则不能也。"②

九五为随之主，天下人心之所随者，德也。九五以中正君德，有九四大臣之刚比与六二君子之正应，上下以德交相信服，故能使天下

---

① （唐）李鼎祚：《周易集解》卷5，上海古籍出版社1989年版，第72页。
② （宋）程颐：《伊川易传》卷2，文渊阁四库全书本。

人皆随于嘉美之道也。

上六为随之终,以柔居阴位,昏暗之象;以处上卦之极,乃"穷斯滥"之小人也,当天下人臣皆随于九五之时,此独乘凌九五而欲为逆事,故将此等小人拘系捆绑,献祭于西山之先王也。

蛊卦第十八

☴巽下艮上

蛊:元亨。利涉大川,先甲三日,后甲三日。
初六:干父之蛊,有子,考无咎。厉,终吉。
九二:干母之蛊,不可贞。
九三:干父之蛊,小有悔,无大咎。
六四:裕父之蛊,往见吝。
六五:干父之蛊,用誉。
上九:不事王侯,高尚其事。

【译文】

蛊:大亨通。利于涉渡大河,在先于"甲日"三天的辛日,后于"甲日"三天丁日。

初六:整治父亲的弊乱,有这样的儿子,父亲没有灾咎。能够自我砥砺,结果是吉利的。

九二:整治母亲的弊乱,不可过于固执。

九三:整治父亲的弊乱,有小的遗憾,没有大的咎害。

六四:宽容父亲的弊乱,前往将遇到困难。

六五:整治父亲的弊乱,因此有名誉。

上九:不去侍奉王侯,保持着高尚的节操。

《彖》曰:蛊,刚上而柔下,巽而止,蛊。蛊"元亨",而天下治也。"利涉大川",往有事也。"先甲三日,后甲三日",终则有始,天行也。

【译文】

《彖》：蛊卦，刚爻居于最上，柔爻居最下，逊顺而静止，是蛊卦。蛊卦"大亨通"，天下得以治理。"利于涉渡大河"，前往是为了干事。"先于'甲'三日而动，后于'甲'三日而动"，事情在终结之后会有新的开始，循环不已，这是天道啊。

《象》曰：山下有风，蛊；君子以振民育德。
[初六]《象》曰："干父之蛊"，意承考也。
[九二]《象》曰："干母之蛊"，得中道也。
[九三]《象》曰："干父之蛊"，终无咎也。
[六四]《象》曰："裕父之蛊"，往未得也。
[六五]《象》曰："干父用誉"，承以德也。
[上九]《象》曰："不事王侯"，志可则也。

【译文】

《象》：山下有风在摇动山体，象征世人被蛊惑，是《蛊》卦的卦象；君子因此赈济人民，培育德行。

[初六]《象》："整治父亲的弊乱"，初六志在继承其父。
[九二]《象》："整治母亲的弊乱"，九二能行中道。
[九三]《象》："整治父亲的弊乱"，结果没有咎害。
[六四]《象》："宽容父亲的弊乱"，前往没有收获。
[六五]《象》："整治父亲的弊乱，因此有名誉"，六五能以德继承家业。
[上九]《象》："不去侍奉王侯"，上九的志向可以作为准则。

【注解】

[1] 蛊：卦名，意为败乱之事。《周易集解》引伏曼容曰："蛊，惑乱也。万事从惑而起，故以蛊为事也。案《尚书大传》云'乃命五史，以书五帝之蛊事'。然为训者，正以太古之时，无为无事也。今言蛊者，是卦之惑乱也。时既渐浇，物情惑乱，故事业因之而起惑

矣。故《左传》云'女惑男，风落山，谓之蛊'，是其义也。"①《序卦》曰："以喜随人者必有事，故受之以《蛊》。蛊者，事也。"

[2] 先甲三日，后甲三日：中国上古的历法，每年十二个月（有闰月），每月三旬，每旬十日，用甲、乙、丙、丁、戊、己、庚、辛、壬、癸来记。第一日为甲日，第十日为癸日，周而复始。先甲三日：即甲日前的第三天，为辛日；后甲三日：即甲日后的第三日，为丁日。《周易集解》引《子夏易传》云："'先甲三日'者，辛壬癸也。'后甲三日'者，乙丙丁也。"又引马融曰："甲在东方，艮在东北，故云'先甲'；巽在东南，故云'后甲'。所以十日之中唯称'甲'者，甲为十日之首，蛊为造事之端，故举初而明事始也。言所以'三日'者，不令而诛谓之暴，故令先后各三日，欲使百姓遍习行而不犯也。"②

[3] 考：父亲，后多指已死的父亲。

【释义】

蛊卦之"蛊"，从字形上看乃"三虫在皿"，意即百虫在器皿中自相残杀、吞食，最后剩者为"蛊"。故"蛊"者，毒虫也。就卦象上看，巽下艮上，艮山在上为静止，巽风在下吹动山木，欲摇动山也，故有蛊惑、祸乱之义；就八卦象人看，巽为长女，艮为少男，长女诱惑少男之象也。当蛊之世，不但万事从惑而起，万民亦陷溺惑乱之中而不知行止，故《大象》曰"君子以振民育德"，冀望君子以事功赈济万民，以风教使民育德归正也。

初六以柔处阳位，为蛊之初，当天下积弊未深之时，能以柔顺之道劝谏其父，匡正其父所积之浅弊，有此柔嘉之孝子，其父之声誉无有咎戾矣。处干事之初，然上与六四无应，故须砥砺前行；以顺承九二，志在于继承其父之大业，故"终吉"。

九二以刚处下卦之中，上与六五相应，于天下蛊祸之时，当顺应六五君王之招，以其阳刚之才智行振民育德之能事，然却巽顺于内，

---

① （唐）李鼎祚：《周易集解》卷5，上海古籍出版社1989年版，第75页。
② （唐）李鼎祚：《周易集解》卷5，上海古籍出版社1989年版，第75页。

用心于闺门妇人之琐事，虽行中道而终究非正当职守之事也。

九三以刚处阳位，居下卦之极，志在除蛊者也。以刚过而上无所应，故"小有悔"；能惕然自勉，以精诚之心而行艰贞之道，则"无大咎"。

六四以柔处阴位，居艮之初，柔懦者也；当天下除蛊之时，己独止之而有放纵之意，以此受命而往，自取羞吝之道也。

六五以柔居至尊之位，下有阳刚干才之大臣，虽不能草创基业，尚可整治先人之积弊也。天下之治乱，若天道之圆环，终而复始，六五能恩遇股肱之大臣，厚待治世之君子，故能止天下之蛊惑，使万民归之于正，故有"用誉"之象也。

上九以刚处柔位，为艮之主，当蛊之终。天下无蛊之日，则为功成身退之时也，故有"不事王侯"之大智也。以处位最上，故能历观治蛊之艰而预为之防；除蛊莫若教民以正，故能居上而反下，下施教化于百姓，此圣人高尚之事也。

临卦第十九

䷒兑下坤上

临：元亨，利贞。至于八月有凶。

初九：咸临，贞吉。

九二：咸临，吉，无不利。

六三：甘临，无攸利。既忧之，无咎。

六四：至临，无咎。

六五：知临，大君之宜，吉。

上六：敦临，吉，无咎。

【译文】

临：大亨通，占问有利。到了八月有凶事。

初九：用感化的方式来治理人民，占问吉利。

九二：用感化的方式来治理人民，占问吉利，无所不利。

六三：用甜言蜜语笼络人心以治理人民，没有好处。既而能忧愁人民的疾苦，没有咎害。

六四：亲自治理人民，没有咎害。

六五：用智慧来治理人民，作为君王是适宜的，吉利。

上六：敦厚地治理人民，吉利，没有咎害。

《彖》曰：临，刚浸而长，说而顺，刚中而应。大"亨"以正，天之道也。"至于八月有凶"，消不久也。

【译文】

《彖》：临卦，是阳刚的力量逐渐地滋长，卦德和悦而柔顺，九二刚爻居下卦之中，上有六五柔爻相应。大亨通而且贞正，是天道啊。"到了八月有凶事"，是阳气消衰不能长久的缘故。

《象》曰：泽上有地，临；君子以教思无穷，容保民无疆。

[初九]《象》曰："咸临贞吉"，志行正也。

[九二]《象》曰："咸临，吉，无不利"，未顺命也。

[六三]《象》曰："甘临"，位不当也。"既忧之"，"咎"不长也。

[六四]《象》曰："至临无咎"，位当也。

[六五]《象》曰："大君之宜"，行中之谓也。

[上六]《象》曰："敦临"之"吉"，志在内也。

【译文】

《象》：泽上有地，是《临》卦的卦象；君子因此想尽各种办法教导民众，容纳、保护民众至于无疆。

[初九]《象》："用感化的方式来治理人民，占问吉利"，说明初九的心志行为贞正。

[九二]《象》："用感化的方式来治理人民，占问吉利，无所不利"，说明九二没有完全顺从君命。

[六三]《象》："用甜言蜜语笼络人心以治理人民"，说明六三处

位不当。"既而能忧愁人民的疾苦"，咎害就不会长久了。

［六四］《象》："亲自治理人民，没有咎害"，说明六四处位恰当。

［六五］《象》："作为君王是适宜的"，说明六五能行中正之道。

［上六］《象》："敦厚地治理人民而获得吉利"，说明上六的心志在邦国之内。

【注解】

［1］临：卦名，意为莅临治理。

［2］至于八月有凶：《周易集解》引郑玄曰："《临》卦斗建丑而用事，殷之正月也。当文王之时，纣为无道，故于是卦为殷家著兴衰之戒，以见周改殷正之数云。《临》自周二月用事，讫其七月，至八月而《遁》卦受之。此终而复始，王命然矣。"① 《子夏易传》曰："临代坤之二也，极六位而阴及代之矣，数之变也。凶其久乎！月，阴之物，来代阳也，故'八月凶'。"②

【释义】

临卦兑下坤上，泽在地中之象，地与泽高下相临，象征君王以悦乐之顺道治理百姓，又象征君王广施德泽于天下百姓，此临卦之取义也。

初九与六四为正应，阴阳相感，故曰"咸临"，咸者，感也。当临之初，初九位正，能推己阳德之诚以感众阴之心，故得"贞吉"也。

九二与六五为正应，阴阳相感，故亦曰"咸临"。以阳德而处中，见信于六五大智之君，故其所临"吉"而"无不利"也。然以六三居上，柔乘凌刚，故《小象》诫之曰"未顺命也"，其扶阳抑阴之意可见矣。

六三以柔居阳位，为下体兑之主爻，兑为悦，下比九二，以甜言

---

① （唐）李鼎祚：《周易集解》卷5，上海古籍出版社1989年版，第75页。
② （春秋）卜商：《子夏易传》卷2，文渊阁四库全书本。

蜜语怀柔九二故曰"甘临"。然九二当"刚浸而长"之大势，非六三之所宜临也，故"无攸利"；若能忧己处位之不正，退而顺于刚，则"无咎"。

六四以柔处阴位为正，感初九贤士之诚德，下至初位与之应，故曰"至临"以其位正而以身下贤，故虽处多惧之位而无咎。

六五以柔处尊位，居坤体之中，虚中体顺之明君也，为临卦之主爻。《中庸》："唯天下至圣，为能聪明睿智，足以有临也。"是知"智临"为君主治天下之达道也。胡瑗《周易口义》曰："'知临'，谓能用群贤而任知以临于人也。六五以阴柔之质居坤顺之中，履至尊之位，得大中之道。九二有刚明之才，五以至诚接纳而信任之，故天下之贤，莫不竭其聪明，尽其才智以辅于己也。能用天下之贤，以知而临于人，是得大君所行之宜而获其吉也。故若尧、舜之为君，而任皋、夔、稷、禹之徒是也。"①

上六居临之终而为顺之至，坤体广大博厚以承载万物，圣王之于治民亦如坤之载物，唯恐一人一物不被其泽，故《尚书·康诰》："若保赤子，惟民其康乂。"② 意思是像爱护婴儿那样爱护老百姓，民众才会安乐。故临之极，于义最高，敦乎其博厚也。

观卦第二十

☷坤下巽上

观：盥而不荐，有孚颙若。
初六：童观，小人无咎，君子吝。
六二：窥观，利女贞。
六三：观我生，进退。
六四：观国之光，利用宾于王。

---

① （宋）胡瑗撰、倪天隐述：《周易口义》卷4，文渊阁四库全书本。
② （唐）孔颖达著，廖名春、陈明整理：《尚书正义》，北京大学出版社1999年标点本，第364页。

九五：观我生，君子无咎。
上九：观其生，君子无咎。

【译文】

观：祭祀宗庙时以酒灌地迎神，而不献牲飨，祭祀者心怀诚信，神态庄严肃穆。

初六：像儿童般观察，对小人来说没有咎害，对君子来说就可鄙吝了。

六二：暗中偷偷观察，女子占问有利。

六三：观察自身的生活境况，以审度进退。

六四：瞻仰国都的光辉盛况，利于享用天子宾礼的款待。

九五：君王观察自身的生活境况，君子没有咎害。

上九：观察他人的生活境况，君子没有咎害。

《彖》曰：大观在上，顺而巽，中正以观天下，"观"。"盥而不荐，有孚颙若"，下观而化也。观天之神道，而四时不忒。圣人以神道设教，而天下服矣。

【译文】

《彖》：阳爻居于卦的五、上之位，卦德柔顺而谦逊，象征君王在上位能以中正之道观天下臣民，是《观》卦。"祭祀宗庙时以酒灌地迎神，而不献牲飨，祭祀者心怀诚信，神态庄严肃穆"，处于下位的臣民通过观仰而受到教化。观察天道的神妙，四时运行没有差错。圣人因此以神妙的天道实施教化，天下百姓无不服从。

《象》曰：风行地上，观；先王以省方观民设教。
[初六]《象》曰："初六童观"，"小人"道也。
[六二]《象》曰："窥观女贞"，亦可丑也。
[六三]《象》曰："观我生进退"，未失道也。
[六四]《象》曰："观国之光"，尚"宾"也。
[九五]《象》曰："观我生"，观民也。

［上九］《象》曰："观其生"，志未平也。

【译文】

《象》：风在大地上吹拂，是《观》卦的卦象；先王因此来巡视邦国，观察民情，推行教化活动。

［初六］《象》："像儿童般观察"，那是小人的陋见之道啊。

［六二］《象》："暗中偷偷观察，女子占问有利"，这种行为也是不光彩的。

［六三］《象》："观察自身的生活境况，以审度进退"，六三没有失去正确的观察之道啊。

［六四］《象》："瞻仰国都的光辉盛况"，六四作为宾客受到君王的尊崇。

［九五］《象》："君王观察他臣民的生活境况"，目的在于考察民生疾苦。

［上九］《象》："观察他人生活境况"，安定天下之志还未平息。

【注解】

［1］观：卦名，意为观察。来知德《周易集注》曰："观者，有象以示人，而为人所观仰也。风行地上，遍触万类，周观之象也。二阳尊上，为下四阴所观，仰观之义也。"①

［2］盥（guàn）：古代祭祀宗庙时用酒浇地迎神之礼。

［3］荐：祭祀中向神献牲之礼。

［4］颙（yóng）：肃敬。

［5］省（xǐng）方：巡视四方。

［6］窥观：从门缝向外偷看。

【释义】

观卦坤下巽上，为风行地上之象，喻君王巡行各地，考察邦国政治及民生风俗，此观卦之取义。孔子曰："君子之德风，小人之德草，

---

① （明）来知德：《周易集注》卷5，文渊阁四库全书本。

草上之风必偃。"喻君子能风教于民，小人听命于君子也。故风行地上，又喻王道教化能下施民间也。

初六以柔处阳位，在观之初，欲上以观五则远而不及，欲上观六四而无应，以柔弱之质，唯有近观而已，近观则所知见者少，若"童观"而已。此为小人之观也，故小人以此无咎，于君子则可见其心志狭小，故可"羞吝"也。

六二以柔处下卦之中，体坤之德；与九五为正应，然以柔居阴位，安贞于内而不能上行以观九五，若处户牖之内而"窥观"于外，此女子之观也。若君子以此观之，则"可耻"矣。

六三以柔处阳位，处下卦之极，体坤顺之性而最近王之风教，此君子之观也。以下比二阴，成坤之体而为"退"，此君子"退"以教民也；以与上九相应，处阳位欲上为"进"，此君子"进"而为帝王师也。或进或退，而不失其道，唯君子能之！

六四以柔处阴位，处上卦之下，得位用事之象，此诸侯之观也。以顺承九五之君王，安贞于治国理民之事，故有"观国之光"，而"利用宾于王"，为君王所尊崇也。

九五以刚处阳位，处上卦之中，为观之主爻，此天子之观也。以下承巽顺之臣民，故九五为天下万民之所仰望也。故当"大观在上"之象，而宜行"中正以观天下"之道也。"普天之下，莫非王土；率土之滨，莫非王臣"，九五之君，民之父母也，故"观我生"，乃"观我民之生"也。天子若能如此仁民爱物，则无咎矣。

上九以刚处阴位，居卦之极而为观之终，此宗庙祭祀之观也。《左传·成公十三年》："国之大事，在祀与戎。"①《论语·学而》篇载曾子之言曰："慎终追远，民德归厚矣。"古者王道之可观，民心之可劝，在于祭祀时行庄严、神圣、虔诚之礼仪以示民。今群阴居于下而有消阳之势，故王者天下之志未平也。

---

① 杨伯峻：《春秋左传注》，中华书局1990年版，第861页。

◇ 三 上经 ◇

噬嗑卦第二十一

☳ 震下离上

噬嗑：亨。利用狱。
初九：屦校灭趾，无咎。
六二：噬肤灭鼻，无咎。
六三：噬腊肉，遇毒。小吝，无咎。
九四：噬干胏，得金矢。利艰贞，吉。
六五：噬干肉，得黄金。贞厉，无咎。
上九：何校灭耳，凶。

【译文】

噬嗑：亨通。利于施用刑罚。
初九：脚上的镣铐隐没了脚趾，没有咎害。
六二：吞吃肥肉时隐没了鼻子，没有咎害。
六三：咬食腊肉中毒。小有困难，没有咎害。
九四：咬食带骨头的干肉，得到了金属箭头。占问艰难之事有利，吉祥。
六五：咬食干肉，得到黄金。占问有危险，没有咎害。
上九：肩上担着的枷锁隐没了耳朵，有灾殃。

《彖》曰：颐中有物，曰噬嗑。噬嗑而"亨"，刚柔分，动而明，雷电合而章。柔得中而上行，虽不当位，"利用狱"也。

【译文】

《彖》：口里有食物咀嚼，是《噬嗑》卦。噬嗑卦亨通，刚爻与柔爻相互分开，震动而光明，雷鸣与闪电相互交合而威力彰显。柔爻处下卦中位又行至上卦中位，纵然六五不当位，却是利于施用刑罚的。

《象》曰：雷电，噬嗑；先王以明罚敕法。

［初九］《象》曰："屦校灭趾"，不行也。

［六二］《象》曰："噬肤灭鼻"，乘刚也。

［六三］《象》曰："遇毒"，位不当也。

［九四］《象》曰："利艰贞吉"，未光也。

［六五］《象》曰："贞厉无咎"，得当也。

［上九］《象》曰："何校灭耳"，聪不明也。

【译文】

《象》：雷电交织，是《噬嗑》卦的卦象；先王因此来修明刑罚，整饬法令。

［初九］《象》："脚上的镣铐隐没了脚趾"，初九不能行动了。

［六二］《象》："吞吃肥肉时隐没了鼻子"，六二柔爻乘凌初九刚爻之上。

［六三］《象》："咬食腊肉中毒"，六三处位不当。

［九四］《象》："占问艰难之事有利"，九四之德还未光大。

［六五］《象》："占问危险，没有咎害"，六五行为得当。

［上九］《象》："肩上担着的枷锁隐没了耳朵"，上九耳不聪目不明。

【注解】

［1］噬嗑（shì hé）：卦名，意为咬合，象征施用刑法。朱熹《周易本义》曰："'噬'，啮也。'嗑'，合也。物有间者，啮而合之也。为卦上下两阳而中虚，颐口之象。九四一阳间于其中，必啮之而后合，故为《噬嗑》。"①

［2］屦校（jù jiào）：戴上脚镣。《子夏易传》曰："'屦校'，以木禁足，如履屦也。罪其初，过之小也。惩而戒之，校足没趾而已。

---

① （宋）朱熹：《周易本义》，北京古籍出版社1996年版，第279页。

其咎不行，小人福不至于大罪。戒为治者，不可以不禁其微。"①

［3］胏（zǐ）：有骨的干肉。

［4］何：同"荷"，用肩扛或担。

［5］敕（chì）：告诫，晓谕。

【释义】

噬嗑的卦义以《象》"颐中有物曰噬嗑"的解释最为妥帖。颐卦震下艮上，人在吃饭时上颌不动下颌动，艮象上颌不动，震象下颌而动；初上刚爻象征嘴的上下牙齿，中间四个柔爻为人的两腮及唇舌，故以颐卦象征人的饮食之道。颐卦六四柔变刚，象征口中有硬物，须咀嚼吞食，则为噬嗑卦，故爻象多言咬食之事。就卦象上看，噬嗑震下离上，雷电交织之象，雷象征刑威，电象征法明，故又以噬嗑为刑狱法令之事。

初九为最下位，故有"趾"之象。以刚居阳位，当刚柔相交之初，不免有以强凌弱之事，又与九四为敌应，犯事之后无有救之者，故有"屦校"之惩。倘若能小惩而大诫，不至再犯则可"无咎"。

六二以柔处阴位，故有"肤"象，以柔噬柔，力无所止，故有"灭鼻"之象。虽下乘刚，以行中道而"无咎"也。

六三以柔处阳位，处震之极而为坎之初，故有"噬"而"遇毒"之象，与上九相应，故虽"小吝"而"无咎"也。

九四以刚处阴位，颐中所噬之物，为噬嗑之主爻。以阳刚故有"干胏"之象，以刚直故有"金矢"之象。当刚柔之交，上下皆阴，处险之中，若非有阳刚之才、卓绝之志，则不能当噬嗑之任也，故"艰贞"而"吉"也。

六五以柔处阳位，当离之中，故阴质而有"干肉"之象，以六五体坤之性，坤者黄之色也，故有噬"得黄金"之象。处坎之上故"贞厉"，以下得九四之辅弼，故"无咎"。

上九为噬嗑之终，最下为"趾"，最上为首，故有"耳"象。"屦校"以刑轻罪，"何校"以刑重罪，上九以阳处阴位，敝于阴者

---

① （春秋）卜商：《子夏易传》卷3，文渊阁四库全书本。

也，耳不聪目不明，故不听忠告，不见善行，其"凶"可知矣。

贲卦第二十二

☲离下艮上

贲：亨。小利有攸往。
初九：贲其趾，舍车而徒。
六二：贲其须。
九三：贲如濡如，永贞吉。
六四：贲如皤如，白马翰如，匪寇婚媾。
六五：贲于丘园，束帛戋戋，吝，终吉。
上九：白贲，无咎。

【译文】

贲：亨通。有所前往，获得小利。
初九：文饰他的脚趾，放弃乘车而徒步行走。
六二：文饰他的胡须。
九三：文饰着润泽着，占问结果是长期吉利。
六四：有文采而心地洁白，乘着白马飞一般地到来，不是盗寇，而是来迎娶婚嫁的。
六五：装饰山丘庄园，持着一束采帛作为彩礼，感到羞吝，最终是吉利的。
上九：纯白无华的文饰，没有咎害。

《彖》曰："贲，亨"，柔来而文刚，故"亨"。分刚上而文柔，故"小利有攸往"。刚柔交错，天文也。文明以止，人文也。观乎天文，以察时变；观乎人文，以化成天下。

【译文】

《彖》："贲卦，亨通"，六二柔爻来居下卦文饰刚爻，所以"亨通"。又分出刚爻往居上位文饰柔爻，所以"有所前往，获得小利"。阴阳相交相感，以成日月星辰之象，这是上天的文采。能以文治教化让人们的行为止乎礼仪，这是人类文明的特点。通过考察天文，可以知晓四时的变化；通过观察人文，可以推行教化以实现天下大治。

《象》曰：山下有火，贲；君子以明庶政，无敢折狱。
[初九]《象》曰："舍车而徒"，义弗乘也。
[六二]《象》曰："贲其须"，与上兴也。
[九三]《象》曰："永贞"之"吉"，终莫之陵也。
[六四]《象》曰："六四"当位，疑也。"匪寇婚媾"，终无尤也。
[六五]《象》曰："六五"之"吉"，有喜也。
[上九]《象》曰："白贲无咎"，上得志也。

【译文】

《象》：山下有火光，是《贲》卦的卦象；君子因此明察一切政务，不敢肆意判决刑狱之事。
[初九]《象》："放弃乘车而徒步行走"，初九不乘车是合宜的。
[六二]《象》："文饰他的胡须"，六二与九三一起活动。
[九三]《象》："永远贞正"而得的"吉祥"，最终也不会受其欺凌。
[六四]《象》：六四处位恰当，但心中仍有疑惧。"不是盗寇，而是来迎娶婚姻的"，最终没有过错。
[六五]《象》："六五的吉利"，是婚约的喜庆啊！
[上九]《象》："纯白无华的文饰，没有咎害"，上九的志愿得以实现。

【注解】

[1] 贲（bì）：卦名，意为装饰、文饰。
[2] 濡：沾湿，润泽。
[3] 皤（pó）：白色。

[4] 翰（hàn）：高飞，飞快。

[5] 戋戋（jiān jiān）：微少的样子。

【释义】

贲卦离下艮上，山下有火之象。李鼎祚《周易集解》引郑玄曰："贲，文饰也。离为日，天文也。艮为石，地文也。天文在下，地文在上，天地二文，相饰成贲者也。"又引王廙曰："山下有火，文相照也。夫山之为体，层峰峻岭，峭崄参差，直置其形，已如雕饰。复加火照，弥见文章，贲之象也。"① 就爻象来看，六二柔爻自上坤来而入于乾之体，上九刚爻自下乾往而入于坤之体，天地阴阳二气相交相感，以成天地造化之大美，故贲卦有装饰、文饰之义。《说文解字》："贲，饰也，从贝卉声。"花草与贝壳都是古人常用的饰品，所以贲卦阐释装饰之道。装饰、文饰之美，莫过于婚礼，故爻辞通篇讲述了婚礼之"贲"也。

初九居位最下，故有"趾"象；以刚处阳位，故有"徒行"之象；西周时期马车为权力和身份的象征，非大夫、诸侯不得乘坐，初九以阳实之才为士，然远距六五，上不承君命，当"舍车"而宜于"弗乘"也。《艺文类聚》引《尚书大传》曰："古之帝王者，必有命民，民能敬长怜孤，取舍好让，举事力者，君命，然后得乘饰车骈马文锦。未有命者，不得衣，不乘车，车衣者有罚。"②

六二以柔处阴位，得位得中，体离之性，上承九三，阴阳弥合无间，故有至柔之胡须附丽于脸面之象，故爻辞曰"贲其须"，而《小象》曰"与上兴"。六二之吉，不言而喻也。

九三以刚处阳得正，六二、六四皆正位而与九三相贲成坎，故有润泽之"濡"象，体坎离日月之性而成"既济"，故曰"永贞吉"。

六四以柔处阴为得位，柔嘉之女子也，下与初九相应，两情相悦者也。男女之事，须发乎情而止乎礼，初九乘白马飞驰前来，若行止不依乎礼则为寇，故六四最初不能不有所疑惧，见其以礼求婚，心中

---

① （唐）李鼎祚：《周易集解》卷5，上海古籍出版社1989年版，第84—85页。
② （唐）欧阳询：《艺文类聚》卷71，上海古籍出版社1999年版，第1236页。

怨尤终"无"也。

六五以柔处阳位,为贲之主。我国古代完成的婚姻礼俗可概括为"三书六礼"。"三书"指在"六礼"过程中所用的文书,包括聘书、礼书和迎书。"六礼"是指由求婚至完婚的整个结婚过程。"六礼"即六个礼法,指纳采、问名、纳吉、纳征、请期和亲迎。六五所对应的即是"纳征",纳征又叫纳成,纳征之礼结束后,婚约即完全成立。"贲于丘园",女家之富饰,"束帛戋戋",男子之薄聘也。二者相较,故男子自觉"羞吝",以其礼轻而情重,故最终是吉祥的。

上九以刚处阴,为贲之极。本自乾来而文柔,变坤为艮,能去阴之浮华而存阳之精实者也。马王堆帛书《二三子问》篇载艮卦之义曰:"其占曰:能精能白,必为上客。能白能精,必为□□。以精白长众者,难得也。"① 故上九有"白贲"之象,阳刚者得其志矣。《吕氏春秋·壹行》记载了孔子筮得《贲》卦而不悦的故事:"孔子卜,得《贲》。孔子曰:'不吉。'子贡曰:'夫《贲》亦好矣,何谓不吉乎?'孔子曰:'夫白而白,黑而黑。夫《贲》又何好乎?'"② 《论语·雍也》篇记载孔子之言:"质胜文则野,文胜质则史,文质彬彬,然后君子。"可见孔子对于"文"与"质"的关系问题了作了较多的讨论,从中可见他追求"文"与"质"的和谐统一,而更看重纯粹的天然之质,反对刻意的自我文饰。

剥卦第二十三

☷坤下艮上

剥:不利有攸往。
初六:剥床以足,蔑贞,凶。
六二:剥床以辨,蔑贞,凶。
六三:剥之,无咎。

---

① 连劭名:《帛书〈周易〉疏证》,中华书局2012年版,第234页。
② 许维遹著,梁运华整理:《吕氏春秋集释》,中华书局2009年版,第612页。

六四：剥床以肤，凶。

六五：贯鱼，以宫人宠，无不利。

上九：硕果不食，君子得舆，小人剥庐。

【译文】

剥：不利有所前往。

初六：把床剥离床足，蔑视贞正，有灾殃。

六二：把床剥离床头，蔑视贞正，有灾殃。

六三：剥离它，没有咎害。

六四：把床剥离床板，有灾殃。

六五：妃嫔像鱼儿贯穿起来一样依次受到君王的宠爱，无所不利。

上九：硕果尚未被采食，君子得到马车，小人被拆毁房屋。

《彖》曰："剥"，剥也，柔变刚也。"不利有攸往"，小人长也。顺而止之，观象也。君子尚消息盈虚，天行也。

【译文】

《彖》："剥"，是剥离的意思，阴柔要改变阳刚。"不利有所前往"，因为小人的势力正在盛长。应当顺应客观形势，止而不进，以观察剥卦的象义。君子重视阴阳消长盈虚的规律，因为这是天道啊。

《象》曰：山附地上，剥；上以厚下安宅。

［初六］《象》曰："剥床以足"，以灭下也。

［六二］《象》曰："剥床以辨"，未有与也。

［六三］《象》曰："剥之无咎"，失上下也。

［六四］《象》曰："剥床以肤"，切近灾也。

［六五］《象》曰："以宫人宠"，终无尤也。

［上九］《象》曰："君子得舆"，民所载也。"小人剥庐"，终不可用也。

【译文】

《象》:大山附着在地上,是剥卦的卦象;君王因此厚待庶民百姓,安定他们的居所。

[初六]《象》:"把床剥离床足",目的是毁灭下面的基础。

[六二]《象》:"把床剥离床头",六二没有相助者。

[六三]《象》:"剥离它,没有咎害",六三失去上下同类。

[六四]《象》:"把床剥离床板",六四切近灾难。

[六五]《象》:"妃嫔受到君王的宠爱",六五最终没有过失。

[上九]《象》:"君子得到马车",是人民拥戴的结果。"小人被拆毁房屋",因为小人终究不可任用。

【注解】

[1]剥:卦名,意为剥落,侵蚀。《周易本义》曰:"'剥',落也。五阴在下而方生,一阳在上而将尽,阴盛长而阳消落,九月之卦也。阴盛阳衰,小人壮而君子病。又内坤外艮,有顺时而止之象。故占得之者,不可有所往也。"①

[2]蔑(miè):轻视,轻侮。

[3]足:指床脚。

[4]辨:指床头。

[5]肤:指床板、床面。

【释义】

剥卦坤下艮上,山附着在地上,无时无刻不在风化剥落之中,故名之以"剥"。就爻象来看,五柔爻在下,一刚爻在上,象征阴之消阳,柔之变刚,邪之蚀正,小人之侵君子,故皆有剥之义。剥卦为夬卦之"反",夬卦五阳在下,欲去一阴,其道光明,理直刚决,故曰"刚决柔";剥卦五阴在下,欲去一阳,其道贼狠,邪侵阴剥,故曰"柔变刚"。由剥、夬之卦名,可见《易》之道扶阳惕阴之深意矣。

---

① (宋)朱熹:《周易本义》,北京古籍出版社1996年版,第281页。

初六以柔居阳位，为剥之初，必自下而上，先去根基，故有"剥床以足"之象。小人之侵君子，先自蔑侮正道始，故有"蔑贞"之象而君子有"凶"也。

六二以柔居阴为正位，处下卦之中，有柔嘉之质也。然比于群阴之中，上无阳刚之应，诱于初六为剥之利，亦随而剥之，故有"剥床以辨"之象。《周易集解》引崔憬曰："今以床言之，则辨当在第足之间，是床桄也。'未有与'者，言至三则应，故二'未有与'也。"①

六三以柔居阳位，处下卦之极，与上九相应，故有志于动而从阳者也。故从初至四，初六、六二、六四皆言"剥床"，六三不言"剥床"而言"剥之"，剥之非床，乃上下之四阴也，故《小象》曰"失上下也"。故六三虽为阴柔，其志其行，无咎也。

六四居上卦之初，其所剥者及于人之肌肤，故有"剥床以肤"之象。《周易集解》引崔憬曰："床之肤谓荐席，若兽之有皮毛也，床以剥尽，次及其肤，剥以大臣之象，言近身与君也。"②床，坚实之物，以喻阳也。至于六四，"剥床"已尽矣。邪气侵入人身，故有"切近灾"之诫语。

六五以柔居至尊之位，统御群阴，为剥之主爻。当剥道已成之时，君王淫溺于后宫妃嫔之中，妃嫔之进幸于王，若贯鱼之多。此仅于宫人以"宠"而"无不利"，于小人以"喻于利"而"终无尤"也。其于天下之仁政王道、正人君子，则为大忧矣。《周易集解》引何妥曰："夫剥之为卦，下比五阴，骈头相次，似'贯鱼'也。鱼为阴物，以喻众阴也。夫宫人者，后、夫人、嫔、妾，各有次序，不相渎乱，此则贵贱有章，宠御有序。六五既为众阴之主，能有贯鱼之次第，故得'无不利'矣。"③

上九刚爻体乾之性，《说卦》："乾为木果"，以居艮之上，故有"硕果"之象；以阴不可尽消阳，故有"不食"之象。阳实在艮上为

---

① （唐）李鼎祚：《周易集解》卷5，上海古籍出版社1989年版，第88页。
② （唐）李鼎祚：《周易集解》卷5，上海古籍出版社1989年版，第89页。
③ （唐）李鼎祚：《周易集解》卷5，上海古籍出版社1989年版，第89页。

硕果，硕果之种子返于坤地则为一阳复生之象，坤为"舆"，故有"君子得舆"之象；上九返于初则群阴失阳所庇护，故有"小人剥庐"之象。为剥者，终受剥之害，天道昭昭，报应不爽，《易》之道，其冀望小人归正之意，厚矣。

复卦第二十四

䷗震下坤上

复：亨。出入无疾，朋来无咎。反复其道，七日来复。利有攸往。

初九：不远复，无祗悔，元吉。

六二：休复，吉。

六三：频复，厉，无咎。

六四：中行独复。

六五：敦复，无悔。

上六：迷复，凶，有灾眚。用行师，终有大败；以其国君凶，至于十年不克征。

【译文】

复：亨通。外出的或回来的都没有疾病，朋友来了没有咎害。顺着道路往来，七天可以返回。利于有所前往。

初九：出行不远就返回，没有灾病和过失，大吉。

六二：喜乐着返回，吉利。

六三：皱着眉头返回，有危险，没有咎害。

六四：中道而行，独自返回。

六五：诚心诚意地返回，没有悔恨。

上六：迷失在返回的路上，凶险，有天灾人祸。以此行军打仗，终于惨遭失败；这是由其国君带来的灾殃，以致十年之久都没有克竟征讨之功。

《彖》曰：复"亨"。刚反，动而以顺行，是以"出入无疾，朋来无咎"。"反复其道，七日来复"，天行也。"利有攸往"，刚长也。复，其见天地之心乎？

【译文】

《彖》：复卦"亨通"。阳刚返入初位，阳气震动而能顺畅上行，所以"外出的或回来的都没有疾病，朋友来了没有咎害"。"顺着道路往来，七天可以返回"，因其能够遵循天道而行。"利于有所前往"，说明阳刚的力量正在增长。一阳来复，大概体现了天地生养万物的用心吧？

《象》曰：雷在地中，复；先王以至日闭关，商旅不行，后不省方。
［初九］《象》曰："不远"之"复"，以修身也。
［六二］《象》曰："休复"之"吉"，以下仁也。
［六三］《象》曰："频复"之"厉"，义"无咎"也。
［六四］《象》曰："中行独复"，以从道也。
［六五］《象》曰："敦复无悔"，中以自考也。
［上六］《象》曰："迷复"之"凶"，反君道也。

【译文】

《象》：雷潜藏在地中，是复卦的卦象；先王因此在冬至这天关闭关口，禁止商贾旅客通行，君王也不巡察四方。
［初九］《象》："出行不远就返回"，初九谨于修身。
［六二］《象》："喜乐着返回，吉利"，六二能够下附于仁人。
［六三］《象》："皱着眉头返回"，六三在道义上是没有咎害的。
［六四］《象》："中道而行，独自返回"，六四能够遵从正道。
［六五］《象》："诚心诚意地返回，没有悔恨"，六五能够以中道自我省察。
［上六］《象》："迷失在返回的路上，凶险"，是因为国君违反了君道。

【注解】

[1] 复：卦名，象征回复、复返。

[2] 七日来复：七天一次往复。《周易集解》曰："剥卦阳气尽于九月之终，至十月末，纯坤用事。坤卦将尽，则复阳来。隔坤之一卦六爻，为六日。复来成震，一阳爻生，为七日。"① 即以一卦六爻为六日，由乾→姤→遯→否→观→剥→坤→复，阳气由渐"消"至复"息"经历七爻之变。亦有学者认为"七日"即"七月"，《周易集解》引侯果曰："五月天行至午，阳复而阴升也。十一月天行至子，阴复而阳升也。天地运往，阴阳升复，凡历七月，故曰'七日来复'，此天之运行也。《豳诗》曰'一之日觱发，二之日栗烈'，'一之日'，周之正月也，'二之日'，周之二月也，则古人呼月为日，明矣。"②

[3] 祇（zhī）：当为"祉"（zhǐ），灾病。

[4] 眚（shěng）：灾异。

[5] 天地之心：《周易集解》引荀爽曰："复者，冬至之卦，阳起初九，为'天地心'，万物所始，吉凶之先，故曰'见天地之心'矣。"③《周易正义》曰："天地养万物，以静为心，不为而物自为，不生而物自生，寂然不动，此天地之心也。此《复》卦之象，'动'息地中，雷在地下，息而不动，静寂之义，与天地之心相似。观此《复》象，乃见'天地之心'也。天地非有主宰，何得有心？以人事之心，托天地以示法尔。"④

【释义】

复卦震下坤上，雷潜伏在地中之象。古人认为四时之变源于阴阳二气的消长循环，而以雷之动息反映阳气的状态。雷在地中，可

---

① （唐）李鼎祚：《周易集解》卷6，上海古籍出版社1989年版，第90页。
② （唐）李鼎祚：《周易集解》卷6，上海古籍出版社1989年版，第91页。
③ （唐）李鼎祚：《周易集解》卷6，上海古籍出版社1989年版，第91页。
④ （唐）孔颖达著，李申、卢光明整理：《周易正义》，北京大学出版社1999年标点本，第112页。

见阴气处于极盛状态，阳气受阴气的压制而深藏于地下，大地生机有待于阳气的恢复。就爻象来看，一阳处于五阴之下，阳气自下复生。此复卦之取义也。与卦象相对应的节气是冬至，因冬至日白昼最短而黑夜最长，故以冬至为阳长阴消的始点；冬至这天之后，白天渐长而黑夜渐短，阳气处于恢复、增长的态势。古代顺天时施政，故于冬至，先王闭关不令商旅通行、亦不巡行四方，爱惜阳而慎防阴之害也。

初九以刚居阳位，为一阳来"复"。正位而行，以在初下，道"不远"人，故无有懊悔；志于"修身"，修身须由仁道，故《小象》曰"以下仁也"。然后扩而充之，以冀望达于齐家治国平天下之用。初九以禀气之元，故曰"元吉"也。

六二以柔处阴位，得位得中。上不与六五相应，见初九之刚正，悦乐而比附之，故有"休"之象；以居上而下行，故曰"复"归之象。当阳长之时，能依附于阳，故亦"吉"也。

六三以柔处阳位，处下卦之极。有上进之意，然与上六无应；见初位之"刚"反，欲下附初而有六二之隔，或上或下皆有愁意，故有"频"之象。当复之时，以震阳所及，故终来"复"，如此则虽"厉"而"无咎"也。

六四以柔处阴位，得正。居五阴之中，故有"中行"之象。复卦五阴，唯六四独应于阳，故有"独复"之象。得正、行中、有应，故能"从道"也，爻辞不言"吉"而吉祥之义备矣。

六五以柔处尊位，虚中之君也，故能"自考"其施政之得失；以体坤德之博厚，故有"敦复"之象。以能归心于正道，故"无咎"。

上六以柔处阴位，蔽于阴暗者也；处上卦之极，下无阳刚以牵系之，无所归依者也，故有"迷复"之象。上处天位，故有天"灾"也；迷则妄作，故有人"眚"。处复之终，当竭力以求保全阳刚之道，故上自天子下至商旅，皆当藏其志、敛其行。此独逆天时而行师，故有"大败"之"凶"象。此乃居上位者之大过也。

◇ 三 上经 ◇

无妄卦第二十五

☰震下乾上

无妄：元亨，利贞。其匪正，有眚，不利有攸往。

初九：无妄，往吉。

六二：不耕获，不菑畬，则利有攸往。

六三：无妄之灾，或系之牛，行人之得，邑人之灾。

九四：可贞，无咎。

九五：无妄之疾，勿药有喜。

上九：无妄行，有眚，无攸利。

【译文】

无妄：大亨通，占问有利。如果不行正道，则有灾祸，也不利于有所前往。

初九：不作妄想，前往吉利。

六二：不去耕种收获，也不去开垦荒地，那么有利于前往。

六三：意想不到的灾殃，有人把牛拴在某处，行人路过时顺手把牛偷走了，当地人有因涉嫌偷牛遭受讯问的灾殃。

九四：占问之事可行，没有咎害。

九五：没有病因的疾病，不必吃药，自会康复，还有意外之喜。

上九：不要盲目行动，会有灾患，没有好处。

《彖》曰：无妄，刚自外来而为主于内，动而健，刚中而应，大"亨"以正，天之命也。"其匪正有眚"，不利有攸往。无妄之往，何之矣？天命不祐，行矣哉？

【译文】

《彖》：无妄卦，是阳爻从外卦乾来，而为内卦震的主爻。震动而刚健，九五刚爻居上卦中位，六二柔爻与之相应，上下以贞正而大亨通，这是天地万物自然的法则。"如果不行正道，则有灾祸，也不利于有所前往"。不当妄行的时候却有所前往，能去哪儿呢？天命是不会保佑的，怎么可行呢？

《象》曰：天下雷行，物与，无妄；先王以茂对时育万物。

[初九]《象》曰："无妄"之"往"，得志也。

[六二]《象》曰："不耕获"，未富也。

[六三]《象》曰："行人"得牛，"邑人"灾也。

[九四]《象》曰："可贞无咎"，固有之也。

[九五]《象》曰："无妄"之"药"，不可试也。

[上九]《象》曰："无妄"之"行"，穷之灾也。

【译文】

《象》：天下雷声轰动，万物都随着雷声生长，是《无妄》卦的卦象；先王因此努力配合天时来养育万物。

[初九]《象》："不作妄想而前往"，意愿得以实现。

[六二]《象》："不去耕种收获"，不会富裕起来。

[六三]《象》：路人顺手偷走了牛，当地人有了灾殃。

[九四]《象》："占问之事可行，没有咎害"，因其固有贞正的品德。

[九五]《象》："没有病因的疾病"，药不能胡乱试用。

[上九]《象》："不当盲目行动"却"妄自行动"，时穷势极必有灾殃。

【注解】

[1] 无妄：卦名，意为不要妄为。《周易集解》引何妥曰："乾上震下，天威下行，物皆絜齐，不敢虚妄也。"

[2] 菑畲（zī shē）：开荒种田。菑：初耕的田地；畲：开荒后耕种第三年的熟田。《尔雅·释地》曰："（田）一岁曰菑，二岁曰新田，三岁曰畲。"

【释义】

无妄卦震下乾上，天下雷声轰鸣之象。古代以雷的活动作为天时的标识。天下雷行，春回大地，万物在雷声的催动下，无不生机绽放，自然生长，真实而不虚妄，故曰"无妄"。乾上为天，震下为雷，故无妄卦又象征天子之威遍及天下，没有人敢胡作非为。

初九为自乾来之刚，为卦之主爻。以居最下故有乾元之亨，以阳之初生，故真实"无妄"。以刚居阳，上有三阳之朋，故动而"往"得其"志"，"吉"也。

六二得下卦中位，当天下雷行、万物生长之时，本当随天时而勤于耕获，力于菑畲，然柔处阴位，弱于力、耽于静而不能动，故《小象》曰"未富"。以与震爻最近，又与九五为正应，故爻辞督促之曰"则利有攸往"也。

六三当无妄之时，柔处阳位不正，以居坤之最上，当天雷下行之时，惊于雷震而有所遗失，故有无妄之灾。《说卦》曰"坤为牛"，故曰"或系之牛"，刚爻行至初位则"牛"失，故曰"行人之得"，初九即行人也，六三柔爻，故有"邑人"之象，故曰"邑人之灾"也。

九四处乾体之初，虽处四位而亦禀乾元之气，与六二、六三互体成艮为止，以能固守其乾之阳实曰"可贞"，故"无咎"。

九五以刚处阳位，居尊位，无妄之君也。当天下雷行之时，本当一视同仁、广泽万物，然下与六二相应，以六二之"往"，九五恐有私于六二，故有私"疾"之象。以上卦纯乾之体，九五体乾健之性，守之正而行之中，则有私消于无私，阴阳相合以正，故"勿药"而有"喜"事也。

上九处卦体之极，无妄之终也。君王用威权治天下，整饬民众使归于正，若天威以震雷催动万物，万物皆絜齐而不敢虚妄。当无妄之终，君王"刚克"之道须止，当以民心为本而行以"柔克"之道，若一味行刚用强，必至亢龙有悔之境地，故有"行有眚"之象，而《小象》诫之曰"穷之灾也"。

大畜卦第二十六

☰ 乾下艮上

大畜：利贞。不家食吉。利涉大川。

初九：有厉，利已。

九二：舆说輹。

九三：良马逐，利艰贞。日闲舆卫，利有攸往。

六四：童牛之牿，元吉。

六五：豶豕之牙，吉。

上九：何天之衢，亨。

【译文】

大畜：占问有利。不自食于家，吉祥。有利于涉渡大河。

初九：事情有危险，宜于停止。

九二：大车脱去车輹轴。

九三：驾着良马追逐，占问艰难的事情有利。每天演练车马防卫，利于有所前往。

六四：给小牛的角上绑上横木，大吉。

六五：割掉公猪的生殖器，它的长牙不再伤人，吉祥。

上九：通往王城的道路四通八达，亨通。

《象》曰：大畜，刚健笃实，辉光日新其德。刚上而尚贤，能止健，大正也。"不家食吉"，养贤也。"利涉大川"，应乎天也。

【译文】

《象》：大畜卦，象征人有天的刚健和山的厚实，其品德若太阳的光辉天天增新。阳刚者在最上位而尊尚贤德之人。刚健而知止，是大正之道！"不自食于家，吉祥"，因君王能供养贤人。"利于涉渡大河"，说明行动顺应天道。

《象》曰：天在山中，大畜；君子以多识前言往行，以畜其德。

［初九］《象》曰："有厉利已"，不犯灾也。

［九二］《象》曰："舆说輹"，中无尤也。

［九三］《象》曰："利有攸往"，上合志也。

［六四］《象》曰："六四元吉"，有喜也。

［六五］《象》曰："六五"之"吉"，有庆也。

［上九］《象》曰："何天之衢"，道大行也。

【译文】

《象》：天被包含在大山之中，是《大畜》卦的卦象；君子因此多记前贤的言论与事迹，以培养自己的道德。

［初九］《象》："事情有危险，宜于停止"，则不会遭遇灾难。

［九二］《象》："大车脱去车輹轴"，合乎中道则不会有过失。

［九三］《象》："利于有所前往"，九三与上九志愿相合。

［六四］《象》："六四大吉"，是因为有喜庆之事。

［六五］《象》："六五吉祥"，是因为有值得庆贺之事。

［上九］《象》："通往王城的道路四通八达"，说明王道得以大力推行。

【注解】

［1］大畜：卦名，意为大有蓄积。《周易集解》引向秀曰："止莫若山，大莫若天，天在山中，大畜之象。天为大器，山则极止，能止大器，故名大畜也。"①

［2］说：同"脱"，脱落。

［3］輹（fù）：古代在车轴下面束缚车轴的东西，也叫伏兔。

［4］闲：通"娴"，熟习、熟练。

［5］舆卫（yú wèi）：车舆与卫士。

［6］豮豕（fén shǐ）：去势的猪。

---

① （唐）李鼎祚：《周易集解》卷6，上海古籍出版社1989年版，第96页。

[7] 何：通"荷"，承受。

[8] 衢（qú）：大路，四通八达的道路。

【释义】

乾至阳至大而为艮所畜止，故曰"大畜"。《伊川易传》："莫大于天而在山中，艮在上而止乾于下，皆蕴畜至大之象也。在人，为学术道德充积于内，乃所畜之大也。凡所畜聚，皆是专言其大者。人之蕴畜宜得正道，故云'利贞'。若夫异端偏学，所畜至多，而不正者固有矣。既道德充积于内，宜在上位以享天禄，施为于天下，则不独于一身之吉，天下之吉也。若穷处而自食于家，道之否也。故'不家食'则'吉'。所畜既大，宜施之于时，济天下之艰险，乃大畜之用也，故'利涉大川'。"①

初九以刚处阳位，躁于动也。居最下之位，当大畜之初，本当沉潜以励志，涵养以增德，若志大才疏以冒进，则"有厉"矣。与六四为正应，见初九之动，六四体艮而"止"之，二三四爻互体为兑，《说卦》："兑为毁折"，故前方有"灾"，以止之早，故《小象》曰"不犯灾也"。

九二以刚处中位，体乾之性，《说卦》："乾为圆"，故有"舆輹"（车轮之轴輹）之象。与三四爻互体为兑，《说卦》："兑为毁折"，故有"说"（脱落）之象。与六五为正应，当大畜之时，为五所畜止，以刚居阴位，故能知止而止，随时以行中道，故虽脱輹而"无尤"也。

九三以刚处阳位，居乾之极，志于进也。《说卦》："乾为良马"，故有"良马逐"之象，欲乘良马以追逐上九之阳刚也，故《小象》曰"上合志也"。以上有二柔之相隔，故九三之行有"艰贞"之象也。以能下牵二刚，并成乾体而车马俱进，故有"日闲舆卫"之象，如此则"利有攸往"矣。

六四以柔处阴位，得位故能止健也。初九之刚，如初生之牛犊，故有"童牛"之象。若不及时于其牛角上绑以横木，则初九进于兑

---

① （宋）程颐：《伊川易传》卷2，文渊阁四库全书本。

上，有毁折之患。既施之"牿"，则"童牛"可畜，此乾元之"吉"也。

六五以柔处上卦之中，下应九二，故得以畜之。九二无初九之正，故为难畜，有"豕"之象。以柔克刚，故有"豮"象，豕去其势则无躁动之源，故驯顺易畜，故"吉"而"有庆"也。《伊川易传》曰："君子发'豮豕'之义，知天下之恶，不可以力制也，则察其机，持其要，塞绝其本原，故不假刑法严峻而恶自止也。"①

上九居艮卦之上，为畜之最大；当大畜之极，为畜之终成，一卦之主爻也。堪当天下之大畜者，不唯财货之厚蓄也，更当畜圣贤而行至道也。上九以其笃实辉光之德，故大开礼尚天下贤士之门，天下贤士之进用于朝廷，若天衢行之无碍。逢如此之世，遇如此之君，大道行矣。

颐卦第二十七

☶震下艮上

颐：贞吉。观颐，自求口实。
初九：舍尔灵龟，观我朵颐，凶。
六二：颠颐，拂经，于丘颐。征凶。
六三：拂颐，贞凶，十年勿用，无攸利。
六四：颠颐，吉。虎视眈眈，其欲逐逐，无咎。
六五：拂经，居贞吉，不可涉大川。
上九：由颐，厉吉。利涉大川。

【译文】
颐：占问吉利。观察人的颐养情况，应当靠自己的努力求取食物。

---

① （宋）程颐：《伊川易传》卷2，文渊阁四库全书本。

初九：舍弃你灵龟般的美食，观看我鼓腮进食，有灾殃。

六二：颠倒颐养之道，违背常理，向山丘上求取食物。远行有灾殃。

六三：违背颐养之道，占问有凶险，十年之久不能有所行动，没有什么利处。

六四：颠倒颐养之道，吉利。像老虎捕食一般紧盯着，随时准备攫取食物，没有咎害。

六五：违背常理，占问安居是吉利的，不可以涉渡大河。

上九：遵循颐养之道，心存危厉则吉利。利于涉渡大河。

《彖》曰：颐"贞吉"，养正则吉也。"观颐"，观其所养也。"自求口实"，观其自养也。天地养万物，圣人养贤以及万民，《颐》之时大矣哉！

【译文】

《彖》：颐卦"占问吉利"，意思是颐养之道正确才能获得吉利。"观察人的颐养情况"，是观察他人的颐养之道。"应当靠自己的努力求取食物"，是观察自身而得的颐养之道。天地养育万物，圣人养活贤人和天下万民，颐卦应时而养的意义真大啊！

《象》曰：山下有雷，颐；君子以慎言语，节饮食。
[初九]《象》曰："观我朵颐"，亦不足贵也。
[六二]《象》曰："六二征凶"，行失类也。
[六三]《象》曰："十年勿用"，道大悖也。
[六四]《象》曰："颠颐之吉"，上施光也。
[六五]《象》曰："居贞"之"吉"，顺以从上也。
[上九]《象》曰："由颐厉吉"，大有庆也。

【译文】

《象》：山下雷声震动，是《颐》卦的卦象；君子因此言语谨慎，饮食有节。

[初九]《象》："观看我鼓腮进食"，这种行为不值得尊重。

[六二]《象》："六二远行有灾殃"，其行动失去同类的支持。

[六三]《象》："十年之久不能有所行动"，原因在于六三的颐养之道极为悖妄。

[六四]《象》："颠倒颐养之道却吉利"，说明六四在上位而能施德于下，行为光明。

[六五]《象》："占问安居是吉利的"，六五能顺从上九的意志。

[上九]《象》："遵循颐养之道，心存危厉则吉利"，上九大有吉庆。

【注解】

[1] 颐：卦名，意为颐养。《周易本义》曰："'颐'，口旁也。口食物以自养，故为养义。为卦上下二阳，内含四阴，外实内虚，上止下动，为颐之象，养之义也。"①

[2] 朵颐：指动着腮颊，嚼食的样子。

[3] 拂经：违背常理。

【释义】

颐卦震下艮上，从卦形上看，初、上为刚，中间四柔，像人之口，上下牙齿为二刚，两唇及腮舌为四柔；从卦象上看，震动于下，艮止于上，像人咀嚼食物时下颌动、上颚不动，故名之曰"颐"，颐养人生之义也。养体、养心、养气、养志、养德、养贤、养民等，皆须遵循颐养之正道，故《彖》以颐卦为圣人之事，而《大象》叮咛以"慎言语，节饮食"也。饮食不节则病从口入，心志不节则易生邪念，家国不节则仓廪空虚，故颐养须"节"也。《系辞》曰："言行，君子之枢机，枢机之发，荣辱之主也，可不慎乎！"古往今来，祸从口出之事不胜枚举，故颐之义，"节"口腹之欲而"慎"口舌之祸也。

初九以刚处阳位，有动义。当颐之初，据阳实之美，故有"灵

---

① （宋）朱熹：《周易本义》，北京古籍出版社1996年版，第284页。

龟"之象；本应安于正位，然上与六四相应，故进而观其"朵颐"，舍弃自身之美质，实为不智；贪求他人之饮食，实为妄行，故有"凶"象。

六二以柔处阴位，又居下卦之中，本应固正守中，自求口实也。然与初九阳实最近，故有颠自颐之道而求食于下，"颠颐"之象也；又见上九以阳实而拥艮山之富，欲拂逆六五而上，故有"拂经，于丘颐"之象。六二与六三、六四合成坤体，而不能居安处中，以求贞顺之吉；反以柔弱之质，而拂逆为之，经坤之远地、跋艮之高山，故有"征凶"之象。

六三以柔处阳位，处震卦之极，质柔而躁动者。与上九为正应，拥坤之地，本当安贞于位，自养口实，且顺奉六五之君王。今拂违六五而求养于上九，上九如何能颐养此柔邪不正之人？故"贞凶"。以居坤之中，地之极数为十，故有"十年勿用"之象，而终无所获利也。

六四以柔处阴位，正位用事之大臣也。与初九为正应而下食之，故亦有"颠颐"之象。当天下颐养之时，首要之事在于损有余而补不足，所谓取之于民，用之于民也。见初九之阳实，故有"虎视眈眈，其欲逐逐"之象，以心地光明，所施为民，故虽"颠颐"而"吉"也。

六五以柔处阳位，居上卦之中，为君王之象也。当颐养之时，本应养天下万民，然与初、上之刚爻皆不相应而无所作为，故有"拂经"之象。处艮体之中，居坤体之上，故有"居贞"之"吉"。既安于所居，则不可涉渡大川也。

上九为刚居艮之极，为颐之终，一卦之主爻也，以艮山之富饶，而颐之全体有"离"象，象征大德光明之圣人施行颐之道，养天下贤人以及万民，故曰"由颐"。圣人之养天下，见一善，未尝不行之；见一不善，未尝不改之，战战兢兢如履薄冰，如此则天下大治，故有"厉吉"之象，而天下"大有庆"也。

大过卦第二十八

☱☴ 巽下兑上

大过：栋桡，利有攸往，亨。
初六：藉用白茅，无咎。
九二：枯杨生稊，老夫得其女妻，无不利。
九三：栋桡，凶。
九四：栋隆，吉。有它，吝。
九五：枯杨生华，老妇得其士夫，无咎无誉。
上六：过涉灭顶，凶，无咎。

【译文】

大过：房屋的正梁弯曲，利于有所前往，亨通。
初六：祭祀时用洁白的茅草垫衬器物，没有咎害。
九二：干枯的杨树萌生了新芽，老年男子娶到年轻女子为妻，无所不利。
九三：房屋的正梁弯曲了，有灾殃。
九四：房屋的正梁向上隆起，吉利。有意外的变故，困难。
九五：干枯的杨树开出新花，老年妇女得到年轻男子为丈夫，没有咎害亦无佳誉。
上六：涉水过深以至于淹没头顶，有灾殃，无可咎责。

《彖》曰："大过"，大者过也。"栋桡"，本末弱也。刚过而中，巽而说行，"利有攸往"，乃"亨"。大过之时大矣哉！

【译文】

《彖》：大过卦，是阳刚太过强盛。"房屋的正梁弯曲"，是首尾两端柔弱的缘故。阳刚过盛却居于中位，顺服而能乐于出行，所以"利于有所前往"并且"亨通"。大过卦随时应变的意义重大啊！

《象》曰：泽灭木，大过；君子以独立不惧，遁世无闷。

[初六]《象》曰："藉用白茅"，柔在下也。

[九二]《象》曰："老夫女妻"，过以相与也。

[九三]《象》曰："栋桡"之"凶"，不可以有辅也。

[九四]《象》曰："栋隆"之"吉"，不桡乎下也。

[九五]《象》曰："枯杨生华"，何可久也。"老妇士夫"，亦可丑也。

[上六]《象》曰："过涉"之"凶"，不可咎也。

【译文】

《象》：泽水淹没了树木，是《大过》卦的卦象；君子因此能够屹然独立而无所畏惧，隐居避世而毫不苦闷。

[初六]《象》："祭祀时用洁白的茅草垫衬器物"，初六能以柔顺居于下位。

[九二]《象》："老丈夫少妻子"，二者年龄虽有差距而却能相合。

[九三]《象》："房屋的正梁弯曲而有灾殃"，九三用刚太过，不宜加以辅助。

[九四]《象》："房屋的正梁向上隆起而获得吉利"，九四使栋梁不再向下弯曲。

[九五]《象》："干枯的杨树开出新花"，怎么可能长久呢？"老妇女少丈夫"，也是羞耻的。

[上六]《象》："涉水过深以至于淹没头顶，有灾殃"，是不可责咎的。

【注解】

[1] 大过：卦名，意为大过失。《周易本义》曰："'大'，阳也。四阳居中过盛，故为《大过》。"①

---

① （宋）朱熹：《周易本义》，北京古籍出版社1996年版，第284页。

［2］栋桡（ráo）：栋梁弯曲。
［3］藉：垫衬。
［4］稊（tí）：杨柳新长出的嫩芽。
［5］丑：厌恶，羞鄙。
［6］涉：步行过水。

【释义】

大过卦巽下兑上，泽上木下，大水淹没树木，则树木生机遭到扼杀，象征自然、社会的秩序遭到破坏，大有过失之义；就卦形看，初、上二位柔爻，中间四位刚爻，阳刚的力量远超阴柔的力量，刚爻称"大"，柔爻称"小"，故曰"大过"。四刚居中过盛，上下二柔无所承载，故有"栋桡"之象。当天下倾颓之时，必有阳刚不世之大才，怀拯济万民于水火之大志，以时行道，方可为之，故"利有攸往"乃"亨"。

初六质柔，处巽之初，体巽之性，《说卦》："巽为白"，故有"白茅"之象。位居最下而四刚在上，故有"藉用"之象。执柔处下，顺承四刚，上应九四，故虽不当位而"无咎"也。

九二以刚处阴位，杨者，阳也，故有"杨树"之象；处巽之中，巽为木，故九二当木之"根"，以与初六相合而成坎之半体，木之根遇水则生机焕发，故有"枯杨生稊"之象。枯杨，衰老之阳也，故有"老夫"之象，以初六之柔嘉，比而得之，故有"得其女妻"之象，阴阳相合而能生新芽，故"无不利"也。

九三、九四位四刚之中，为木之中，故皆有"栋"象。九三以刚居阳位，处下卦之极，躁于进而枉顾下之老弱，故有"桡"之象。当大过之时，九三过于刚极，此于人为过于刚愎自用而不可辅翼，故有"凶"也。

九四以刚处阴位，刚而能柔，阳而不亢者也。下有二刚相辅，故有"栋隆"之象。与初六相应，若下行应之，阴以消阳，则为"有它"之"吝"。若能不为下柔所"桡"，则"吉"也。

九五以刚处阳位，有"士夫"之象；以位四刚之最上，为枯杨之枝头，与上六成坎之半体，阴阳相遇而有生机，故有"枯杨生华"

之象。然上六之阴，为老阴也，故为"老妇"，上六居九五之上而乘凌之，故"老妇得其士夫"。枯杨开花，花败而亡；老妇少夫，相合不长，故可羞耻也。

上六以柔处阴位，为大过之极。阴柔而居暗昧之地，过于行而不自知，故有"过涉灭顶"之象，"凶"莫大焉。爻辞、《小象》之曰"无咎"，非无咎害，以其无可救药也。

坎卦第二十九

☵坎下坎上

坎：有孚维心，亨，行有尚。
初六：习坎，入于坎窞，凶。
九二：坎有险，求小得。
六三：来之坎坎，险且枕，入于坎窞，勿用。
六四：樽酒，簋贰，用缶，纳约自牖，终无咎。
九五：坎不盈，祇既平，无咎。
上六：系用徽纆，置于丛棘，三岁不得，凶。

【译文】

坎：有诚信牢系于心，亨通，出行将会得到赏赐。
初六：坑中又有坑，陷入险坑之中，有灾殃。
九二：陷入坑中有危险，有所求，仅有小得。
六三：进退都有险坑，危险已经靠近头部，陷入险坑之中，动弹不得。
六四：一个酒杯，两碗饭，一壶酒，通过窗户送进送出，最终没有咎害。
九五：坑里的水不会溢出来，只会与坑沿相平，没有咎害。
上六：被绳索捆绑着，囚禁在围着丛棘的监狱中，三年都不能解脱，有灾殃。

《彖》曰："坎"，重险也。水流而不盈，行险而不失其信，"维心亨"，乃以刚中也。"行有尚"，往有功也。天险，不可升也；地险，山川丘陵也。王公设险以守其国，险之时用大矣哉！

【译文】

《彖》：坎卦，是重重危险。河水长流而不会溢出，行进在险恶之地而不丧失自己的诚信，"其心畅达"，是因为有阳刚、中正的美德。"出行将会得到赏赐"，前往可建立功业。天险，是无法攀登的；地险，是山川丘陵。君王诸侯设置险隘以守卫国家。险因时而用的意义真大啊！

《象》曰：水洊至，坎；君子以常德行，习教事。
[初六]《象》曰："习坎入坎"，失道凶也。
[九二]《象》曰："求小得"，未出中也。
[六三]《象》曰："来之坎坎"，终无功也。
[六四]《象》曰："樽酒簋贰"，刚柔际也。
[九五]《象》曰："坎不盈"，中未大也。
[上六]《象》曰："上六"失道，"凶""三岁"也。

【译文】

《象》：水接连不断地流过来，是《坎》卦的卦象；君子因此来长久保持美好的德行，熟习政教事务。

[初六]《象》："坑中又有坑，陷入险坑之中"，初六迷失道路而有灾殃。

[九二]《象》："有所求，仅有小得"，六二还没有脱离险境。

[六三]《象》："进退都有险坑"，六三脱险的努力最终没有成功。

[六四]《象》："一杯酒，两碗饭"，说明六四能得九五的接济。

[九五]《象》："坑里的水不会溢出来"，说明九五居中而不自大。

［上六］《象》："上六迷失道路"，上六的灾殃将延续三年之久。

【注解】

［1］坎：卦名，意为险陷。
［2］尚：同"赏"，赏赐。
［3］窞（dàn）：深坑。
［4］枕：靠近，临近。
［5］樽（zūn）：古代盛酒的器具。
［6］簋（guǐ）：古代盛食物的器皿，圆口，双耳。
［7］牖（yǒu）：窗户。
［8］祇（zhī）：仅，只。
［9］徽纆（huī mò）：古代狱具，缚绑俘虏或罪犯的绳索。
［10］湃（jiàn）：再，屡次。

【释义】

坎卦卦名通行本作"习坎"，当作"坎"。高亨《周易大传今注》："习字疑涉初九爻辞及《象传》之'习坎'二字而衍。"① 《大象》亦作"习坎"，其与《彖》、卦辞当皆涉初九爻辞"习坎"一语而衍。"习坎"，即重坎之义，指上下卦皆坎象。若坎卦自重而称"习坎"，则震卦自重当称"湃震"，艮卦自重当称"兼艮"或"连艮"，离卦自重当称"重离"，巽卦自重当称"随巽"，兑卦自重当称"丽兑"，以示三画卦与六画卦之别，断不会独于六画之坎卦称"习坎"也。夏商周三代之时，人们改造自然的能力很有限，视山川为险阻，故每每遇到涉渡大河之事，先以占卜预测是否有利。天下虽一统而邦国众多，国与国之间，甚至无路可通，故卦辞每每陈述出行之利咎，而以复返为吉。坎卦坎下坎上，前行途中陷阱重重之象，人涉此险象环生之境，需要极大的勇气和信心，故卦辞曰"有孚维心"，能渡过重险则必有功，故卦辞曰"行有尚"。爻辞则讲述了一个人陷入险境的遭遇，及其设法脱险的故事。

---

① 高亨：《周易大传今注》，齐鲁书社1998年版，第207页。

初六以柔处阳位，无阳刚之质，位于重坎之下，不察前方之险而贸然行事，故有"入于坎窞"之象。上与六四为敌应，无救援者，故"凶"。

九二体坎之性，故直曰"坎有险"。以阳刚之质，处险而能自救，故有"求"象，能行中道，故虽处险中而能"小得"。

六三处下坎之极，临上坎之下，下经卦为"来"，上经卦为"往"，故有"来之坎坎"之象，喻险难之多也。身处下坎之险，头近上坎之险，故有"险且枕"之象。以阴柔之质，居躁动之位，故愈动而愈陷于坎，故有"入于坎窞"之象，劳而无功也。

六四以柔处阴位，居上坎之下，陷于险中而能泰然自处者也。当位而顺承于九五之君王，故能得九五阳刚之拯济，故有"樽酒，簋贰，用缶"之象也，一个酒杯、一壶酒、二簋饭，合而为四，以居四位之故也。六四与九五刚柔际遇，则六四之心志得以上明九五，如"纳约自牖"般畅通和光明之象，能得九五之君庇护，故六四"终无咎"也。

九五为刚处阳位，光明中正之君王也，居上坎之中，故能深察习坎之理，知坎与坎通，则流水入坎而终不能盈满，只要警惕流水不溢出坎之堤沿，则无咎害。九五以能行中道而不刚愎自大，故为济险之主也。

上六以柔处阴位，为坎之极。以柔暗之质而远涉极险之地，与六四无应，下无所应援者；又乘凌九五，九五不为其庇护也。故虽处坎之终，出坎者也，然上六柔变刚而为巽，《说卦》："巽为绳直"，故有"系用徽纆"之象；三四五爻互体成艮，《说卦》："其于木也，为坚多节"，故有"置于丛棘"之象。此为远离人居之象，故"三岁不得"而"凶"莫大焉。

离卦第三十

☲离下离上

离：利贞，亨。畜牝牛吉。

初九：履错然，敬之，无咎。

六二：黄离，元吉。

九三：日昃之离，不鼓缶而歌，则大耋之嗟，凶。

九四：突如其来如，焚如，死如，弃如。

六五：出涕沱若，戚嗟若，吉。

上九：王用出征，有嘉折首，获其匪丑，无咎。

【译文】

离：占问有利，亨通。畜养母牛是吉利的。

初九：步履错杂，态度恭敬，没有咎害。

六二：万物附丽在黄色的大地上，大吉。

九三：夕阳附丽在天边，如果不能敲着瓦器唱歌自乐，便会因为自身垂老而嗟叹悲伤，有灾殃。

九四：敌人突袭而来，焚烧杀掠之后离开。

六五：泪水像滂沱的大雨一样流淌，忧戚嗟叹，吉利。

上九：君王出师征伐，有捷报斩杀了敌人的首领，擒获了他们的敌众，没有咎害。

《彖》曰："离"，丽也。日月丽乎天，百谷草木丽乎土，重明以丽乎正，乃化成天下。柔丽乎中正，故"亨"，是以"畜牝牛，吉"也。

【译文】

《彖》：离卦，是附丽的意思。日月附丽在天上，百谷草木附丽在地上，光明重叠而又附丽在正道上，可以化育天下万物。六二柔爻居位中正，所以离卦有"亨通"之义，"畜养母牛吉利"！

《象》曰：明两作，离；大人以继明照于四方。

[初九]《象》曰："履错"之"敬"，以辟咎也。

[六二]《象》曰："黄离元吉"，得中道也。

[九三]《象》曰："日昃之离"，何可久也？

[九四]《象》曰:"突如其来如",无所容也。
[六五]《象》曰:"六五"之"吉",离王公也。
[上九]《象》曰:"王用出征",以正邦也。"获其匪丑",大有功也。

【译文】

《象》:光明相继升起,是《离》卦的卦象;大人因此继承先王之明德以照临天下四方。

[初九]《象》:"步履虽错乱"而"态度恭敬",是为了避免咎害。

[六二]《象》:"万物附丽在黄色的大地上,大吉",六二能行中正之道。

[九三]《象》:"夕阳附丽在天边",怎么可能长久呢?

[九四]《象》:"敌人突袭而来",没有地方可以躲藏容身啊。

[六五]《象》:"六五之所以吉利",是因为其附丽在王公之位上。

[上九]《象》:"君王出师征伐",是为了匡正国家。"擒获了敌众,斩杀了敌首",真是大有功劳啊!

【注解】

[1] 离:卦名,意为附丽,亦为别离。
[2] 昃(zè):太阳西斜。
[3] 耋(dié):年老,七八十岁的年纪。
[4] 嗟:哀叹。
[5] 沱若:泪流滂沱的样子。
[6] 戚(qī):忧愁,悲哀。
[7] 辟:同"避",避开。

【释义】

离卦离上离下,离为火为日,其体之性为虚,火须附着于物而能明,日须附着于天而能照,故离卦之义为附丽,亦为别离。就爻象上看，六二、六五分居上下卦之中，为坤之柔爻入于乾之刚体，柔处于内，依附于刚，外强力而内驯顺，又能行柔中之道，此于六畜为牛之象也，《说卦》："坤为子母牛"，故曰"畜牝牛吉"。关于八纯卦的《大象》之辞，以孔颖达《周易正义》的解释最为精妙："'明两作离'者，离为日，日为明。今有上下二体，故云'明两作，离'也。案：八纯之卦，论象不同，各因卦体事义，随文而发。乾、坤不论上下之体，直总云'天行健'、'地势坤'，以天地之大，故总称上下二体也。雷是连续之至，水为流注不已，义皆取连续相因，故震云'洊雷'，坎云'水洊至'也。风是摇动相随之物，故云'随风巽'也。山泽各自为体，非相入之物，故云'兼山艮'、'丽泽兑'，是两物各行也。今明之为体，前后各照，故云'明两作，离'，是积聚两明，乃作于离。若一明暂绝，其离未久，必取两明前后相续，乃得作离卦之美，故云'大人以继明照于四方'，是继续其明，乃得照于四方。若明不继续，则不得久为照临，所以特云'明两作，离'取不绝之义也。"① 兹录之以飨读者。

初九以刚处阳位，为附丽之初，得位而思动者也。君子居下而初受职位，急于求进而践履未免有失，故有"履错然"之象，以志行于正而知所敬慎，故"无咎"也。此为人离之爻也。

六二以柔处阴位，得位得正，为离之主爻。居中体坤之性，故有"黄离"之象。坤至柔而动也刚，故能附丽万物。此为地离之爻也，于人事则象征正心诚意之君子，行止不离中道，故"元吉"也。

九三以刚处阳位，居下卦之上，一卦六爻，兼天地人三才之道，初爻以体君子之道，二爻以体地之道，故三爻体天之道，为天离之爻也。九三为下离之终，故曰"日昃之离"，象征步入暮年之君王，其明渐熄而不能照临天下，若能体天地循环不已之道，传位于太子以承其位、继其明、行其事，于己则安常处顺，乐天知命，可享永年之福也；若无明而照，则有"大耋之凶"也。《周易集解》引荀爽曰：

---

① （唐）孔颖达著，李申、卢光明整理：《周易正义》，北京大学出版社1999年标点本，第135页。

"初为日出,二为日中,三为日昃,以喻君道衰也。"①

九四以刚处阴位,居下离之上,处上离之下,为两离相继之际也。皇权相继,多有意外之剧变。九四居大臣之位,处多惧之地而有不正之行,故有"突如其来"之难;亲附上离故有"焚如"之象,与九三、六五合成兑体,《说卦》:"兑为毁折",故有"死如"之象;以重刚于九三之上故遭"弃如",此以刚居位不正而遭受挫骨扬灰之灾,天下之阳刚君子可不慎乎?

六五为上离之主,封建王朝皇权之传承,凡刚强之主,下往往承之以柔顺之君,故九三之主刚,则六五之君柔,一刚一柔亦天道也。六五为离中爻,有文明之德而能虚中以待纳贤士,委政于上九光明之能臣,故《小象》曰"离王公也",以临照天下而见天下之未平、民生之多艰,故有"戚嗟"之叹而"出涕沱若",居至尊之位而有悲天悯人之情怀,故"吉"。

上九以刚居阴位,为顺承王命之大臣,故"王用"之象。《说卦》:"离为甲胄,为戈兵",君王临照天下则善恶无不昭昭,其于首恶者,必若烈火而摧烧之,故有"出征"之象。上九以刚承天之明,禀六五君之命而讨国之逆,故有"有嘉折首,获其匪丑"之象也,扫黑除恶务尽,何咎之有?

---

① (唐)李鼎祚:《周易集解》卷6,上海古籍出版社1989年版,第107页。

四　下经

咸卦第三十一

䷞艮下兑上

咸：亨，利贞，取女吉。

初六：咸其拇。

六二：咸其腓，凶。居吉。

九三：咸其股，执其随，往吝。

九四：贞吉，悔亡，憧憧往来，朋从尔思。

九五：咸其脢，无悔。

上六：咸其辅颊舌。

【译文】

咸：亨通，占问有利，娶女吉利。

初六：感应在脚拇趾。

六二：感应在腿肚，凶险。安居在家则吉利。

九三：感应在大腿，执意追随于她，出行有困难。

九四：占问婚事吉利，悔恨消失，与少女交往频繁，朋友也赞成你的想法。

九五：感应在后背，没有悔恨。

上六：感应在面颊和舌头。

《彖》曰："咸"，感也。柔上而刚下，二气感应以相与。止而说，男下女，是以"亨，利贞，取女吉"也。天地感而万物化生，圣人感人心而天下和平。观其所感，而天地万物之情可见矣！

【译文】

《彖》：咸卦，是感应的意思。柔爻由下卦而上卦，刚爻由上卦而至下卦，阴阳二气相互感应而相合。少男遇到少女而停下，二人相互慕悦，男子处位在下主动向女子求婚，因此"亨通，占问有利，娶女吉利"。天地阴阳二气相互感应，因而万物化育生长；圣人用德行感化人心，因而天下和平。认识感应的规律，天地万物的情况就明白了。

《象》曰：山上有泽，咸；君子以虚受人。

［初六］《象》曰："咸其拇"，志在外也。

［六二］《象》曰：虽"凶居吉"，顺不害也。

［九三］《象》曰："咸其股"，亦不处也。志在"随"人，所"执"下也。

［九四］《象》曰："贞吉悔亡"，未感害也。"憧憧往来"，未光大也。

［九五］《象》曰："咸其脢"，志末也。

［上六］《象》曰："咸其辅颊舌"，滕口说也。

【译文】

《象》：山上有泽，是《咸》卦的卦象；君子因此虚心接受别人的意见。

［初六］《象》："感应在脚拇趾"，初六的心志在外面。

［六二］《象》："尽管凶险但安居在家则吉利"，六二以顺于位而不受伤害。

［九三］《象》："感应在大腿"，说明九三不安所处。他的心志是追随她，可是他的方式太卑下。

［九四］《象》："占问吉利，悔恨消失"，说明九四没有因为相感而受到伤害。"与少女交往频繁"，相感之道未光大啊。

157

［九五］《象》："感应在后背"，说明九五的心志卑微。

［上六］《象》："感应在面颊和舌头"，说明他们相谈甚欢。

【注解】

［1］咸：卦名，意为交感、感动。《周易本义》曰："'咸'，交感也。兑柔在上，艮刚在下，而交相感应。又艮止则感之专，兑说则应之至。又艮以少男下于兑之少女，男先于女，得男女之正，婚姻之时，故其卦为《咸》。"①

［2］取：通"娶"，男子迎接女子过门成亲。

［3］拇（mǔ）：手、脚的大指。

［4］腓（féi）：腿肚子。

［5］股：大腿。

［6］憧憧（chōngchōng）：来往不绝的样子。

［7］脢（méi）：背脊肉。

［8］辅：面颊。

［9］滕（téng）：水向上腾涌，引申为张口说话。

【释义】

咸卦艮下兑上，山上有泽之象。山居高而泽处卑，但古人认为，山泽之气是相互感应的，山之气由上而下，泽之气由下而上，则成"山上有泽"之象，以"咸卦"名之，取二气相感之义。故《彖》曰："咸，感也。"李光地《周易折中》引丘富国曰："'咸'者，感也，所以感者心也。无心者不能感，故'咸'加'心'而为'感'。有心于感者，亦不能咸感，故'感'去'心'而为'咸'。'咸'，皆也，唯无容心于感，然后无所不感。圣人以《咸》名卦，而《彖》以'感'释之，所以互明其旨也。"② 就爻象看，咸卦为否卦之六三升至上位，上九降至三位而成，故有乾坤二气相感相交之象。就人事看，下艮为少男，上兑为少女，少男甘居少女之下，且六位之间的刚

---

① （宋）朱熹：《周易本义》，北京古籍出版社1996年版，第287页。
② （清）李光地著，刘大钧整理：《周易折中》卷10，巴蜀书社1998年版，第573页。

柔关系皆相应，故象征少男追求少女，二者情投意合，十分般配，故卦辞曰："亨，利贞，取女吉。"咸卦为《周易》下经之首，其爻辞撰写和乾卦相似，六条爻辞之间关系密切，讲述的是一个完整的男追女的爱情故事。

初六以柔处阳位，居位最下，上应九四而志于"咸"，故有"感应在脚拇指"之象。以动而有应，情动于中而形于外，乃人之常情，故君子不加责咎。

六二以柔处阴位，上应九五而相感，故有"感应在腿肚"之象。男女之相感，发乎情而止乎礼，"咸其腓"则不能止乎礼，故有"凶"象。所幸六二正位居中，乃谨于礼教之女子也，能居贞于位，以拒非礼，故"吉"也。

九三以刚处阳位，躁于动而急于"咸"，以处下卦之极，故有"感应在大腿"之象。与上六为正应，故有"执其随"之象，志在于上六也。以居艮上而体艮止之性，故九三之"咸"，非循于理而应于时，以此男下女，"往"求而必"吝"也。

九四以刚处阴位，历经下三位"股""腓""股"之感应，少男少女之相感，由下而上，由外及内，故有双方家长以少男少女婚姻之事，占问于天以求吉凶，以上下六位皆相感应，上合天道，故"贞吉"。贞吉则"悔亡"矣。如此则少男与少女之"咸"，可以"憧憧往来"，亦可获得朋友之祝福也。

九五居上卦之中，所感愈上，故有"咸其脢"之象。《说文解字》："脢，背肉也。从肉每声。"相感之道，贵感以心，今九五所感之处与心相背，故《小象》曰"志末也"。以刚处阳位为正位，下与六二为正应，故仅得"无悔"。

上六处咸之终而为兑之主，居外卦之极。内感之极为感之"心"，外感之极为感之"口"，兑为悦，《说卦》："兑为口舌"，上六与九三相感而悦极于外，故有"咸其辅颊舌"之象，此于古代则为婚嫁之礼成，新婚夫妇卿卿我我之时，故《小象》赞叹曰"滕口说也"，夫妻恩爱之貌也。

恒卦第三十二

☴巽下震上

恒：亨，无咎，利贞，利有攸往。
初六：浚恒，贞凶，无攸利。
九二：悔亡。
九三：不恒其德，或承之羞，贞吝。
九四：田无禽。
六五：恒其德，贞妇人吉，夫子凶。
上六：振恒，凶。

【译文】

恒：亨通，没有咎害，占问有利，利于有所前往。
初六：持久地深挖，占问有灾殃，没有利处。
九二：悔恨消除。
九三：不能长久保持美德，或受到他人的羞辱，所占之事艰难。
九四：田猎没有猎得鸟兽。
六五：长久地保持美德，占问妇人之事吉利，占问丈夫之事有灾殃。
上六：长久地摇动，有灾殃。

《彖》曰："恒"，久也。刚上而柔下，雷风相与，巽而动，刚柔皆应，恒。恒"亨，无咎，利贞"，久于其道也。天地之道，恒久而不已也。"利有攸往"，终则有始也。日月得天而能久照，四时变化而能久成，圣人久于其道而天下化成。观其所恒，而天地万物之情可见矣！

【译文】

《彖》：恒卦，是恒久的意思。刚爻上至四位而柔爻下至初位，雷与风相得益彰，谦逊而有所行动，六位刚柔皆相应，故能恒久。恒卦"亨通，没有咎害，占问有利"，是由于恒久地坚守正道。天地的运行，恒久而不停息。"利于有所前往"，说明事物的发展总是终而复始的。日月附着于天空循环运行所以能够恒久照耀，四季轮流交替所以能够恒久地育成万物，圣人长久地施行其道所以能够教化天下。认识恒久的规律，就可以明白天地万物的情况了。

《象》曰：雷风，恒；君子以立不易方。

［初六］《象》曰："浚恒"之"凶"，始求深也。

［九二］《象》曰："九二悔亡"，能久中也。

［九三］《象》曰："不恒其德"，无所容也。

［九四］《象》曰：久非其位，安得"禽"也？

［六五］《象》曰："妇人贞吉"，从一而终也。"夫子"制义，从妇"凶"也。

［上六］《象》曰："振恒"在上，大无功也。

【译文】

《象》：雷与风总是交织在一起，是《恒》卦的卦象；君子因此立身处事不改变自己的德行。

［初六］《象》："持久地深挖而有灾殃"，原因在于一开始就急于求深。

［九二］《象》："九二悔恨消除"，因其能长久坚持中庸之道。

［九三］《象》："不能长久保持美德"，则无地自容。

［九四］《象》：九四久居不当之位，哪能得到鸟兽呢？

［六五］《象》："占问结果妇人吉利"，是因为女子终身只嫁一个丈夫，丈夫死了也不再嫁。丈夫则应当裁断适宜，总是听从妇人则有灾殃。

［上六］《象》："居于上位却长久地摇动"，以此行事必然无所成功。

【注解】

[1] 恒：卦名，意为常久之道。《周易集解》引郑玄曰："恒，久也。巽为风，震为雷。雷风相须而养物，犹长女承长男，夫妇同心而成家，久长之道也。"[①]

[2] 不恒其德，或承之羞：这句话孔子曾引用过，子曰："南人有言曰：'人而无恒，不可以作巫医。'善夫！""不恒其德，或承之羞。"子曰："不占而已矣。"（《论语·子路》）意思是人如果没有恒心，连巫医都做不了；没有恒心的人，也不必去占卦了。可见孔子非常重视《恒》卦的义理。

[3] 浚（jùn）：深挖。

[4] 方：德操、学问、道理。

【释义】

恒卦巽下震上，雷风之象。古人对打雷下雨等自然现象非常关注，通过观察发现下雨一般伴有刮风打雷等现象，雷与风总是一起出现，先刮风而后打雷，所以将巽下震上之象命名为"恒"，即恒常之义。就人事来看，巽为长女在下居内，震为长男在上居外，象征我国古代永恒不变的家庭模式男主外而女主内。就爻象来看，恒卦由泰卦卦变而来，刚爻上至四位居上，柔爻下至初位居下，阳刚在上而阴柔在下，六位的刚柔关系皆相应，这种爻象关系具有恒久的意义。

初六以柔处阳位，体巽之性，《说卦》："巽，其究为躁卦。"风入物也快，其去物也速。质弱失位，非有恒志者也；以巽之躁，故于事之始而务求深，失"恒"之道也。以此修身则德不行，以此治学则学不成，以此治家则家人惶惑，以此治国则民众不堪。虽与九四有应，然九四居非其位，自顾不暇，故初六之事"凶"也。

九二以刚处阴位，以恒之时，失位故应"有悔"。以刚中有柔而能久于中道，有过未尝不改，有善未尝不行，故"悔亡"。

---

① （唐）李鼎祚：《周易集解》卷7，上海古籍出版社1989年版，第112页。

九三以刚处阳位，居下卦之上，为巽之极，为躁进之爻，非能久于其位也。与上六之相应，见上六之"振恒"，故上进而应之，故有"不恒其德"之象；进则失位，且入于"凶"地，故有"或承之羞"之象，"贞吝"者也。

　　九四以刚处阴位，以刚之质而体震之动，故有"田猎"之象；与巽之初六相应，《说卦》曰："巽为鸡"，故有"禽"之象；当恒之时，失位无恒，故"无禽"可得。

　　六五以柔处阳位，上居尊位，为卦之主爻。治家之道正则恒，而成恒之义者，在妻而不在夫也，故六五为主妇之象。主妇以柔顺之道主内，服侍公婆，爱敬夫君，慈哺子女，德恒贞顺而获尊重，吉莫大焉，故曰"恒其德，贞妇人吉"。丈夫则当刚健，刚健则当"制义"，临机果断，便宜行事，若处处以柔道示之，不敢为天下先，则"凶"矣。

　　上六以柔处阴位，当位宜静而不宜动。但其为震之极而恒之终，故有"振恒"之象。与巽之极九三相应，雷风相遇而不知止，过于恒则"凶"矣。此于人事言之，象征当位者朝令夕改而欲使天下人一归于恒，不亦谬哉！王莽之乱，可不慎乎？

遁卦第三十三

☶艮下乾上

　　遁：亨，小利贞。

　　初六：遁尾，厉，勿用有攸往。

　　六二：执之用黄牛之革，莫之胜说。

　　九三：系遁，有疾厉。畜臣妾吉。

　　九四：好遁，君子吉，小人否。

　　九五：嘉遁，贞吉。

　　上九：肥遁，无不利。

【译文】

遁：亨通，占问小事有利。

初六：隐遁时处在最后，有危险，不要有所前往。

六二：用黄牛皮制成的绳子捆绑，无法挣脱。

九三：被羁绊难以隐遁，因而有疾病，危险。蓄养臣仆和侍妾是吉利的。

九四：惬意地隐遁，君子吉利，小人否塞不通。

九五：美好地隐遁，占问吉利。

上九：富足地隐遁，没有什么不利的。

《彖》曰："遁亨"，遁而亨也，刚当位而应，与时行也。"小利贞"，浸而长也。遁之时义大矣哉！

【译文】

《彖》："遁卦亨通"，隐遁才能亨通，九五刚爻正位而有六二柔爻与之相应，刚爻顺时向上而行，象征君子因时隐遁。"占问小事有利"，是因为阴柔的力量正在潜滋暗长。《遁》卦以时隐遁的意义真大啊！

《象》曰：天下有山，遁；君子以远小人，不恶而严。

[初六]《象》曰："遁尾"之"厉"，不往何灾也？

[六二]《象》曰："执用黄牛"，固志也。

[九三]《象》曰："系遁"之"厉"，有疾惫也。"畜臣妾吉"，不可大事也。

[九四]《象》曰："君子好遁，小人否"也。

[九五]《象》曰："嘉遁贞吉"，以正志也。

[上九]《象》曰："肥遁无不利"，无所疑也。

【译文】

《象》：天下有山，是《遁》卦的卦象；君子因此疏远小人，不显露憎恶的辞色而内心保持警惕的状态。

［初六］《象》："隐遁时落在最后，有危险"，不前往哪会有什么灾祸呢？

［六二］《象》："用黄牛皮制成的绳子捆绑"，说明六二固守其志向。

［九三］《象》："被羁绊难以隐遁而有危险"，九三因疾病而疲惫不堪。"蓄养臣仆和侍妾是吉利的"，此时不是干大事的时候。

［九四］《象》："君子能够惬意地隐遁，小人则不能"。

［九五］《象》："美好的隐遁，占问吉利"，九五能够端正自己的心志。

［上九］《象》："富足地隐遁，没有什么不利的"，说明上九心中没有疑虑。

【注解】

［1］遁：卦名，意为退避。
［2］执：拘捕，捉拿，捆绑。
［3］说：通"脱"，逃脱。

【释义】

遁卦艮下乾上，天下有山之象。《周易集解》引崔憬曰："天喻君子，山比小人。小人浸长，若山之侵天。君子遁避，若天之远山。故言'天下有山，遁'也。"① 就爻象看，初、二位柔爻，三至上位刚爻，象征阴柔自下而上增长，阳刚在阴柔的侵逼下自内而外逃避，故为遁卦。古代中国家天下，朝廷权争激烈，君子贤人为了全身远害，往往遁居山林荒野。天子高居庙堂，睹城阙外之远山，联想天下之贤才遁迹远山而不在朝廷效力，有忧朝廷小人势盛之意，故《大象》诫之曰"远小人"。

初六以柔处阳位，为遁之初。易卦六位以上位为首，初位为尾，故有"遁尾"之象。隐遁之时，当占先机。今阴气已浸长至二位，

---

① （唐）李鼎祚：《周易集解》卷7，上海古籍出版社1989年版，第115页。

据于内卦，始欲远避小人，若形于辞色，则往往为小人所害，故有"厉"象。当天下事不可为之时，切勿意气用事，故"勿用有攸往"，往则"犯灾"矣。唯"不恶而严"，慎言惕行，止于本分，可避害也。

六二以柔处阴位，体坤之性，以得位履正，故当天下隐遁之时，能固守其位，有"执之"之象；《说卦》："坤为牛"，黄为中之色，故有"黄牛"之象，六二又体离之性，《说卦》："离为甲胄"，故有黄牛之"革"象。六二之志犹如用黄牛皮绳捆缚物品一般牢固，故有"莫之胜说"之象，即无人能说服其隐遁也。商之末世纣王暴虐无道，天下贤人无不远遁西岐，唯独帝纣之叔父比干、太师闻仲，固志在位，可当此爻之义。

九三以刚处阳位，为下卦之极，志于进也。然居艮之上体艮止之性，又居内卦下比二柔，为六二所系，故有"系遁"之象。以志于遁上而被系止于下，故九三有忧而生"疾"，有"厉"之象。以居遁之时，小人势盛，不可大展宏图，宜于居家闲居，潜于所养，示以无志，则"吉"也。

九四以刚处上卦之初，上比二刚，合以为乾，乾体成则山高而不可及，故九四、九五与上九皆为"遁"成之象也。九四下应初六，初六以居位不正，无系九四之意而欲上随九四，故九四之遁，无初六之"尾"，无九三之"系"，又上比九五嘉遁之主，得以遂成其志，故曰"好遁"。"大人吉"，指九四；"小人否"，指初六，二者居位、质性皆异，故圣人有此诫语。

九五以刚处上卦之中，居尊为遁之主爻。当遁之时，下应六二，上体乾德，刚健中正，故有"嘉遁"之"吉"也。上古之时，尧舜禅让，堪当嘉遁之义也。

上九以刚居乾之上，为遁之极，"遁"之高远者也。以居乾之高，知天道循环之理，察阴长侵阳之机，故预为遁行，从容饶裕，故有"肥遁"之象。天下之遁者，仓皇奔命者多，悠然肥遁者少。古之范蠡，功成、事遂、身退，携西施泛舟四海，财施天下，堪当此爻之义也。

大壮卦三十四

☰☳乾下震上

大壮：利贞。

初九：壮于趾，征凶；有孚。

九二：贞吉。

九三：小人用壮，君子用罔，贞厉。羝羊触藩，羸其角。

九四：贞吉，悔亡。藩决不羸，壮于大舆之輹。

六五：丧羊于易，无悔。

上六：羝羊触藩，不能退，不能遂，无攸利，艰则吉。

【译文】

大壮：占问有利。

初九：脚趾强壮，远行有灾殃；应当心怀诚信。

九二：占问有利。

九三：小人逞强好胜，君子则藏起锋芒，占问有危险。公羊冲撞篱笆，羊角被卡住。

九四：占问吉利，悔恨消除。公羊撞破了篱笆，篱笆没有卡住它的角，它的强壮就像大车的轮輹。

六五：在易国丧失了他的羊群，没有悔恨。

上六：公羊冲撞篱笆致使羊角被篱笆卡住，不能后退，也不能前进，没有什么利处，艰苦奋斗方可获吉。

《彖》曰："大壮"，大者壮也。刚以动，故壮。大壮"利贞"，大者正也。正大而天地之情可见矣！

【译文】

《彖》："大壮"卦，是阳爻的力量强盛。刚健而行动，所以强盛。大壮卦"占问有利"，是因为阳刚的力量固守正道。能正其大，则天地万物的情状就明白了。

《象》曰：雷在天上，大壮；君子以非礼弗履。
[初九]《象》曰："壮于趾"，其"孚"穷也。
[九二]《象》曰："九二贞吉"，以中也。
[九三]《象》曰："小人用壮，君子罔"也。
[九四]《象》曰："藩决不羸"，尚往也。
[六五]《象》曰："丧羊于易"，位不当也。
[上六]《象》曰："不能退，不能遂"，不详也。"艰则吉"，咎不长也。

【译文】

《象》：雷声轰鸣于天上，是《大壮》卦的卦象；君子因此不做不合礼仪的事情。

[初九]《象》：虽然"脚趾强壮"，但初九的诚信是穷乏的。
[九二]《象》："九二占问有利"，是其持守中道的缘故。
[九三]《象》："小人逞强好胜，君子虽刚强而不用"。
[九四]《象》："公羊撞破了篱笆，篱笆没有卡住它的角"，说明九四一心想着前往。
[六五]《象》："在易国丧失了他的羊群"，说明六五处位不当。
[上六]《象》："不能后退，也不能前进"，说明上六处事不能详细审慎。"艰苦奋斗方可获吉"，因为咎害终究长不了。

【注解】

[1] 大壮：卦名，意为阳刚盛壮。
[2] 罔（wǎng）：通"无"。
[3] 羝（dī）：公羊。
[4] 藩（fān）：篱笆。
[5] 羸（léi）：通"累"，缠绕，困住。

【释义】

大壮卦乾下震上,雷在天上之象。《周易口义》曰:"'雷'者,威动之物,而又行于天上,则其势愈盛,是大壮之象也。"[1] 就爻象来看,初至四位为刚爻,刚爻曰"大",柔爻曰"小",象征阳气自下而上增长,状态盛大,故曰"大壮"。人阳刚过甚则容易骄恣纵肆,恃强作威,如此大壮则有灾殃,故《彖》曰"正大",而《大象》诫之曰"君子以非礼勿履"。

初九以刚处阳位,居最下为大壮之初,故有"壮于趾"之象。壮于趾则必前行,故有"征"象;上与九四无应,阳刚无所牵系则肆意行而不知止,故有"凶"象。初九之壮至于穷极,始知壮行须先心中"有孚",否则徒有壮而易取灾也。

九二以刚处阴位,刚而能柔者也;以处下卦之中,能行中庸之道者也。如此则九二刚壮而不过,故曰"贞吉"也。

九三以刚处阳位,居下卦之极,极于壮者也。此于小人,极于壮则恃强凌弱,好勇斗狠者也。有斯理则有斯象,故有"小人用壮"之象;此于君子,则能体乾九三"终日乾乾"之德,日健而夕惕,刚壮而愈慎,服人以德而不服人以力,故有"君子用罔"之象,故小人"贞厉"也。九三与九四、六五互体成兑,《说卦》:"兑为羊";九四为震之初,体震之性,《说卦》:"震为苍筤竹、为萑苇",故有"羝羊触藩"之象。以刚触刚则刚折,《说卦》:"兑为毁折",故有"羸其角"之象。此"小人用壮"之譬喻也。

九四以刚处阴位,处上卦之初,体震之性,为大壮之主爻也。失位无应,居多惧之地,故有悔。以下统三刚,雷乘天威而动,刚壮如"大车之轮辐",驰骋于二阴之柔地,故有"羊冲破藩篱而不伤其角"之象,如此则"贞吉"而"悔亡"矣。

六五以柔处阳位,为兑之上,体兑之性,《说卦》:"兑,其于地也,刚卤……为羊。"当大壮之时,六五以柔弱之质,而客行"刚卤"之地,故有"丧羊于易"之象。史料记载殷商时期王亥曾到易

---

[1] (宋)胡瑗撰、倪天隐述:《周易口义》卷6,文渊阁四库全书本。

国贩羊，六五爻辞当是对这一事件的记载。以下有九二之刚应，故无性命之虞，以此知大壮之时义，故"无悔"。

上六以柔处阴位，为震之极，当大壮之终，亦欲壮而求进。以柔弱之性而居阴暗之地，无刚壮之质而行刚壮之事，故有"羝羊触藩，不能退，不能遂"之象也，何利之有？所幸与九三相应，以知大壮用刚用柔之艰，则安止于位，咎自去而吉来也。

晋卦第三十五

坤下离上

晋：康侯用锡马蕃庶，昼日三接。
初六：晋如，摧如，贞吉。罔孚，裕无咎。
六二：晋如，愁如，贞吉。受兹介福，于其王母。
六三：众允，悔亡。
九四：晋如鼫鼠，贞厉。
六五：悔亡，失得，勿恤。往吉，无不利。
上九：晋其角，维用伐邑，厉，吉；无咎，贞吝。

【译文】

晋：康侯用君王赏赐的种马繁衍，一天完成多次交配。

初六：上进而受到挫折，意志坚定则吉。不能见信于人，从容淡定则没有咎害。

六二：上进而感到忧愁，意志坚定则吉。在其祖母处承受了极大的福祉。

六三：众人都相信他，悔恨消除。

九四：像鼫鼠那样上进，占问有危险。

六五：悔恨消除，失去的东西会重新得到，勿忧。前往吉利，没有什么不利的。

上九：上进到了极点，宜于出兵征伐邑国，有危险，但结果吉利；没有咎害，但对于正道来说有遗憾。

《彖》曰："晋"，进也。明出地上，顺而丽乎大明，柔进而上行，是以"康侯用锡马蕃庶，昼日三接"也。

【译文】

《彖》：晋卦，是前进的意思。太阳从地面上升起，大地以柔顺的品格附丽于太阳的光明之中，以柔顺之道前进而能行至上位，所以"康侯用君王赏赐的种马繁衍，一天完成多次交配"。

《象》曰：明出地上，晋；君子以自昭明德。
［初六］《象》曰："晋如摧如"，独行正也。"裕无咎"，未受命也。
［六二］《象》曰："受之介福"，以中正也。
［六三］《象》曰："众允"之，志上行也。
［九四］《象》曰："鼫鼠贞厉"，位不当也。
［六五］《象》曰："失得勿恤"，往有庆也。
［上九］《象》曰："维用伐邑"，道未光也。

【译文】

《象》：太阳升起，光明普照大地，是《晋》卦的卦象；君子因此自我彰明光辉的美德。

［初六］《象》："上进而受到挫折"，是因为初六独行正道。"从容淡定则没有咎害"，是因为初六还没获任命。

［六二］《象》："承受了极大的福祉"，是六二居位中正的缘故。

［六三］《象》：因为"众人都相信他"，所以六三志在上进。

［九四］《象》："像鼫鼠那样上进，占问有危险"，说明九四居位不当。

［六五］《象》："失去的东西会重新得到，勿忧"，六五前往将有喜庆之事。

［上九］《象》："宜于出兵征伐邑国"，说明上九之治道还没有光大。

【注解】

［1］晋：卦名，意为前进，晋升。

［2］康侯：顾颉刚认为，康侯即周武王的弟弟卫康叔。[1]

［3］锡：同"赐"。

［4］蕃庶（fán shù）：繁殖，繁衍。

［5］接：交合，交配。

［6］鼫（shí）鼠：古书上指鼯鼠一类的动物，亦称"大飞鼠"或"五技鼠"。

【释文】

晋卦坤下离上，日出地面，向上升起之象，有上进、晋升之义，故曰"晋"。《周易折中》曰："《易》有《晋》《升》《渐》三卦，皆同为进义而有别。《晋》如日之方出，其义最优；《升》如木之方生，其义次之；《渐》如木之既生，而以渐高大，其义又次之。观其象辞皆可见矣。"[2] 就爻象来看，晋卦三柔之居下卦，与五同类，上进至于五位，故为柔之进也。王夫之《周易内传》曰："柔之相晋，以恩相接也。"[3] 故有君王"锡"于康侯之象。晋之性为柔，晋之道则当用"顺"，不顺则难进矣。顺道之极，莫若阴阳之相合、牝牡之交媾也，而尤以牝马为至柔之畜，《坤》卦辞曰"利牝马之贞"，故有"锡马蕃庶"之象。上离为日，下坤三爻，故有"昼日三接"之象也。

初六以柔处阳位，故有进取之志。与九四为正应，欲上进至四位，然九四德不配位，行若"鼫鼠"，故非但不能荐举初六于六五，反而挫抑之，故有"晋如，摧如"之象。为晋之初，居位最下，涉世尚浅，不能见信于人，故有"罔孚"之象；若能独守贞德，从容取信于人，则"吉"而"无咎"。

---

[1] 顾颉刚：《〈周易〉卦爻辞中的故事》，《燕京学报》1929年总第6期。
[2] （清）李光地著，刘大钧整理：《周易折中》卷5，巴蜀书社1998年版，第290页。
[3] （清）王夫之著，李一忻点校：《周易内传》，九州出版社2004年版，第231页。

六二以柔处阴位，得位得中，故有"中正"之象。当晋之时，欲上应同类之六五，又惧九四"鼫鼠"之相隔，故有"晋如，愁如"之象。以持正行中，忠贞不二于六五之尊，故终获六五之恩赐，六五为柔，有"王母"之象，故曰"受兹介福，于其王母"，吉莫大焉。

六三以柔处阳位，居坤卦之上，为进爻。当晋之时，三柔相携而上进，故有"众允"之象，能得众人之信任，故"悔亡"，可以晋升高位以行其志也。

九四以刚处柔位，刚质而阴行，德不配位，才不堪用者也，故有"晋如鼫鼠"之象。《说文解字》："鼫，五技鼠也。能飞，不能过屋；能缘，不能穷木；能游，不能渡谷；能穴，不能掩身；能走，不能先人。从鼠石声。常只切。"为离之初，当下位三柔连类以升五位之时，以一孤阳横绝其中，故有"贞厉"之象。四为退爻，若能知己之短，克己之非，则庶几无咎矣。

六五以柔处阴位，为晋卦之主爻。坤爻入居上卦乾之中位，居至尊之位而明德自昭之象也。夫至尊之君王，当刚柔兼济以待下，今一于柔而不用刚，故当有"悔"之象；以坤众来附，故"悔亡"。普天之下，莫非王土；率土之滨，莫非王臣。天下何思何虑？《吕氏春秋·贵公》记载："荆人有遗弓者而不肯索，曰：'荆人遗之，荆人得之，又何索焉？'孔子闻之曰：'去其"荆"而可矣。'老聃闻之曰：'去其"人"而可矣。'故老聃则至公矣。"[1] 乾健坤顺之德，何曾失之，何曾得之乎？人君视天下万民若一，则"往"而"无不利"也。

上九以刚处阴位，居离之上而为晋之极也，故曰"晋其角"，"角"者，畜之上位。畜"晋其角"，则有争斗之义，《说卦》："离为甲胄、为戈兵"，故有"维用伐邑"之象。以刚晋柔，故虽有厉而终吉。然晋以行柔之道为主，晋之以刚，进于极也，进于极则必有憾事，有"贞吝"之象，故《小象》诫之曰"道未光也"。

---

[1] 许维遹著，梁运华整理：《吕氏春秋集释》，中华书局2009年版，第25页。

明夷卦第三十六

☷☲ 离下坤上

明夷：利艰贞。

初九：明夷于飞，垂其翼。君子于行，三日不食。有攸往，主人有言。

六二：明夷，夷于左股，用拯马壮，吉。

九三：明夷于南狩，得其大首；不可疾，贞。

六四：入于左腹，获明夷之心，于出门庭。

六五：箕子之明夷，利贞。

上六：不明，晦。初登于天，后入于地。

【译文】

明夷：占问艰难的事情有利。

初九：光明陨灭时，鸟儿飞翔也垂下了翅膀。君子出走，三天没有进食。有所前往，主人有责备之言。

六二：光明陨灭时，左大腿受了伤，凭借着所乘的强壮马匹得以行进，吉利。

九三：光明陨灭时，到南方征伐，擒获了首恶；不能操之过急，宜于守正。

六四：进入左方腹地，获知处在黑暗中人们的情状，于是走出了他的门庭。

六五：箕子的光明陨灭，利于坚守正道。

上六：不光明，黑暗。最初登临天位，最后坠入地下。

《象》曰：明入地中，"明夷"。内文明而外柔顺，以蒙大难，文王以之。"利艰贞"，晦其明也，内难而能正其志，箕子以之。

◇ 四 下经 ◇

【译文】

《彖》：太阳没入地中，象征光明陨灭。内含文明之德而外示柔顺之道，文王以此在遭遇大难时能安然度过。"占问艰难的事情有利"，能自我隐晦光明的德性，箕子以此在遭遇朝廷大难时仍能端正他的心志。

《象》曰：明入地中，明夷；君子以莅众，用晦而明。

[初九]《象》曰："君子于行"，义"不食"也。

[六二]《象》曰："六二"之"吉"，顺以则也。

[九三]《象》曰："南狩"之志，乃大得也。

[六四]《象》曰："入于左腹"，获心意也。

[六五]《象》曰："箕子"之"贞"，"明"不可息也。

[上六]《象》曰："初登于天"，照四国也。"后入于地"，失则也。

【译文】

《象》：光明没入地中，是《明夷》卦的卦象；君子因此来治理民众，表面晦藏不露而内心明察。

[初九]《象》："君子出走"，出于道义而不进食。

[六二]《象》："六二的吉利"，因其顺于情理又合乎法度。

[九三]《象》："到南方征伐"，极大地实现了其意图。

[六四]《象》："进入左方腹地"，获知了黑暗中人们的真实想法。

[六五]《象》："箕子坚守正道"，说明他的明德是不可磨灭的。

[上六]《象》："最初登临天位"，其光明可以普照四国。"后来坠入地下"，因其违背了法则。

【注解】

[1] 明夷：卦名，意为光明夷灭。亦有学者认为明夷是一种鸟，李镜池《周易通义》曰："明夷：借为鸣鹎，即叫着的鹎鹏。鹎、鹎

形声均通,是一种水鸟,嘴长而阔,颔下胡大如数斗囊。若小泽中有鱼,就成群用它们的胡囊把水淘干来抓鱼吃,故俗名淘河。"①

[2] 拯(zhěng):援救、救助。

[3] 大难:指周文王(当时为商之西伯侯)被囚禁在羑里长达七年之事。

[4] 莅(lì):本义为走到近处察看,指管理,统治。

【释义】

明夷卦离下坤上,太阳在大地之下,光明夷灭,故曰"明夷"。《周易集解》引郑玄曰:"夷,伤也。日出地上,其明乃光,至其入地,明则伤矣,故谓之明夷。日之明伤,犹圣人君子有明德而遭乱世,抑在下位,则宜自艰,无干事政,以避小人之害也。"② 就上下二体言之,离卦居内,离为文明,象征人有文明之德;坤卦居外,坤为柔顺,象征人能行柔顺之道。当明夷之时,能内守文明之德外行柔顺之道,则可以度过厄难。六五爻辞提到了"箕子之明夷",箕子是纣王的叔父,为商朝的太师,与微子、比干并称"殷末三仁",《论语·微子》中孔子曰:"微子去之,箕子为之奴,比干谏而死,殷有三仁焉。"可见明夷卦的写作背景当涉及对商周之际政治形势的判断与理解,故《象》以为明夷卦当文王、箕子与箕子的事迹,以之阐明卦义。

初九以刚处阳位,为动爻,故有"君子于行"之象。居于最下,为离之初,光没于地,《说卦》:"离为雉",天无光照则鸟不能展翼高飞,故有"明夷于飞,垂其翼"之象。按先天八卦,离之数为三,卦体象人腹中空,故曰"三日不食"。以阳实之才故能见微知著,见六四居暗弱之地,故虽正应而去之;见六二光明虚中以下贤,故"有攸往"而归之,为主人所不解,故曰"主人有言"也。王夫之《周易内传》认为此爻当姜太公归周之象。③

---

① 李镜池著,曹础基整理:《周易通义》,中华书局1981年版,第71页。
② (唐)李鼎祚:《周易集解》卷7,上海古籍出版社1989年版,第121页。
③ (清)王夫之著,李一忻点校:《周易内传》,九州出版社2004年版,第237页。

◇ 四 下经 ◇

　　六二以柔处阴位，居离之中为光明之主，当明夷之时而有所伤，二在初上，初上为"股"，故有"夷于左股"之象；初九体乾性，《说卦》："乾为良马"，前来附丽六二，故六二有"用拯马壮"之"吉"也。王夫之《周易内传》认为此爻当文王得羑里之释之事。①

　　九三以刚处阳位，为进爻。居离卦上位，光明之在上者，《说卦》："离，南方之卦也……离为甲胄，为戈兵"，故有"明夷于南狩"之象。以明驱暗，上临坤柔之地，故有"得其大首"之象。夫韬光养晦者，必坚固其志以待天命之时，故曰"不可疾，贞"。王夫之《周易内传》认为此爻当周公旦辅佐武王伐纣之事。②

　　六四以柔处阴位，居上卦之初，为退爻，大臣之象也。当明夷之时，六四正位，以贞顺之德供事廷内，故有"入于左腹"之象，左腹者，心之位也，故知昏君暴虐妄为之下万民渴望重见天日之心，故曰"获明夷之心"，因之深感昏君之不可辅弼，故有"出于门庭"之象。王夫之《周易内传》认为此爻当"商容、胶鬲"之事。③但六四之位既是臣位，又是恩位，微子系纣王之长兄，就六四"出于门庭"之辞来看，或当系微子出奔一事。

　　六五以柔处阳位，居上卦之中，有柔中之德，虽居君位，而非至尊。箕子是纣王的叔父，位居太师，故堪当此爻；爻辞曰"箕子之明夷"，以六五处于幽暗之中心，与上六明夷之主最近，为纣王至亲而身受其害也。当明夷之时，乾坤颠倒，以箕子之大智，犹自晦其明，披发佯狂为奴以避杀身之祸，于此可见明夷为祸之巨也。

　　上六以柔处阴位，居明夷之极，为卦之主爻。为坤之上位，《说卦》："坤，其于地也为黑"，最远于离之明，故有"不明，晦"之象。以位居最上，最上为天位，故有"初登于天"之象；以九三之光明正义之讨伐，故有"后入于地"之象也。

---

① （清）王夫之著，李一忻点校：《周易内传》，九州出版社2004年版，第237页。
② （清）王夫之著，李一忻点校：《周易内传》，九州出版社2004年版，第238页。
③ （清）王夫之著，李一忻点校：《周易内传》，九州出版社2004年版，第238页。

家人卦第三十七

☲ 离下巽上

家人：利女贞。
初九：闲有家，悔亡。
六二：无攸遂，在中馈，贞吉。
九三：家人嗃嗃，悔，厉，吉；妇子嘻嘻，终吝。
六四：富家，大吉。
九五：王假有家，勿恤，吉。
上九：有孚，威如，终吉。

【译文】

家人：女子占问有利。
初九：在家中注意防范，悔恨消除。
六二：没有往行于外，在家中进食奉养，占问吉祥。
九三：家长治家严厉苛责，有过失，自我砥砺，最终吉祥；妇人孩子嬉笑放纵，终将鄙吝。
六四：治家致富，大为吉祥。
九五：君王借助其家族治理天下，无须忧虑，吉祥。
上九：心怀诚信，治家威严，终获吉祥。

《象》曰："家人"，女正位乎内，男正位乎外。男女正，天地之大义也。家人有严君焉，父母之谓也。父父，子子，兄兄，弟弟，夫夫，妇妇，而家道正。正家而天下定矣。

【译文】

《象》：家人卦，是女子在家内以正道守其位，男子在家外以正道守其位。男女各守其正道，才符合天地间的大义。家人中须有威严之主，指的是父母。父母尽教职，子女尽孝职，兄友弟恭，夫守夫道，妇守妇道，这才是治家的正道。家道严正，那么天下就安定了。

《象》曰：风自火出，家人；君子以言有物而行有恒。

［初九］《象》曰："闲有家"，志未变也。

［六二］《象》曰："六二"之"吉"，顺以巽也。

［九三］《象》曰："家人嗃嗃"，未失也；"妇子嘻嘻"，失家节也。

［六四］《象》曰："富家大吉"，顺在位也。

［九五］《象》曰："王假有家"，交相爱也。

［上九］《象》曰："威如"之"吉"，反身之谓也。

【译文】

《象》：风从燃烧的火中出来，是《家人》卦的卦象；君子因此讲话要有具体的内容，行为要有恒常的规范。

［初九］《象》："在家中注意防范"，说明初九志在防患于未然。

［六二］《象》："六二的吉祥"，因其柔顺而谦逊。

［九三］《象》："家长治家严厉苛责"，没有违背治家之道；"妇人孩子嬉笑放纵"，有失治家的节度。

［六四］《象》："治家致富，大为吉祥"，因六四柔顺居守其位。

［九五］《象》："君王借助其家族治理天下"，以此使天下人相互关爱。

［上九］《象》："治家威严的吉祥"，在于家长能够反省自身，以身作则。

【注解】

［1］家人：卦名，意为治家之道。

［2］闲：约束，防止。

［3］遂：行，往，进。

［4］馈（kuì）：进献，进食于人。

［5］嗃嗃（hè hè）：严厉的样子。

［6］假：凭借。

【释义】

家人卦离火在内，巽风在外，风由燃烧的火中生出，故曰"风自火出"，象征人伦教化由内而外，即由家庭个人而及于社会大众，故名之曰"家人"。来知德《周易集注》："风化之本，自家而出。"① 齐家之本在于修身，修身之要在于言行，故《大象》曰"君子以言有物而行有恒"。

初九以刚处阳位，为动爻，以志于外而处于家，故有"悔"；居位最下，以阳刚之明当治家之初，故有"闲于家"之象，如此则家道立而家可齐，故悔"亡"。《周易集解》引荀爽曰："初在潜位，未干国政，闲习家事而已。未得治官，故'悔'；居家理治，可移于官，守之以正，故'悔亡'。而未变从国之事，故曰'志未变也'。"②

六二以柔处阴位，为守爻，故有"无攸遂"之象，"遂"，往也；六二贞正，故无往于外之他意；得中，为家内之主妇，致力于进食奉养之职，上奉养公婆，中服侍丈夫，下慈养子女，故有"在中馈"之象。有此柔顺、谦逊之德，故"贞吉"也。

九三以刚处阳位，为进爻。居离之上而为下卦之极，与上九无应，故唯见其"威如"之仪，则专以刚道治其家，有"家人嗃嗃"之象焉。"嗃嗃"则未免有失，则伤于父母之恩，故有"悔"之象，知悔则能自我劝勉，终得吉祥，故古语曰："治家严家乃和，居乡恕乡乃睦。"若妇人治家，则往往溺于所爱，骄纵子女无有节制，故有"妇子嘻嘻"，以此则子女无正心诚意以修身，故终为"羞吝"之道也。

六四以柔处阴位，为退爻；居巽卦之初，体巽之性，《说卦》："巽为长女……为近利市三倍"，故无大臣用事于朝廷之辞，而有长女"富家"之象。《论语·子路》中记载孔子的治国理念，曰"庶矣""富之""教之"，就是让人口多起来，让人民富起来，教育人民有道德。故六四退而治家，以身示范为天下富，此乃王道教化之根基也。

---

① （明）来知德：《周易集注》卷8，文渊阁四库全书本。
② （唐）李鼎祚：《周易集解》卷8，上海古籍出版社1989年版，第125页。

九五以刚处阳位，为尊爻；正位居中，与九三、六四互体成离，居离之上，光明盛德之君王也。以君王之尊，行家人之道，故有"王假有家"之象，"假"，借助之义也。于内则谨于修身而家齐，于外则德及同姓之诸侯，使之"勿恤"而治其国，故"吉"也。以上下重离，上之火，王之家；下之火，民之家，故君王自为楷模，使天下人皆"交相爱也"。

上九以刚处阴位，为家人之终，则是家道大成也。家道成，则家人皆信之，敬之，故有"有孚，威如"之象。以刚居阴，故刚而能柔；以居于最上，故宜于返下，故上九能"反身"而诚，如此则家道恒正而不偏邪，可以世代相传矣，故曰"终吉"。

睽卦第三十八

☱兑下离上

睽：小事吉。
初九：悔亡。丧马，勿逐，自复。见恶人无咎。
九二：遇主于巷，无咎。
六三：见舆曳，其牛掣。其人天且劓，无初有终。
九四：睽孤，遇元夫。交孚，厉，无咎。
六五：悔亡。厥宗噬肤，往何咎？
上九：睽孤，见豕负涂，载鬼一车，先张之弧，后说之弧；匪寇，婚媾；往遇雨则吉。

【译文】

睽：小事吉利。
初九：悔恨消除。丢失的马勿须追寻，自己会回来。见到形貌丑陋的人，没有咎害。
九二：在巷道中与主人相遇，没有咎害。
六三：看见大车被拖曳不行，拉车的牛被牵制不动。驾车是个受到黥面、割鼻之刑的人，起初艰难，最终有好结果。

九四：乖违孤立之时，遇见阳刚之士。相互信任，有危险而无咎害。

六五：悔恨消除。他同宗族的人在一起吃肉，前往有什么咎害呢？

上九：乖违孤立之时，看见一头猪，它的背上全是污泥；又看见一辆大车，满载着像鬼一样的人；起初张弓欲射，后来又放下弓箭；原来不是强盗，而是迎娶婚嫁的人；前往遇到下雨，吉祥。

《彖》曰："睽"，火动而上，泽动而下；二女同居，其志不同行。说而丽乎明，柔进而上行，得中而应乎刚，是以"小事吉"。天地睽而其事同也，男女睽而其志通也，万物睽而其事类也，睽之时用大矣哉！

【译文】

《彖》：睽卦，譬如火焰在上面燃烧，泽水在下面流淌；又如两个女子虽同居一室，而她们的志趣不同、行为各异。卦象悦乐而附丽于光明，柔爻前进而向上升，六五居上卦之中而下应九二刚爻，因此"做小事吉利"。天与地相互背离，但它们化育万物的功能却是相同的，男女生理有别，但他们相互慕乐的情志是相通的；万物情形各异，但它们相济相成的用途是相似的。睽卦因时而用的意义真大啊！

《象》曰：上火下泽，睽；君子以同而异。

[初九]《象》曰："见恶人"，以辟"咎"也。

[九二]《象》曰："遇主于巷"，未失道也。

[六三]《象》曰："见舆曳"，位不当也。"无初有终"，遇刚也。

[九四]《象》曰："交孚无咎"，志行也。

[六五]《象》曰："厥宗噬肤"，往有庆也。

[上九]《象》曰："遇雨"之"吉"，群疑亡也。

【译文】

《象》：火燃于上，泽流于下，是《睽》卦的卦象；君子因此求大同，存小异。

[初九]《象》："与敌对的人见面"，是为了避开咎害。

[九二]《象》："在巷道中与主人相遇"，说明九二没有违失正道。

[六三]《象》："看见大车被拖曳不行"，因六三处位不当。"起初艰难，最终有好结果"，说明六三得到强者相助。

[九四]《象》："相互信任没有咎害"，说明九四的意志得以实行。

[六五]《象》："他同宗族的人在一起吃肉"，六五前往将有喜庆。

[上九]《象》："遇到下雨的吉祥"，说明上九原来的各种猜疑都消除了。

【注解】

[1] 睽：卦名，本义是两眼不看一地方，意为乖离、乖异。

[2] 恶人：相貌丑陋的人。

[3] 曳（yè）：拖，牵引。

[4] 掣（chè）：牵制、控制。

[5] 天：古代的墨刑，在额头上刺字的刑罚。

[6] 劓（yì）：古代割掉鼻子的一种酷刑。

[7] 元夫：俊伟的男子。

[8] 肤：肉体表面的皮。此处指肉。

[9] 涂：泥巴。

[10] 弧：古代指木弓。

[11] 说：同"脱"，放下。

[12] 辟：同"避"，避开。

【释义】

睽卦兑下离上,离火炎上,兑泽润下,二者属性不相合而相乖离,是以卦名曰"睽"。就人事而言,二女同居一室,少女年幼,心思仍在家内;中女年长,心思已在家外,二者虽都未出嫁,但她们想法不同、行为各异,故有乖违之象。就爻象来看,除初九得正外,其他五爻皆不正位,此五爻互体而成上下不正之二离,《说卦》:"离为目",二目不正故为斜视,曰"睽"。因之,爻辞所言物象,皆有不正、怪异之意。

初九以刚处阳位,为动爻,与九四相敌,故若"丧马"而不能往行,心有懊悔;然九四之刚为上下二柔所困,成坎之险,正盼初九之来相助,故初九之"丧"而"自复",则"悔亡"矣。当睽之时,初九之见九四,以刚遇刚,若见恶人,故有"恶人"之象,以同类而终相比,故"无咎"。

九二以刚处柔位,为守爻。与六五为正应,本当上应六五;当睽乖之时,六五上下皆刚,不能不有所疑惧也,故下行以就九二,不期而遇,故有"遇主于巷"之象。以九二刚而能柔,恪守中道,不失君臣尊卑之义,故"无咎"也。

六三以柔处阳位,居上卦之极,虽志于进,然以其柔弱之质,故有难行之义。与九四、六五互体成坎,《说卦》:"坎,其于舆也,为多眚",故有"舆曳"之象;《说卦》:"坤为牛",九四居坤中而为坎,故有坤"牛"被"掣"之象。六三质柔而居位不正,而欲往应上九,故自上九之睽视六三,其状若"天且劓"。"天",黥额之刑;"劓","割鼻"之刑。夬卦二体相乖离,下兑自成一体,六三居上,故取象于人之上部。《说卦》:"兑为毁折",故有此象。六三以能得上九之应,虽艰难而终出险地,故曰"无初有终"也。

九四以刚处阴位,居兑、离二体之际,又为上下二柔所包,故有"睽孤"之象。以初九之终来,故亦有不期而"遇"之象,九二于下位遇六五之"主",此则于四位遇初九之"元夫"也。二刚相遇,阳实有孚,故有"交孚"之象,如此则九四虽居位惧厉,终"无咎"也。

六五以柔处阳位,至尊之主也。然当睽之时,见上下二刚之臣,皆不正也，故有"悔"。以九二之逊顺于中道，往而遇之，故"悔亡"。睽卦与家人卦的卦形相覆，古代社会家天下，方国诸侯乃是天子之叔父、兄弟也，故六五、九二之君臣相遇，若同宗之聚会也。六二之下九二，则九二之刚变柔，睽卦变为"噬嗑"，《噬嗑·六二》曰"噬肤"，故曰"厥宗噬肤"之象。二三四五爻互体成既济卦，既济则事成，故六五之"往"，可谓"有庆"也。

上九以阳处阴位，为睽之极，以柔爻相隔，故有"睽孤"之象；下应六三，故得以睽六三之情状。六三体坎，《说卦》："坎为豕……为沟渎"，故有"见豕负涂"之象；《说卦》："坎为弓轮……为舆……为盗"，故有"车""弧""盗"之象。当睽之时，六三、上九皆处位不正，上下相疑，故九三虽体离之明，所见之象亦非全正；以坎上至离，二者阴阳相感则六三化雨，上九刚变柔则成归妹卦，故有"往遇雨"之象，且有"婚媾"之"吉"也。

蹇卦第三十九

䷦艮下坎上

蹇：利西南，不利东北。利见大人，贞吉。

初六：往蹇，来誉。

六二：王臣蹇蹇，匪躬之故。

九三：往蹇，来反。

六四：往蹇，来连。

九五：大蹇，朋来。

上六：往蹇，来硕，吉。利见大人。

【译文】

蹇：到西南方去有利，到东北方去不利。利于出现伟大人物，占问吉利。

初六：前往将入险境，退归获得赞誉。

六二：朝廷大臣不怕艰险以赴国难，不是为了自身的缘故。

九三：前往遇到险难，顺利退归。

六四：前往遇到险难，退归也很艰难。

九五：在非常险难的时刻，朋友们前来相助。

上六：前往将有险阻，退归享受硕果，吉祥。利于出现伟大人物。

《彖》曰："蹇"，难也，险在前也。见险而能止，知矣哉！蹇"利西南"，往得中也；"不利东北"，其道穷也。"利见大人"，往有功也。当位"贞吉"，以正邦也。蹇之时用大矣哉！

【译文】

《彖》：蹇卦，其义是艰难，险难就在前面。看到危险能够停止前进，可以称得上明智了。蹇卦"到西南方有利"，前往合乎中庸之道；"到东北方去不利"，前往将是穷途末路。"利于出现伟大人物"，前往济险必会成功。二至四爻刚柔各当其位，故"占问吉利"，可以匡正天下邦国。蹇卦因时而用的意义真大啊！

《象》曰：山上有水，蹇；君子以反身修德。

[初六]《象》曰："往蹇来誉"，宜待也。

[六二]《象》曰："王臣蹇蹇"，终无尤也。

[九三]《象》曰："往蹇来反"，内喜之也。

[六四]《象》曰："往蹇来连"，当位实也。

[九五]《象》曰："大蹇朋来"，以中节也。

[上六]《象》曰："往蹇来硕"，志在内也。"利见大人"，以从贵也。

【译文】

《象》：山上有水，是《蹇》卦的卦象；君子因此在艰难的时候反省自身，修养德行。

[初六]《象》："前往将入险境，退归获得赞誉"，说明初六应当等待时机。

［六二］《象》："朝廷大臣不怕艰险以赴国难"，说明六二最终没有过失。

［九三］《象》："前往遇到险难，顺利退归"，内卦二柔为九三之刚的返回而欣喜。

［六四］《象》："前往遇到险难，退归也很艰难"，这是由六四居位的实际情况决定的。

［九五］《象》："在非常艰难的时刻，朋友们前来相助"，九五能坚守正道，行为合乎礼义法度。

［上六］《象》："前往将有险阻，退归享受硕果"，说明上六与能大家团结一致。"利于出现伟大人物"，说明上六顺从九五之君。

【注解】

［1］蹇（jiǎn）：卦名，本义为跛足，指艰阻，不顺利。

［2］王臣蹇蹇，匪躬之故：马王堆帛书《二三子问》作"王臣蹇蹇，非今之故。"孔子解释曰："'王臣蹇蹇'者，言其难也。夫唯智其难也，故重言之，以戒今也。君子智难而备之，则不难矣；见几而务之，则有功矣。故备难者易，务几者成。存其人，不言吉凶焉。'非今之故'者，非言独今也，古以状也。"①

【释义】

蹇卦艮下坎上，艮山的前面还有坎险，有险峻难行之象，故卦名曰"蹇"。《说文解字》："蹇，跛也。"故蹇之险难，若人跛行于路。按后天八卦方位，西南为坤位，坤之性"直、方、大"，居民众多，遇险可获救助，故卦辞曰"利西南"；东北为艮位，山路险峻，居民稀少，遇险难于救援，故卦辞曰"不利东北"。山高水深而险阻重重，非阳刚之人、经世之才无以济蹇之难，时势造英雄，故曰"利见大人"。以卦体六爻除初六外，其他诸爻处位皆正，当蹇难之时而志行正道，故曰"贞吉"。

初六以柔处阳位，最为卑下，当蹇难之初而有"往"而济"蹇"

---

① 连劭名：《帛书〈周易〉疏证》，中华书局2012年版，第213页。

之志，志可嘉也；以身处险外，见上之五爻互体成"习坎"之象，知此积久之险，非其一柔弱之质所能济也，贸然入险，丧生殒命，于事无补，故有"来"归之象，以初六之勇智，故受人称"誉"也。

六二以柔处阴位，得位得中，上应九五之君，听命而用事，故有"王臣"之象；以二至上爻互体成"习坎"，故有"蹇蹇"之象。当蹇难之时，朝廷之臣，舍生忘死而居最险之地以济险难，此"致命遂志"之君子也，故曰"匪躬之故"，其志可嘉，何咎之有？

九三以刚处阳位，得位为动爻，居上卦之极，与上六相应，欲往济之，故有"往蹇"之象；以上六听命九五之君而欲下行，故九三不往而"来"，退止于艮内为顺，故其来为蹇之"反"；居内则下之二柔有阳实之依靠，故《小象》曰"内喜之也"。

六四以柔处阴位，得位得正，居上卦之初，为艮峻之"蹇"与坎险之"蹇"相遇之处，故有"连蹇"之象；以二至五爻互体成二坎言之，六四居二坎相际之位，故亦是"连蹇"之象；故爻辞曰"往蹇，来连"。君子当蹇之时，居连蹇之位，唯有贞于正而顺于位，不为虚妄之行，则可以无咎矣。

九五以刚处阳位，居上卦之中，为蹇卦之主爻，中正有为之君王也。当蹇之时而上下皆正位之大臣，故虽蹇难重重而志不变、行不乱也；九五居正行中，上下节制而天下臣民无不奉命济险，故有"大蹇，朋来"之象，而蹇可济也。

上六以柔处阴位，居上卦之极，为蹇之终。以下有九三阳实之应，近有九五阳实可依，知往行将遇极外不可知之险，故下"来"与九三相合以助九五，故《小象》曰"志在内也"；以居上位故可享蹇济之"硕果"，而对九五之圣主拳拳服膺焉。

解卦第四十

☵☳坎下震上

解：利西南。无所往，其来复吉。有攸往，夙吉。

初六：无咎。

九二：田获三狐，得黄矢，贞吉。
六三：负且乘，致寇至，贞吝。
九四：解而拇，朋至斯孚。
六五：君子维有解，吉；有孚于小人。
上六：公用射隼于高墉之上，获之，无不利。

【译文】

解：到西南方去有利。若没有目标而去，返回来吉利。若有目标而去，则早去吉利。

初六：没有咎害。

九二：田猎捕获了三只狐狸，并得到金黄色的箭矢，占问吉利。

六三：背负重物却乘坐在马车上，招来了盗寇，占问有憾事。

九四：解开你脚拇指上的束缚，朋友因你的诚信而来。

六五：只有君子能够解除险难，吉祥，用诚信之道来感化小人。

上六：王公在高城之上用箭射老鹰，猎获了它，没有什么不利的。

《彖》曰："解"，险以动，动而免乎险，解。解"利西南"，往得众也；"其来复吉"，乃得中也；"有攸往夙吉"，往有功也。天地解而雷雨作，雷雨作而百果草木皆甲坼。解之时义大矣哉！

【译文】

《彖》："解"卦，有险难而动，动而脱离险难，所以称"解"卦。解卦"到西南方去有利"，前往将得到群众的支持；"返回来吉利"，可得到中位；"若有目标而去，则早去吉利"，前往将会成功。天地之气疏解则雷雨大作，雷雨大作则百果草木的种子都破壳萌芽。解卦因时而发的意义真大啊！

《象》曰：雷雨作，解；君子以赦过宥罪。
[初六]《象》曰：刚柔之际，义"无咎"也。
[九二]《象》曰："九二贞吉"，得中道也。

[六三]《象》曰:"负且乘",亦可丑也。自我"致戎",又谁咎也?

[九四]《象》曰:"解而拇",未当位也。

[六五]《象》曰:"君子有解","小人"退也。

[上六]《象》曰:"公用射隼",以解悖也。

【译文】

《象》:雷雨兴起,是《解》卦的卦象;君子因此赦免有过失的人,宽宥罪重的人。

[初六]《象》:初六之柔与九二之刚相济,合乎道义所以"没有咎害"。

[九二]《象》:"九二占问吉祥",是因为能行中道。

[六三]《象》:"背着东西却乘坐在马车上",这种行为很丑陋。是因为自己的行为招来了盗寇,又能怪谁呢?

[九四]《象》:"解开你脚拇趾上的束缚",说明九四处位不当。

[六五]《象》:"只有君子能够解除险难",小人遭到斥退。

[上六]《象》:"王公用箭射死老鹰",是为了除掉悖逆者。

【注解】

[1] 解:卦名,意为缓解、解决。

[2] 解而拇:"而"古同"尔",代词,你或你的。马王堆帛书《周易》作"解其拇"。

[3] 隼(sǔn):鸷鸟。

[4] 甲坼(chè):草木发芽时种子外皮裂开。

[5] 悖(bèi):混乱,谬误。

【释义】

解卦坎下震上,意为人处于险中,通过行动解脱危险,故名"解"卦。从卦象上看,解卦为屯卦上下经卦的互换,震雷在下而坎在上云欲化为雨,故《屯·彖》曰"雷雨之动满盈,天造草昧",重在一个"动"字,故屯卦为"难";解卦则是震雷在上而坎雨已下,故曰"雷雨作而百果草木皆甲坼",重在一个"作"字,雨既已下则草木生长之难缓解,故曰"解"。解卦所解之难者,蹇也,故解卦与蹇卦都曰"利西南",以西南为坤卦的居位,坤为众,往西南可得众人之助。险难解除则秩序恢复正常,若不外出活动,则居内安于日常工作,是吉利的;若外出干事,则早去可占先机,故卦辞曰:"无所往,其来复吉。有攸往,夙吉。"

初六以柔处阳位,当解之初,能安于位,上顺承九二,故《小象》曰"刚柔际也";外与九四为正应,处险坎而有应援,故"无咎"。

九二以刚处阴位,居下卦之中,与六五相应,故为承王命解难者也。"中"在五行中为黄色,以刚之直故有"矢"象,九二以阳刚之才而能行中道,故有"得黄矢"之象;与六三、九四互体成离,《说卦》:"离为戈兵",故有"田猎"之象,以六三乘凌其上,处位不正而妄自为险,九二"田"之,故有获"三狐"之象,如此则坎险之难解除,故曰"贞吉"。

六三以柔处阳位,居坎卦之上而为下卦之极,居位不正,象征邪妄而阴险之小人,上陷溺九四而下乘凌九二,故有"负且乘"之象;《说卦》:"坎为盗",六三居二刚之间,巧取豪夺阳实之财以为己有,故为坎之盗,以其所得财货非法不当,故招致"寇"前来抢夺,故曰"贞吝"。

九四以刚居阴位,为六五之大臣,解难者也。居上卦之下,为震卦之初而体震之性,《说卦》:"震为足",故有"解而拇"之象;九四能以刚济险则其诚为众人信服,九二之朋自下而来,故曰"朋至斯孚"。

六五以柔居上卦之中,为解卦之主爻,虚己用中以待贤臣之君王也。六五与其下之四爻互体成习坎,而能任用九二刚中之诸侯,以除外险;不疑九四诚明之廷臣,以除内险,故曰"君子维有解",赞叹能解难者莫非君子也,故"吉"。君子能解时难,则小人畏服,故曰"有孚于小人"。

上六以柔居阴位,下无刚系,故与六三无正应而为邪比,若六三为王都之外狂妄之贼寇,则上六为朝廷之内邪佞之奸臣。六三以不正于下，为九二田猎之"三狐"，狐，兽类，属地类；上六以不正于上，为九四射杀之"隼"，隼，禽类，属天类，故有"公用射隼于高墉之上"之象。一射而中，一震而下，则"获之"。天下之险尽除，故曰"无不利"。

损卦第四十一

☱兑下艮上

损：有孚，元吉，无咎，可贞，利有攸往。曷之用？二簋可用享。

初九：已事遄往，无咎。酌损之。

九二：利贞，征凶。弗损益之。

六三：三人行则损一人，一人行则得其友。

六四：损其疾，使遄有喜，无咎。

六五：或益之十朋之龟，弗克违，元吉。

上九：弗损益之，无咎，贞吉。利有攸往，得臣无家。

【译文】

损：心有诚信，大吉，没有咎害，占问可行，有所前往有利。减损之道怎么施用？譬如两盒饭即可用来祭祀。

初九：祭祀的事情应当迅速参加，没有咎害。酌量减损祭品。

九二：占问有利，出行会有灾殃。没有减损自己反而有所增益。

六三：三个人一起出行就会减损一人，一个人独自出行则会得到朋友。

六四：减轻他的疾病，使他能够很快好起来，没有咎害。

六五：有人献给他价值百贝的大宝龟，不要拒绝，大吉。

上九：没有减损自己反而有所增益，没有咎害，占问吉利。有所前往有利，得到无私忘家的臣子。

《彖》曰："损"，损下益上，其道上行。损而"有孚，元吉，无咎，可贞，利有攸往。曷之用？二簋可用享"，二簋应有时。损刚益柔有时，损益盈虚，与时偕行。

【译文】

《彖》："损"卦，是减损下卦兑之水汽滋润上卦艮之万物，其道是由下而上发展的。实行减损而能做到"心有诚信，则大吉，没有咎害，占问可行，有所前往有利。减损之道怎么施用？譬如两盒饭即可用来祭祀"，但仅以两盒饭来祭祀，只有当必须减损之时才可用之。减损阳刚增益阴柔要合乎时宜，事物的减损、增益、盈满与亏虚都应变通趋时。

《象》曰：山下有泽，损；君子以惩忿窒欲。
[初九]《象》曰："已事遄往"，尚合志也。
[九二]《象》曰："九二利贞"，中以为志也。
[六三]《象》曰："一人行"，"三"则疑也。
[六四]《象》曰："损其疾"，亦可"喜"也。
[六五]《象》曰："六五元吉"，自上祐也。
[上九]《象》曰："弗损，益之"，大得志也。

【译文】

《象》：大山之下有泽水，是《损》卦的卦象；君子因此戒止自己的愤怒，抑制自己的欲望。

[初九]《象》："祭祀的事情应当迅速参加"，崇尚的是大家齐心合志。

[九二]《象》："九二占问有利"，是因为他以持守中道为志。

[六三]《象》：一人出行会得到朋友，三个人一起出行则会产生猜疑。

[六四]《象》："减轻他的疾病"，也是一件可喜的事情。

[六五]《象》："六五大吉"，是得到了上天的保佑。

[上九]《象》："没有减损自己反而有所增益"，说明上九极大地实现了其愿望。

【注解】

[1] 损：卦名，意为减损。

[2] 巳事：祭祀之事。《周易正义》作"已事"，《周易集解》作"祀事"，虞翻曰："'祀'旧作'巳'也。"今依虞翻之说。

[3] 遄（chuán）：快，迅速。

[4] 忿（fèn）：愤怒，怨恨。

【释义】

损卦兑下艮上，山下有泽之象，泽之水汽上行而滋润山之万物，则泽之水减少而山显得更加高大，故曰"损"；就爻象来看，损卦可视为由泰卦卦变而来，是减损下卦乾体之阳刚增益上卦坤体之阴柔，即乾之九三行至上位为上九，坤之上六行至三位为六三，故《象》曰"损下益上，其道上行"。就人事而言，艮为阳卦，像君子；兑为阴卦，像小人，小人出财力供养君子，故损下而益上，其道之施行，决定于统治者的治国方略。人之常情，喜益而恶损；故为损之时，必以悦乐之义行之，上下皆应则损道乃行，故一卦六爻，二位之间皆相应。

初九以刚处阳位，得位而志于动，与六四为正应，当减损之时而有二簋薄祭之事，亦必前往相助，故有"巳事遄往"之象。以位在最下，为损之初，故有"酌损"之象，酌量己之财力而小有减损，故"无咎"。王申子《大易缉说》曰："'初'，下民也，有刚实之资。'四'，上位也，有柔虚之疾。初益于四，理当然者，初'遄往'则四'遄喜'矣。曰'酌'，则上合下之志；曰'喜'，则下合上之志。言《损》之所尚者，上下之志，欲其相合也。"①

九二以刚处阴位，居下卦之中，故利于贞固其位。与六五为正应，欲损己以应六五，故有"征"象；然六五已是坐拥艮山之富之君王，九二则是"见龙在田"之君子，行中道而施德于民，若不顾民心损下之财以媚上，不但有损其刚实之明德，而且有损六五虚中下贤之名声，故"凶"。君子在其位当固守其德以谋其政，故于九二刚

---

① （元）王申子：《大易缉说》卷6，文渊阁四库全书本。

实之中德，弗损反而益之。

六三以柔处阳位，居兑之上，为下卦之极，故有悦乐而"行"之象。损卦自泰卦来，昔日下卦乾之三刚同行而九三独行上位，故曰"三人行则损一人"；六三与上九为正应，今日六三行至上位而刚柔相合，故曰"一人行则得其友"。三刚同行则易为亢，一柔独行则易获助，故《小象》曰"一人行，三则疑也"。《大易缉说》曰："六三者成兑之主，上九者成艮之主，六三独往以应上九，而上九友之，是一阴一阳配合之道专。盖一与二奇与偶相对待，生生之本也。三则余而疑矣，'疑'者，谓莫知所与也。"①

六四以柔处阴位，为上卦之初，当损之时，上比六五，故虽得位，以其阴柔之质而有多惧之心疾。与初九皆正位正应，以初九之"遄往"，故六四能自损以从刚，损不善而从善，有"损其疾，使遄有喜"之象，如此则"无咎"。

六五以柔处阳位，至尊君王之象。为天下之君，故天下人损己以益之；以柔处中，故能"惩忿窒欲"，虚心以养万民，损刚益柔有时，则上天必佑之，故有"或益之十朋之龟"之象。"十朋之龟"，商周时占验天道之神物也，君王能得此大宝，上应天意而下顺民心，所谓"天视自我民视，天听自我民听"，故"元吉"。

上九以刚处阴位，居艮之上，为损之极，为王朝宗庙之象也。损之道，损下而益上，至上位则损道成，故当损上而益下，故有"弗损益之"之象。天下山泽之处，多有鳏寡茕独之民，故需往济之，故有"利有攸往"之象；上九体艮，为笃实光辉之君子，有此良臣劳碌于外，故有"得臣无家"之象；上九能有济助天下苍生之行，亦可谓大得其志。

益卦第四十二

☳震下巽上

益：利有攸往，利涉大川。

---

① （元）王申子：《大易缉说》卷6，文渊阁四库全书本。

初九：利用为大作，元吉，无咎。

六二：或益之十朋之龟，弗克违。永贞吉。王用享于帝，吉。

六三：益之用凶事，无咎。有孚中行，告公用圭。

六四：中行告公，从，利用为依迁国。

九五：有孚惠心，勿问，元吉。有孚惠我德。

上九：莫益之，或击之，立心勿恒，凶。

【译文】

益：有所前往有利，涉渡大河有利。

初九：利于大有作为，大吉，没有咎害。

六二：有人赐给他价值百贝的大宝龟，不要拒绝。占问长期吉利。君王祭祀上帝，吉利。

六三：在灾荒多凶之时施行增益百姓之道，没有咎害。心怀诚信，中道而行，告诉王公当用玉圭祭祀。

六四：中道而行，向王公汇报祭祀的结果，王公听从。有利于以之为依凭迁都。

九五：有施惠于百姓的诚心，无须占问，大吉。百姓必将诚心诚意地顺从我的恩德。

上九：没人帮助他，却有人攻击他，他树立的信念不坚定，有灾殃。

《彖》曰："益"，损上益下，民说无疆。自上下下，其道大光。"利有攸往"，中正有庆。"利涉大川"，木道乃行。益动而巽，日进无疆。天施地生，其益无方。凡益之道，与时偕行。

【译文】

《彖》："益"卦，是减损上面的，增益下面的，天下百姓喜悦无限。从上面施恩惠予下面，其前途光明远大。"有所前往有利"，行为中正将有喜庆。"涉渡大河有利"，利用木船渡河的原理得到推行。益卦之德是行动而能保持谦逊，日日增益而没有界限。天施予万物，地生育万物，它们对万物的增益没有物种疆域的限制。凡是增益之道，都应当随着时机进行。

《象》曰：风雷，益；君子以见善则迁，有过则改。

［初九］《象》曰："元吉无咎"，下不厚事也。

［六二］《象》曰："或益之"，自外来也。

［六三］《象》曰："益用凶事"，固有之也。

［六四］《象》曰："告公从"，以益志也。

［九五］《象》曰："有孚惠心"，"勿问"之矣。"惠我德"，大得志也。

［上九］《象》曰："莫益之"，偏辞也。"或击之"，自外来也。

【译文】

《象》：风势雷声交互增大，是《益》卦的卦象；君子因此看见善的行为就马上看齐，有过失就马上改正。

［初九］《象》："大吉，没有咎害"，说明初九居位最下而不落后于干事。

［六二］《象》："有人赐给他价值百贝的大宝龟"，六二之赐来自外卦九五。

［六三］《象》："在灾荒多凶之时施行增益百姓之道"，这是增益的本有之义。

［六四］《象》："向王公汇报祭祀的结果，王公听从"，目的是为了增强大家的意志。

［九五］《象》："有施惠于百姓的诚心"，这种情况无须占问。"众人顺从我的恩德"，说明九五极大地实现了自己的志愿。

［上九］《象》："没人帮助他"，这是众人的普遍之辞。"有人攻击他"，灾殃是上九从外面招来的。

【注解】

［1］益：卦名，意为增益。

［2］大作：兴作大事。

［3］十朋之龟：《尔雅》云："'十朋之龟'者，一曰神龟，二曰

灵龟，三曰摄龟，四曰宝龟，五曰文龟，六曰筮龟，七曰山龟，八曰泽龟，九曰水龟，十曰火龟。"

［4］圭（guī）：古代帝王或诸侯在举行典礼时拿的一种玉器，上圆（或剑头形）下方。

【释义】

益卦震下巽上，风雷交加而相得益彰，故曰"益"。就爻象来看，益卦为损卦卦画相覆而成，可视为由否卦卦变而来，是减损上卦乾体之阳刚增益下卦坤体之阴柔，即乾之九四下行至初位为初九，坤之初六上行至四位为六四，故《彖》曰"损上益下""自上下下"。刚爻由内卦至外卦为"往"，阳刚之力有所损失，故曰"损"；刚爻由外卦至内卦为"来"，阳刚之力有所增强，故曰"益"，此是损益两卦之区别。以震风相益而木道大行，故卦辞曰"利有攸往，利涉大川"。损之道，用悦之义而上下六位皆相应；益之道，用孚之义而上下六位皆相应，盖人损己时难于悦乐而人收益时难于相信也。

初九以刚处阳位，刚爻正位故志于动；为震之初，体震之性，又与六四为正应，受六四之益，可谓天时、地利、人和同时具备，故曰"利用为大作"。"大"，指刚爻而言，刚作以正，则必"元吉"而"无咎"。损益皆为非常之时非常之事，其于初爻而言，皆宜急而不宜缓，故损之初九曰"遄往"，益之初九《小象》曰"下不厚事也"，"厚"通假"后"，意为初九虽居位最下而不后于干事。

六二以柔处阴位，居下卦之中，得位得中之诸侯也。损、益卦形相覆，当损之时，六五为损之主而能以民为本，故有下民将"十朋之龟"献于天子之祥瑞；当益之时，六二之臣怀柔顺之德，履中正之道，居受益之地，上应九五阳刚之天子，故有"十朋之龟"之重赐也。此于六二，可世世保有大龟，以利"永贞"之吉；此于九五，能损上而益下，则君臣上下相得而万民宾服于上，故可"王用享于帝"，亦吉也。

六三以柔处阳位，居上卦之极，与上九相应而居位皆不正，故有"凶事"之象；益之道损上益下，故虽当"凶事"而蒙受上之增益，故"凶事"可除而"无咎"。三四位于六位为中位，故皆有"中行"

之象，故六三可比于六四而参与王公之事，以与上九天位相应，《说卦》："乾为玉"，故有"告公用圭"之象。

六四以柔处阴位，居上卦之初，为王所恩遇之邦臣，与六三皆居卦之中位而相比，以六三之孚故委任以事，至此则是六三将王公用圭祭祀上天的结果禀告王公，故有"中行告公"之象，上之益下，莫若迁都，殷商时期盘庚迁都而有商之中兴，殷商末叶有古公亶父率领周部落由豳迁至周原，遂开启周之盛世。迁都乃国之大事，故必祭祀以求上天旨意，其结果曰"利用为依迁国"，故公"从"，以此坚定国人迁都之志也。《周易集解》引崔憬曰："益，其勤王之志也。居益之时，履当其位，与五近比而四上公，得藩屏之寄，为依从之国。若周平王之东迁，晋郑是从也。五为天子，益其忠志以敕之，故言'中行告公从，利用为依迁国'矣。"[①]

九五以刚处阳位，居至尊之位，以德孚天下、以惠益天下之君王也。当天下大益之时，能自损乾初之刚以下济坤之众，可谓盛德；以居正履中，所任之九四王公、六二诸侯莫不正位逊顺，可谓尊威；以惠泽万民之伟业而惠其心，可谓内圣；以万民皆所仰望而心悦诚服，可谓外王，故九五"大得志"而"元吉"。

上九以刚处阴位，居无位之地，故虽刚而不能增益于人；居益之极，物极则反，上九之刚非但损己益人，反而有损人利己之行，可谓悖谬矣，故人"莫益之"，反而"或击之"。以其刚而立心不恒，故"凶"。

夬卦第四十三

☰乾下兑上

夬：扬于王庭，孚号有厉。告自邑，不利即戎。利有攸往。

初九：壮于前趾，往不胜，为咎。

九二：惕号，莫夜有戎，勿恤。

---

① （唐）李鼎祚：《周易集解》卷8，上海古籍出版社1989年版，第140页。

九三：壮于頄，有凶。君子夬夬独行，遇雨若濡，有愠无咎。
九四：臀无肤，其行次且。牵羊悔亡，闻言不信。
九五：苋陆夬夬，中行无咎。
上六：无号，终有凶。

【译文】

夬：小人在朝廷上趾高气扬，君子发自内心的哀号以表达事态的危急。有人从封邑前来报告，不利于马上出兵打仗。有所前往有利。

初九：脚趾前端强壮，急于前往没有取胜，反有咎害。

九二：警惕地呼叫，提防夜晚有敌兵来袭，无须担忧。

九三：强壮他的面部颧骨，有灾殃。君子刚毅果断独自前行，遇到下雨，被淋湿了，心生愠怒，没有咎害。

九四：臀部缺少皮肤，他行走起来很艰难。恰似羊需要有人牵着走，如此则悔恨消除，听了别人的忠告却不相信。

九五：像拔除田野上的马齿苋那样决去小人，中道而行没有咎害。

上六：无处号泣，最终将有灾殃。

《彖》曰：夬，决也，刚决柔也；健而说，决而和。"扬于王庭"，柔乘五刚也。"孚号有厉"，其危乃光也。"告自邑，不利即戎"，所尚乃穷也。"利有攸往"，刚长乃终也。

【译文】

《彖》："夬"卦，是决断的意思，阳刚君子决去阴柔小人；夬卦之德刚健而和悦，通过决断实现和谐的状态。"小人在朝廷上趾高气扬"，是一个柔爻凌驾于五个刚爻之上。"君子发自内心的哀号以表达事态的危急"，越是在危急的时刻越能体现君子的光明。"有人从封邑前来报告，不利于马上出兵打仗"，因为一味夸耀武力将招致穷乏。"有所前往有利"，说明阳刚终将战胜阴柔。

《象》曰：泽上于天，夬；君子以施禄及下，居德则忌。

[初九]《象》曰:"不胜"而"往",咎也。

[九二]《象》曰:"有戎勿恤",得中道也。

[九三]《象》曰:"君子夬夬",终"无咎"也。

[九四]《象》曰:"其行次且",位不当也。"闻言不信",聪不明也。

[九五]《象》曰:"中行无咎",中未光也。

[上六]《象》曰:"无号"之"凶",终不可长也。

【译文】

《象》：泽上于天，是《夬》卦的卦象；君子因此应当向百姓广施恩惠，若停留恩惠于上则会受到百姓的憎恨。

[初九]《象》："不能取胜却急于前往"，必然导致咎害。

[九二]《象》："有敌兵来也无须担忧"，说明九二能行中道。

[九三]《象》："君子刚决果断"，终无咎害。

[九四]《象》："他行走起来很艰难"，说明九四的处位不恰当。"听了别人的忠告却不相信"，说明九四愚昧不明事理。

[九五]《象》："中道而行没有咎害"，说明九五的中正之道还没有光大。

[上六]《象》："无处号泣，最终将有灾殃"，说明一柔凌驾五刚的形势终究不能长久。

【注解】

[1] 夬：卦名，意为决断。

[2] 扬：推荐、举用。

[3] 王庭：朝廷。

[4] 莫：同"暮"，傍晚。

[5] 頄（qiú）：颧骨，泛指面颊。

[6] 愠（yùn）：生气，怨恨。

[7] 苋陆（xiàn lù）：马齿苋。

【释义】

夬卦乾下兑上，泽上于天之象，意思是泽中蓄积的水太多，其态势比天还高，随时会决口泛滥，故曰"夬"；又可解释为大泽中的水都上腾到天上，有决然为雨的态势。泽水象征朝廷的恩泽，君子观此卦象，深知恩惠若只停留于上，一旦泽决，则有洪水滔天之灾，故须广施恩惠于天下人民，如此才能天下和谐。就爻象来看，上位柔爻，下之五位刚爻，象征阳刚的力量盛大，但仍有一柔爻居于五刚爻之上而乘凌之，故有五刚合力决去一柔的意思。就人事来看，阴柔小人窃据高位，肆无忌惮于朝廷之上，故卦辞曰"扬于王庭"；朝廷阳刚君子深知小人之害，欲协力疾除之，故卦辞曰"孚号有厉"；当此君子决去小人之时，不宜外出征伐，攘外必先安内，故卦辞曰"不利即戎"；待决去小人之后，则"利有攸往"。

初九以刚处阳位，居于最下有"趾"之象；以一至五位皆刚爻而成五趾，初九则有"前趾"之象；体乾刚健，故有"壮于前趾"之象；当夬决之时，初九恃壮盲目而往，急于决柔，既不知阴柔之虚实，又不求阳刚同志之相助，可谓不知彼亦不知己者，故虽往而"不胜"。以阳刚之势盛，故仅止于"咎"而已。

九二以刚处阴位，居下卦之中，刚而能柔、健而行中之君子也。故知小人之卑劣，将于暮夜而为"戎"，故申饬众人，警惕戒备之。以戒备小人如此，则无所担忧矣。《伊川易传》曰："莫夜有兵戎，可惧之甚也。然可'勿恤'者，以自处之善也。既得中道，又知惕惧，且有戒备，何事之足恤也？九居二虽得中，然非正，其为至善何也？曰：阳决阴，君子决小人而得中，岂有不正也？知时识势，学《易》之大方也。"①

九三以刚处阳位，居乾体之上，《说卦》："乾为首"，故有"壮于頄"之象，即壮于辞色之意，此固可逞一时之快，然为小人所忌恨，故有"凶"之象，以处众刚之中故无咎害。九三处下卦之极，为进爻，独与上六相应，虽知其势位与上六不相敌而前往，故有"君

---

① （宋）程颐：《伊川易传》卷3，文渊阁四库全书本。

子夬夬独行"之象；阴阳相遇则为雨，故有"遇雨若濡"，以志在克柔，故虽为柔所"濡"，"有愠"而"无咎"。

九四以刚处阴位，为上卦之初，四位有"臀"象，九四不正不中，为退爻而不能退，欲上进而有疑惧，进退犹豫而坐立不安，故有"臀无肤"之象。以五刚并进之势勉强而进，故有"其行次且"之象。为兑之初，《说卦》："兑为羊"，故九四若羊，需人牵之而行，如此则悔亡。以刚处多惧之地，故"闻言不信"。《周易折中》引方应祥曰："若就兑羊之象言之，则羊还是九四。羊性善触，不至羸角不已。圣人教以自牵其羊，抑其狠性，则可以亡悔矣，是亦壮頄'有凶'之意。"①《子夏易传》曰："志进决柔而逼于上，坐不能安，行不能正，刚而不当其位也。'羊'者，觚突不回之物，比之用壮焉。能自牵系其志，不纵其壮，则'悔亡'也。是语也，听之而不能明，昧为其道者也。"②

九五以刚处阳位，为刚健中正之君王，而为上六阴柔乘凌之，以九五之健统御众刚而决一孤柔，故有"夬夬"之象，五刚之决一柔，若决"苋陆"焉。王弼曰："苋陆，草之柔脆者也，决之至易，故曰'夬夬'也。夬之为义，以刚决柔，以君子除小人者也。而五处尊位，最比小人，躬自决者也。以至尊而敌至贱，虽其克胜，未足多也。处中而行，足以免咎而已，未足光也。"③

上六以柔处阴位，为阴险猖狂之小人，当夬之极，必被夬决而纯乾之体，故无处哀号而终有灾殃也。

姤卦第四十四

☴巽下乾上

姤：女壮，勿用取女。

---

① （清）李光地著，刘大钧整理：《周易折中》卷6，巴蜀书社1998年版，第355页。
② （春秋）卜商：《子夏易传》卷5，文渊阁四库全书本。
③ 楼宇烈：《王弼集校释》，中华书局1980年版，第436页。

初六：系于金柅，贞吉。有攸往，见凶。羸豕孚蹢躅。
九二：包有鱼，无咎，不利宾。
九三：臀无肤，其行次且，厉，无大咎。
九四：包无鱼，起凶。
九五：以杞包瓜，含章，有陨自天。
上九：姤其角，吝，无咎。

【译文】

姤：女子过于壮健，不要娶这个女子。

初六：系结在阻挡车轮转动的铜闸上，占问吉利。有所前往，则会面临灾殃。母猪还在躁动不安。

九二：厨房里有鱼，没有咎害，不利于招待宾客。

九三：臀部缺少皮肤，他行走起来很艰难，有危险，但没有大的咎害。

九四：厨房里没有鱼，引发凶事。

九五：成熟的瓜从藤蔓上落下来，内含美质，用杞树的枝条把瓜包起来。

上九：进入了死角，有困难，没有咎害。

《彖》曰："姤"，遇也，柔遇刚也。"勿用取女"，不可与长也。天地相遇，品物咸章也。刚遇中正，天下大行也。姤之时义大矣哉！

【译文】

《彖》："姤"卦，是相遇的意思，阴柔者遇到阳刚者。"不要娶这个女子"，因为与这样的女人结婚是不可能维持长久的。天地阴阳二气交通相接，各类事物都彰显生机。九二刚爻居中，九五刚爻居中得正，象征中正之道大行于天下。《姤》卦因时推行的意义真大啊。

《象》曰：天下有风，姤；后以施命诰四方。
［初六］《象》曰："系于金柅"，柔道牵也。
［九二］《象》曰："包有鱼"，义不及宾也。

[九三]《象》曰:"其行次且",行未牵也。
[九四]《象》曰:"无鱼"之"凶",远民也。
[九五]《象》曰:"九五含章",中正也。"有陨自天",志不舍命也。
[上九]《象》曰:"姤其角",上穷"吝"也。

【译文】

《象》:天下有风吹遍万物,是《姤》卦的卦象;君王因此颁布政令,传告天下四方。

[初六]《象》:"系结在阻挡车轮转动的铜闸上",说明初六之柔爻受到刚爻的牵制。

[九二]《象》:"厨房里只有鱼",不宜于招待宾客。

[九三]《象》:"他行走起来很艰难",是因为九三无人牵领而行。

[九四]《象》:"厨房里没有鱼,引发凶事",说明九四远离下位之民。

[九五]《象》:"九五内含文采",说明他有中正之德。"成熟的瓜从藤蔓上落下来",说明九五的心志没有违背天命。

[上九]《象》:"进入了死角",说明上九处于穷极之地而有所憾恨。

【注解】

[1] 姤:卦名,意为相遇。
[2] 金柅:止车的铜把手。
[3] 羸豕(léi shǐ):母猪。
[4] 踟躅(chí zhú):往复徘徊的样子。
[5] 包:同"庖",厨房。
[6] 杞:杞柳。
[7] 施命:施行政令。
[8] 诰(gào):古代帝王对臣子的命令。

【释义】

姤卦巽下乾上，天下有风，万物无不与之相遇，故姤卦的卦义为相遇。就爻象来看，一柔爻居初位，依次上行而遇五刚，故卦名曰"姤"。就人事来看，巽女健壮若乾，故卦辞曰"女壮，勿用取女"。《周易集解》引郑玄曰："一阴承五阳，一女当五男，苟相遇耳，非礼之正，故谓之'姤'。'女壮'如是，壮健以淫，故不可取，妇人以婉娩为其德也。"①《周易折中》曰："'柔遇刚'者，以柔为主也。如臣之专制，如牝之司晨，得不谓壮乎！故不复释'女壮'，而直释'勿用取女'之义。"②

初六以柔处阳位，孤柔处下，故有"羸豕"之象；体巽之性，《说卦》："巽为绳直"，九二与九二、九四成乾体，《说卦》："乾为金"，初六与九二比邻，故为九二所系，故有"系于金柅"之象；《说卦》："巽为进退"，故有"孚蹢躅"之象。初六与九二为初遇，能守其"贞"，则"吉"；以与九四相应，若往而姤遇九四，则有"见凶"之象。吉凶存乎一念之间而见于正邪之行，可不慎乎？胡炳文《周易本义通释》曰："以一阴虽微，必至于盛，特设'羸豕蹢躅'之象，使君子深自备焉。其为君子谋至矣。然非特为君子小人言也，吾心天理人欲之机，固如是也。人欲之萌，盖有甚于羸豕之可畏者，能自止之而不使滋长，则善矣。《象》总一卦而言，则以一阴而当五阳，故于女为壮。爻指此一画而言，五阳之下，一阴甚微，故于豕为羸。壮可畏也，羸不可忽也。"③

九二以刚处阴位，居下卦之中，故能刚中怀柔而下包初六，鱼为阴物以喻女子，故有"包有鱼"之象；以二包下虽非正应，却是初遇，故无咎。女子贵守贞操于其夫，故有客来而不使之招待宾客，故曰"不利宾"，避嫌疑也。

九三以刚处阳位，处下卦之极，为进爻，故有"行"象；欲上行

---

① （唐）李鼎祚：《周易集解》卷9，上海古籍出版社1989年版，第146页。
② （清）李光地著，刘大钧整理：《周易折中》卷10，巴蜀书社1998年版，第597页。
③ （元）胡炳文：《周易本义通释》卷2，文渊阁四库全书本。

而与上九敌应，当阴阳相姤之时，九三无应而行，若无人牵领之也，故《小象》曰"行未牵也"。又欲退归以遇初六，而惜初六为九二之先得，故虽上行而回望，有"次且"之象。姤卦乃夬卦卦形之相覆，姤之九三乃夬之九四，当阴阳不谐之时，故其爻辞皆曰"臀无肤，其行次且"。

九四以刚处阴位，居位不正，与初六相应，故退而就初六，而初六已为九二所包，故九四有"包无鱼"，以二刚争一阴，故有"起凶"之象。

九五以刚处阳位，正位得中，为姤之主爻，体乾之性，刚健中正之君王也。当姤之时，能大施礼仪教化于天下，万方百姓无不沐浴王之德风，乾德之下施，若瓜熟蒂落顺应天道自然，《说卦》："乾为木果"，故有"有陨自天"之象；成熟之瓜甘美可食，故有"含章"之象；上体为乾，下体为巽，《说卦》："巽为木"，故有"以杞包瓜"之象，以喻万民得遇王之德教，心悦诚服而受之也。九五爻辞为倒装句，历代注家不晓悟，故曲为之解而卦义难谐。

上九以刚处上位，为姤之终，故有"姤其角"之象。为乾之极，故有"吝"之象，远隔初六，与九三无应，故虽穷吝于上而"无咎"。

萃卦第四十五

䷬坤下兑上

萃：亨，王假有庙。利见大人，亨。利贞，用大牲吉。利有攸往。

初六：有孚不终，乃乱乃萃，若号，一握为笑。勿恤，往无咎。
六二：引吉，无咎；孚乃利用禴。
六三：萃如嗟如，无攸利，往无咎，小吝。
九四：大吉，无咎。
九五：萃有位，无咎，匪孚；元永贞，悔亡。
上六：赍咨涕洟，无咎。

【译文】

萃：亨通，君王到宗庙去祭祀。利于出现伟大人物，亨通。占问有利，用大牲畜祭祀吉利。利于有所前往。

初六：有诚信却不能坚持到最后，出现混乱才与人相聚，状若哀号，有朋友与他握手才转为欢笑。无须担忧，前往不会有咎害。

六二：有人引领，吉祥，没有咎害；用心虔诚可以举行祭品微薄的夏祭。

六三：相聚而叹息，没有利处，前往没有咎害，但有小的困难。

九四：大吉，没有咎害。

九五：当政者相聚，没有咎害，但未能取信于人。宜于永远坚持大中至正之道，悔恨消除。

上六：嗟叹着痛哭流涕，没有咎害。

《彖》曰："萃"，聚也。顺以说，刚中而应，故聚也。"王假有庙"，致孝享也。"利见大人亨"，聚以正也。"用大牲吉，利有攸往"，顺天命也。观其所聚，而天地万物之情可见矣。

【译文】

《彖》："萃"卦，是汇聚的意思。卦德柔顺而和悦，刚爻居上卦中位而与下卦六二相应，所以能汇聚在一起。"君王到宗庙去祭祀"，通过祭享祖宗而致孝思啊。"利于出现伟大人物，亨通"，用正道来会聚众人。"用大牲畜祭祀吉利，利于有所前往"，顺从天命而行事。观察会聚现象，则可以知晓天地万物的情状了。

《象》曰：泽上于地，萃；君子以除戎器，戒不虞。

［初六］《象》曰："乃乱乃萃"，其志乱也。

［六二］《象》曰："引吉无咎"，中未变也。

［六三］《象》曰："往无咎"，上巽也。

［九四］《象》曰："大吉无咎"，位不当也。

［九五］《象》曰："萃有位"，志未光也。

[上六]《象》曰:"赍咨涕洟",未安上也。

【译文】

《象》:泽水汇聚在地面上,是《萃》卦的卦象;君子因此修治兵器,以戒备意外的变乱。

[初六]《象》:"出现混乱才与人相聚",说明初九心志昏乱。

[六二]《象》:"有人引领,吉祥,没有咎害",六二中正的心志没有改变。

[六三]《象》:"前往没有咎害",说明六三逊顺于上。

[九四]《象》:"大吉,没有咎害",说明九四处位还不恰当。

[九五]《象》:"当政者相聚",九五的志向还未光大。

[上六]《象》:"嗟叹着痛哭流涕",说明上六未能安于其位。

【注解】

[1] 萃:卦名,意为聚集,萃聚。

[2] 赍咨(jī zī):嗟叹,叹息。

[3] 涕洟(tì yí):哭泣;涕泪俱下。

[4] 戎器:兵器。

[5] 虞(yú):预料;防范。

【释义】

萃卦坤下兑上,泽上于地之象。泽本当低于地面,因四方流水源源不断地汇集于泽中,而使泽水高于地面,故卦象有泽水汇聚之义。泽水蓄积于地上,可引之灌溉农田草木,故亦有草木繁茂而萃聚之义。泽水汇聚则易泛滥成灾,由之引发各种乱事,故当萃之时,《大象》曰"君子以除戎器,戒不虞",可见古人对于事物达到盈满状态而易于发生溃败的现象,有着清醒的认识。

初六以柔处阳位,居位不正且志弱身卑,当萃之初,与九四相应而有疑虑,故不能恒持其孚,"有孚不终"之象。不坚其孚则志乱,故有"乃乱"之象;与六二六三为同志故三柔相聚,有"乃萃"之象。以初六"若号"之状,六二、六三抚慰、勉励之,故有"一握为笑"之象。初六得同志之助，履坤顺之地，故无忧虑而"往"九四，则"无咎"矣。

六二以柔处阴位，得位得中，为谦柔贞顺之君子。与九五为正应，当萃之时，九五登临至尊之位，以招六二，故有"引吉"之象；六二以中道行之，故"无咎"。以其忠信之德孚于九五之君王，故曰"孚乃利用禴"。

六三以柔处阳位，失位而为下卦之极，萃聚三柔而上无所应，故有"萃如嗟如"之象，若往上六，上六一柔居上而不暇自安，故有"无攸利"之象。与九四相际，六三以坤顺之德"往"之，则"无咎"也。以六三虽上承九四，而实则分居二体，所承有失密切之理；六三与九四、九五互体为巽，《说卦》："巽为多白眼"，故有"小吝"之象。俞琰《周易集说》曰："《萃》之时'利见大人'，三与五非应非比，而不得其萃，未免有嗟叹之声。三之应在上，上方自不获萃而'涕洟'，三而求援于上，则亦'无攸利'矣。既曰'无攸利'，又曰'往无咎'，往何之也？三与四比，则其往也，亦可因四以萃五也。初亦言'往无咎'，初之往，既因四而得萃于五；则三也，舍四可乎？三之从四，四亦巽而受之，故'无咎'。第无正应，而近比于四，所聚非正，有此小疵耳。"①

九四以刚处阴位，为朝廷之大臣。当萃之时，下拥萃聚之坤众，上比九五刚正之君王，虽有"大吉"之象，却有夺九五德威之嫌，若能谦而顺，又能事遂功成而身退，可得"无咎"。赵汝楳《周易辑闻》曰："九而居四于《豫》为'大有得'者，柔君倚之也。于《萃》则刚明在上，嫌于分民，为'位不当'，故圣人戒之。戒之云何？四违道说民，专权附众，咎之大者。必思为免过之举，如《大有》九四'匪其彭'，乃可。是故知戒惧，则为伊周；不然，霍子孟以之族灭。"②

九五以刚处阳位，居上卦之中，当卦之主爻，为中正之君王。当萃之时，以萃聚天下之众而有位，故有"萃有位"之象。天下之初

---

① （宋）俞琰：《周易集说》卷7，文渊阁四库全书本。
② （宋）赵汝楳：《周易辑闻》卷5，文渊阁四库全书本。

萃，王德未信而民心不齐，故曰"无咎，匪孚"，宜有"悔"也。若能远绍历代圣王之德教而恒行之，则天下治平而悔"亡"。

上六以柔处阴位，居上卦之极，为萃之终。当天下萃归九五之时，上六无应于下，又涉嫌乘凌九五，故无所萃聚而有惧惕之意，故有"赍咨涕洟"之象。以其孤柔于上而不为害，故"无咎"。

升卦第四十六

☷ 巽下坤上

升：元亨，用见大人，勿恤，南征吉。

初六：允升，大吉。

九二：孚乃利用禴，无咎。

九三：升虚邑。

六四：王用亨于岐山，吉，无咎。

六五：贞吉，升阶。

上六：冥升，利于不息之贞。

【译文】

升：大亨通，宜于出现伟大人物，无须担忧，向南方征伐吉利。

初六：应当上升，大吉。

九二：用心虔诚可以举行祭品微薄的夏祭，没有咎害。

九三：上升到山丘上的城邑。

六四：王在岐山祭祀，吉利，没有咎害。

六五：占问吉利，沿着台阶步步上升。

上六：在幽冥中上升，坚守贞正不停止有利。

《彖》曰：柔以时升，巽而顺，刚中而应，是以大"亨"。"用见大人，勿恤"，有庆也；"南征吉"，志行也。

【译文】

《彖》：升卦的柔爻顺着时机上升，卦德和逊而又柔顺，刚爻居下卦之中而与六五柔爻相应，因此"大亨通"。"宜于出现伟大人物，无须担忧"，上升而有喜庆；"向南方征伐吉利"，进取的志向得以畅行。

《象》曰：地中生木，升；君子以顺德，积小以高大。
［初六］《象》曰："允升，大吉"，上合志也。
［九二］《象》曰："九二"之"孚"，有喜也。
［九三］《象》曰："升虚邑"，无所疑也。
［六四］《象》曰："王用亨于岐山"，顺事也。
［六五］《象》曰："贞吉升阶"，大得志也。
［上六］《象》曰："冥升"在上，消不富也。

【译文】

《象》：地中的树木向上生长，是《升》卦的卦象；君子因此以顺应自然之道，积微小以致高大。

［初六］《象》："应当上升，大吉"，说明初六的上升合乎上面的意志。

［九二］《象》："九二有诚信"，会有喜庆之事。

［九三］《象》："上升到山丘上的城邑"，说明九三没有什么疑虑的。

［六四］《象》："王在岐山祭祀"，说明六四能顺守其职事。

［六五］《象》："占问吉利，沿着台阶步步上升"，说明六五极大地实现了上升的意愿。

［上六］《象》："在幽冥中上升"，说明上六将被削弱到不富的状态。

【注解】

［1］升：卦名，意为上升，上进。

[2] 禴（yuè）：古代宗庙祭祀的名称，四时之祭最薄者也。

【释义】

升卦巽下坤上，坤为地为顺，巽为木，地中的树木顺着自然之道向上生长，故曰"升"。《周易集解》引郑玄曰："升，上也。坤地巽木，木生地中，日长而上。犹圣人在诸侯之中，明德日益高大也，故谓之'升'。升，进益之象矣。"① 十年树木，百年树人，而循序渐进之理一也，故《大象》曰："君子以顺德，积小以高大。"晚清著名政治家曾国藩曰："是故君子之用功也，如鸡伏卵不舍，而生气渐充；如燕营巢不息，而结构渐牢；如滋培之木，不见其长，有时而大；如有本之泉，不舍昼夜，盈科而后进。放乎四海，但知所谓功，不知所谓效；而效亦徐徐以至也。"② 循升之道，在道德则终臻于圣贤，在学术则终臻于大家，在事功则终臻于大人，故卦辞曰"用见大人"。古代以南为上，先天八卦乾位正南，故卦辞曰"南征吉"。

初六以柔处阳位，虽不当位，然为巽之初，体巽顺之德，故合乎"柔以时升"之道；虽与六四无应，当六四用事之际，与之顺德相比，故获六四之"允"而"升"，以初升四，故曰"大吉"。

九二以刚处阴位，居下卦之中，孚诚而谦逊之君子也，上应六五，故六五委之以祭祀之大事；以居中应尊，故升卦之九二与萃卦之六二，皆有"孚乃利用禴"之象。九二之德能为君王所信赖，故"无咎"而"有喜"也。

九三以刚处阳位，居下卦之极。《说卦》："巽为高"，"虚"通假"墟"，山丘之义，当升之时，故有"升虚邑"之象。以三升上则成艮，有山之象，故《小象》曰"无所疑也"。

六四以柔处阴位，得位用事，为王所恩遇之大臣。与九二、九三互体成兑，兑位正西，岐山在镐京的正西，六四襄助王事，故有"王用亨于岐山"之象。六四贞顺而能事，故"吉"而"无咎"。《周易集解》引崔憬曰："为顺之初，在升当位，近比于五，乘刚于三，宜

---

① （唐）李鼎祚：《周易集解》卷9，上海古籍出版社1989年版，第151页。
② （清）曾国藩著，彭靖等整理：《曾国藩全集·诗文》，岳麓书社1986年版，第379页。

以进德，不可修守。此象太王为狄所逼，徙居岐山之下，一年成邑，二年成都，三年五倍其初，通而王矣。故曰'王用享于岐山'。以其用通，避于狄难，顺于时事，故'吉，无咎'。"① 于卦义亦通。

六五以柔处阳位，居上卦之中，为"柔以时升"之主，故有"升阶"之象，步步高升，顺而正以至尊位，故"贞吉"。

上六以柔处阴位，为升之极，极而恒升，则至于冥虚杳渺之境矣，故有"冥升"之象，升不明也；以下有九三之刚系牵，若上六能安于其位则贞正有利；若不能贞正于位，阴为小，故不富，往于极外为消，故《小象》曰"消不富也"。北宋胡瑗《周易口义》曰："'冥'者，冥昧也。夫升进之道，至于五位，大中之极也。惟圣贤之人则不为情所迁，不为情所诱，进退存亡皆得其正，可以进则进，可以退则退，可以止则止。今此上六，其性冥冥然无所知，但知进而不知退，知存而不知亡，升而不已，过于至尊之位，失其大中之道，而至于亢极，故曰'冥升'也。"②

困卦第四十七

☵坎下兑上

困：亨。贞大人吉，无咎。有言不信。
初六：臀困于株木，入于幽谷，三岁不觌。
九二：困于酒食，朱绂方来，利用享祀。征凶，无咎。
六三：困于石，据于蒺藜，入于其宫，不见其妻，凶。
九四：来徐徐，困于金车，吝，有终。
九五：劓刖，困于赤绂，乃徐有说，利用祭祀。
上六：困于葛藟，于臲卼，曰动悔有悔，征吉。

---

① （唐）李鼎祚：《周易集解》卷9，上海古籍出版社1989年版，第153页。
② （宋）胡瑗撰，倪天隐述：《周易口义》卷8，文渊阁四库全书本。

【译文】

困：亨通。大人占问吉利，没有咎害。此时言语不能取信于人。

初六：臀部被困在树桩上，陷入幽深的山谷，三年不得相见。

九二：被酒食宴饮所困扰，又被赐予高官厚禄，利于举行祭祀。出征有灾殃，没有咎害。

六三：被困在巨石之下，处于蒺藜丛生之地，回到家中，却不见了他的妻子，有灾殃。

九四：徐徐而来，被困在黄铜镶嵌的车子上，有困难，最终脱困。

九五：削鼻断足，君王被困在尊位上，可以慢慢地摆脱困境，利于举行祭祀。

上六：被困于葛藟藤蔓之中，惊恐不安，行为有过失而能悔悟，远行吉利。

《彖》曰："困"，刚掩也。险以说，困而不失其所，"亨"，其唯君子乎？"贞大人吉"，以刚中也。"有言不信"，尚口乃穷也。

【译文】

《彖》："困"卦，是阳刚被阴柔所掩蔽。处在危险之中却仍能保持和悦，处境艰难却没有违失他的本分，因此"亨通"，只有君子才能做到吧？"大人占问吉利"，因为九二、九五刚爻居于卦的中位。"此时言语不能取信于人"，崇尚言辞将导致穷困。

《象》曰：泽无水，困；君子以致命遂志。

[初六]《象》曰："入于幽谷"，幽不明也。

[九二]《象》曰："困于酒食"，中有庆也。

[六三]《象》曰："据于蒺藜"，乘刚也。"入于其宫，不见其妻"，不祥也。

[九四]《象》曰："来徐徐"，志在下也。虽不当位，有与也。

[九五]《象》曰："劓刖"，志未得也。"乃徐有说"，以中直

也。"利用祭祀",受福也。

［上六］《象》曰："困于葛藟",未当也。"动悔有悔",吉行也。

【译文】

《象》：泽里没有水，是《困》卦的卦象；君子因此不惜牺牲生命以实现他的志向。

［初六］《象》："陷入幽深的山谷"，说明初六昏昧不能明察事理。

［九二］《象》："为酒食所困"，九二坚守中正之道将有吉庆之事。

［六三］《象》："处于蒺藜丛生之地"，因为六三乘凌九二的缘故。"进入家中，却不见了他的妻子"，说明六三有不祥之事。

［九四］《象》："徐徐而来"，说明九四志在除九三之险。尽管居位不当，但可参与王事。

［九五］《象》："削鼻断足"，说明九五的心志还没有实现。"可以慢慢地摆脱困境"，因为九五持守刚中正直之道。

［上六］《象》："被困于葛藟藤蔓之中"，说明上六处位不当。"行为有过失而能悔悟"，远行则吉利。

【注解】

［1］困：卦名，意为困乏。

［2］株：露出地面的树根。

［3］觌（dí）：相见。

［4］朱绂（fú）：古代礼服上的红色蔽膝。

［5］蒺藜（jí lí）：一种茎横生在地面上的草本植物，开小黄花，果实叫蒺藜，有刺。

［6］劓刖（yì yuè）：割鼻断足。

［7］说：同"脱"，脱身。

［8］葛藟（gé lěi）：又称"千岁藟"。落叶木质藤本植物。

［9］臲卼（niè wù）：动摇不安的样子。

四 下经

【释义】

困卦坎下兑上,水在坎中而泽里无水,泽水干涸则万物皆受其困,故名之曰"困"卦。《周易集解》引郑玄曰:"坎为月,互体离,离为日,兑为暗昧,日所入也。今上掩日月之明,犹君子处乱代,为小人所不容,故谓之'困'也。君子虽困,居险能悦,是以通而'无咎'也。"[1] 就爻象来看,九二之刚被六三、初六之柔所掩蔽,九四、九五之刚被上六、六三之柔所掩蔽,刚皆为柔所困,故《象》曰"困,刚掩也"。《周易本义》曰:"'困'者,穷而不能自振之义。坎刚为兑柔所掩,九二为二阴所掩,四五为上六所掩,所以为'困'。坎险兑说,处险而说,是身虽困而道则'亨'也。二五刚中,又有'大人'之象。占者处困能亨,则得其正矣,非大人其孰能之?故曰'贞'。又曰'大人'者,明不正之小人不能当也。'有言不信',又戒以当务晦默,不可尚口,益取穷困。"[2]

初六以柔处阳位,居位最下,当困之初,故有"臀困于株木"之象。"株木"为树之根部;臀无骨而有肉,以喻阴柔。为坎之下爻,《说卦》:"坎,陷也……为沟渎",故有"入于幽谷"之象。初六以阴柔之质而深陷幽暗之坎,其出坎脱困也难,故曰"三岁不觌"。

九二以刚处阴位,居下卦之中位,为刚中之诸侯。九二上下为柔所掩蔽,知困之不可速脱,故耽于酒食以遣忧,有"困于酒食"之象。当困之时,九二与九五皆居中位,故能君臣相通;以克艰除困唯有用刚,故九二有获赐"朱绂"之庆,《说卦》:"坎为水,为血卦",故有"酒""朱绂"之象。除困莫若以神道设教,故曰"利用享祀"。当小人势盛之时,朝廷亦为小人所遮蔽,故不可上行以济九五,若"征"则"凶";宜于居贞自守,无咎而已。

六三以柔处阳位,居下卦之极,不正而躁进之象;下掩九二,又设险以陷九四,可谓阴险邪妄之小人也。困人者亦困之,六三夹于上下二刚之间,故有"困于石"之象。居坎之上体坎之险,《说卦》:

---

[1] (唐)李鼎祚:《周易集解》卷9,上海古籍出版社1989年版,第153—154页。
[2] (宋)朱熹:《周易本义》,北京古籍出版社1996年版,第299页。

"坎，其于木也，为坚多心"，故有"据于蒺藜"之象。《说卦》："坎为隐伏"，六三与九四、九五互体为巽，《说卦》："巽，入也……为长女"，故有"入于其宫，不见其妻"之象。以失位违德而躁进，宜有"凶"也，故《系辞》曰："非所困而困焉，名必辱；非所据而据焉，身必危。既辱且危，死期将至，妻其可得见耶？"

九四以刚处阴位，居上卦之下，最比九五，为廷内之大臣。当君王受困之时，宜不待召而勤王；以六三之羁縻，欲下而除之，故于上行九五则有"来徐徐"之象；然困之大莫若九五，九二处于险中，所依赖者唯有九四，故九五赐金车以招九四，则九四不得不来，有"困于金车"之象；来之迟，故"吝"象；与六三、九二互体成离，以刚明之德辅翼君王，故"有终"。

九五以刚处阳位，居兑之中，《说卦》："兑为毁折"，上为上六所掩蔽，故有"劓"象；下为六三所掩蔽，故有"刖"象。当天下大困之时，而小人踞于朝堂，故有"困于赤绂"之象，赤绂，周天子所赐予诸侯大夫之命服。九五虽困而不失刚正之德，内有九四贤明之臣，下有九二之弘毅之臣，故虽一时困于小人而终有脱困之日，故曰"乃徐有说"。当困之时，国之大事在"祀"，故有"利用祭祀"之象，天子以祭祀之礼，上致诚于天帝及列祖列宗，中致诚于宗族兄弟，下致诚于黎民百姓，则宗族聚而贤能至，故《小象》曰"受福也"。

上六以柔处阴位，极柔者也，当困之时，故有"困于葛藟"之象；上乘九五，下无所应，孤柔居上，故忧惧不安，有"臲卼"之象；为困之极，极而知返，故能察其掩蔽九五之咎，而于其柔动之失，悔之又悔矣！故有离其虚位，决然而往之志，"征"则"吉"也。

井卦第四十八

䷯巽下坎上

井：改邑不改井，无丧无得，往来井井。汔至，亦未繘井，羸其瓶，凶。

初六：井泥不食，旧井无禽。

九二：井谷射鲋，瓮敝漏。

九三：井渫不食，为我心恻。可用汲，王明，并受其福。

六四：井甃，无咎。

九五：井冽寒泉，食。

上六：井收勿幕，有孚元吉。

【译文】

井：城邑可以改址，而水井不能改移，井水不会减少也不会增多，来来往往的人都到井里来打水。井水几乎干涸了，也没有人来淘井，打水的时候弄碎了水瓶，不吉利。

初六：井底有污泥，井水不能饮用，废旧的水井连禽鸟也不来光顾。

九二：井底形成的水坑只可用来射杀里面的小鱼，如水瓮破漏一般无用。

九三：井已经清理干净却无人饮用，使我的心隐隐作痛。应该汲取这清澈的井水，君王圣明，天下人都受到他的福泽。

六四：井壁砌好了，没有咎害。

九五：井水清冽似寒泉，可以食用。

上六：井口修葺合拢，不要遮盖；心怀诚信，可获大吉。

《象》曰：巽乎水而上水，"井"；井养而不穷也。"改邑不改井"，乃以刚中也。"汔至，亦未繘井"，未有功也。"羸其瓶"，是以凶也。

【译文】

《象》：木桶入于水中将水提上来，是《井》卦的卦象；井水养育人们，供人取用而没有穷竭的时候。"城邑可以改址，而水井不能改移"，井卦有刚毅中正之德啊。"水瓶触到了井底，还未汲取井水"，还未成功汲水上来。"取水的水瓶破碎了"，因此不吉利。

《象》曰：木上有水，井；君子以劳民劝相。

[初六]《象》曰："井泥不食"，下也。"旧井无禽"，时舍也。

[九二]《象》曰："井谷射鲋"，无与也。

[九三]《象》曰："井渫不食"，行"恻"也。求"王明"，"受福"也。

[六四]《象》曰："井甃无咎"，修井也。

[九五]《象》曰："寒泉"之"食"，中正也。

[上六]《象》曰："元吉"在"上"，大成也。

【译文】

《象》：用木桶提上水来，是《井》卦的卦象；君子因此慰劳民众，勉励他们互相帮助。

[初六]《象》："井水中有污泥，不能饮用"，因处于井底最下的位置。"废旧的水井连禽鸟也不来光顾"，说明这口水井此时已被人们舍弃。

[九二]《象》："井底形成的水坑只可用来射杀里面的小鱼"，说明九二不能修治水井。

[九三]《象》："井已经清理干净却无人饮用"，使九三有德行的君子感到悲痛。希望"君王英明"，臣民能都得到他的福泽。

[六四]《象》："井壁砌好了，没有咎害"，说明六四能修葺水井。

[九五]《象》："似寒泉的井水可以食用"，说明九五有中正之德。

[上六]《象》："上六大吉"，说明修葺水井之事大功告成。

【注解】

[1] 井，卦名，意为水井。

[2] 汔（qì）至："至汔"，意思是井水到了干涸的程度。至：达到，汔：水涸。

[3] 繘（jú）井：淘井；疏通水井。繘通"矞"，《说文解字》："矞，以锥所穿也。从矛，冏声。"引申义为穿通，疏通。

[4] 羸（léi）：本义为瘦弱，此处指毁坏。
[5] 鲋（fù）：小鱼。
[6] 渫（xiè）：淘去泥污。
[7] 甃（zhòu）：以砖砌井壁。
[8] 幕：覆盖。

【释义】

井卦巽下坎上，巽为木为入，坎为水，像木桶入井汲水，故曰"井"。古人大都依靠水井取得生活用水，所以村邑或城邑的选址决定于对地下水源的勘探，先挖水井而后建房屋，所以卦辞曰"改邑不改井"。古人虽未必认识到地下水系相联相通的道理，但已经观察到水井一旦建好之后，则井水的水位维持一定的高度，不因人们来来往往的取水而水位降低，也不因人们不来取水而水位升高，长久处于无穷无尽而不盈满的状态，所以卦辞曰"无丧无得，往来井井"。古代社会没有机械，修建一口水井是很不容易的事，需要众人齐心协力地挖掘；甚至会遇到无论如何也挖不出井水的情况，更需要众人相互的安慰与鼓励。水井建设好了，也需要人们有公德心，好好使用、经常修葺水井，如此才能长久地发挥其养人的功能，故《大象》曰"君子以劳民劝相"。李光《读易详说》曰："木本在上，欲汲水则反下。水本趋下，欲济物则反上。二者皆劳也。君子欲兼善天下，以成济物之功者，未有不始于勤劳者也。故观乎井之用，以'劳民劝相'。'劳民'者，非驱之死地也。东作西成，不失其时。春耕秋敛，不遗其力。以是而劝民，使不怠于生养之业。以是相民，使不乏于衣食之原。皆所以法井之功用也。"① 井卦爻辞则是讲述了旧井通过修葺而重新为人所用的故事。

初六以柔处阳位，当井水养人之时，水清则为阳，水浊则因杂之以柔，初六以质柔而不正，且居位卑下，故有"井泥"之象。与六四为敌应，故初六之井泥无从去之，久而愈积，直至污泥阻塞泉眼而不出水，故有"旧井"之象；井无水则不能养人与物，以致禽鸟飞

---

① （宋）李光：《读易详说》卷8，文渊阁四库全书本。

过而不肯停留于上，六四与九三、九五互体成离，《说卦》："离为雉"，六四不应初六，故有"无禽"之象。君子于养之初，可不慎乎？养于正则为阳刚君子，养于不正则为阴柔小人。古有孟母三迁，择正地也；曾子杀猪，示正道也，故书香门第之家，可绵延数十世而不绝，以其德教也。

九二以刚处阴位，虽处中位，而与九五敌应，当井水养人之时，以阳刚之质、中和之位而无所施予他人，若水缸破漏而失去盛水之用，故有"瓮敝漏"之象；不能养人则比于不正，故下比初六而妄求鱼水之欢，初六至阴，有"鲋"象，故九二之于初六，则为"井谷射鲋"也。九二当修井之任而"无与"其事，甘与卑污相比，不亦悲乎？

九三以刚处阳位，居下卦之极，为进爻。处坎之下，为巽之上而为离之初，为木材经水涨火烤而成桶之象，进与上六相应，为"巽乎水而上水"者也，成卦之义在于九三。故爻辞不言九三治井而"井渫"，君子泽惠他人而不求名利也。以居于下而民未信，故有"不食"之象；仁人君子急于正义公益，而民智未开，故曰"为我心恻"。离为日为目，位正南，故有"王明"之象，以王之晓谕于民，故井水"可用汲"而民众"并受其福"。

六四以柔处阴位，为得位之大臣，下感于九三之义行，上承于九五之刚德，又体离之明，故能以柔而济刚，于修井则为垒砌井壁之事，故有"井甃"之象。柔得位而助于刚，故"无咎"。

九五以刚处阳位，为"王明"之君王，以九三、六四之得位干事，体离之明故"井冽"，体坎之性故"寒泉"，"井冽寒泉"则民可"食"。古代行王道，施仁政，莫过于养民，养民莫过于有"食"，所谓"民以食为天"，唯中正之君能养天下也。

上六以柔处阴位，为井之最上，所砌垒之井台也，至此则井之修葺之事毕矣，可以"往来井井"而"无丧无得"也。至圣之君，知天下乃天下人自养之，故引之导之而不催之扰之，恰如"井收勿幕"，尽万事万物自然之性命也；于此则能致诚明于天地，故可享世世代代之"元吉"。

◇ 四　下经 ◇

革卦第四十九

☲离下兑上

革：己日乃孚。元亨，利贞，悔亡。
初九：巩用黄牛之革。
六二：己日乃革之，征吉，无咎。
九三：征凶，贞厉。革言三就，有孚。
九四：悔亡。有孚改命，吉。
九五：大人虎变，未占有孚。
上六：君子豹变，小人革面。征凶，居贞吉。

【译文】

革：己日变革才能使人信服。大亨通，占问有利，悔恨消除。
初九：用黄牛的皮革捆束牢固。
六二：己日才变革，远征吉利，没有咎害。
九三：远征有灾殃，占问危险。变革的承诺多次兑现，有诚信。
九四：悔恨消除。有诚信则可以革除旧的天命，吉利。
九五：大人像猛虎一样推行变革，不需占问而使人信服。
上六：君子像野豹一样推行变革，小人改变面貌。远征有灾殃，占问安居吉利。

《象》曰："革"，水火相息，二女同居，其志不相得，曰革。"己日乃孚"，革而信之；文明以说，大"亨"以正，革而当，其"悔"乃亡。天地革而四时成；汤武革命，顺乎天而应乎人。革之时义大矣哉！

【译文】

《象》："革"卦，是水与火相克而发生变化，中女和少女同居但彼此志趣不同，称之为"革"。"己日变革才能使人信服"，在变革的过程中取信于众。革卦文明而悦乐，阳刚通过行正道而亨通，通过变革而居于正当的位置，这样悔恨方可消除。天地变革而使四季形成，商汤、周武王革命，顺应天命而合于人心。革卦因时而用的意义真大啊。

　　《象》曰：泽中有火，革；君子以治历明时。
　　[初九]《象》曰："巩用黄牛"，不可以有为也。
　　[六二]《象》曰："己日革之"，行有嘉也。
　　[九三]《象》曰："革言三就"，又何之矣！
　　[九四]《象》曰："改命"之"吉"，信志也。
　　[九五]《象》曰："大人虎变"，其文炳也。
　　[上六]《象》曰："君子豹变"，其文蔚也。"小人革面"，顺以从君也。

【译文】
　　《象》：泽中燃起火焰，是《革》卦的卦象；君子因此修治历法以辨明四季的变化。
　　[初九]《象》："用黄牛的皮革捆束牢固"，初九此时不可有所作为。
　　[六二]《象》："己日才变革"，六二的行动受到嘉奖。
　　[九三]《象》："变革的承诺多次兑现"，又有谁会不相信呢？
　　[九四]《象》："革除旧的天命，吉利"，九四的志向得到施行。
　　[九五]《象》："大人像猛虎一样推行变革"，九五的文采炳耀。
　　[上六]《象》："君子像野豹一样推行变革"，君子的文采华丽。"小人改变面貌"，驯顺地服从君王的变革。

【注解】
　　[1] 革：卦名，意为变革。
　　[2] 巩：使牢固。
　　[3] 就：完成；成功。
　　[4] 汤武革命：汤，即商汤，他用武力推翻了夏桀的残暴统治，

建立了商王朝。武：指周武王，他联合其他诸侯国，用武力推翻了商纣王的酷虐统治，建立了周王朝。二者都是革除旧王朝之天命。

【释义】

革卦离下兑上，泽中有火，水火相克相熄，故有变革、革命之义。《周易内传》曰："'革'者，治皮之事，溃诸泽而加之火上，内去其膜，外治其毛，使坚韧而成用。此卦内离外兑，既有其义：离之中虚，有炉灶之象；四、五二阳，皮之坚韧者也，覆于灶上，而阳为文、阴为质；上六灭其文而昭其质；皆象也。其义为改也，变也。兽之有皮，已成乎固然之文质，而当其既杀而皮欲敝坏，乃治之而变其故，质虽存而文异，物之不用其已然而以改革为用者也，故曰'革故'也。"① 卦辞"己日乃孚"一句，"己"或作"已"，作"已"于句意不通。或作"巳"，若解为干支的"巳"，古人以干纪日，以支纪时，故亦不通；若解为通假"祀"，但《易经》"祀"字多见，故作通假解不合适。《易经》蛊卦有"先甲三日，后甲三日"，巽卦有"先庚三日，后庚三日"，故以干与日搭配是当时的固定模式，革卦应当作"己日"，"己"者亦是自己之"己"，卦辞大概是取变革先从自己做起之意。

初九以刚处阳位，故有动义。当革之初，知颁行变革法令乃王者大人之事，以正位居下，体离附之性而有刚之德，又与九四无应，不需往而济四，故能与六二相比，固守其位若"黄牛之革"。六二柔爻体坤，《说卦》："坤为牛"，中爻为黄色，故有"黄牛"之象，不言"吉"而吉祥之义自在其中也。

六二以柔处阴位，得位得中，为用事之诸侯。当革之时，体离明之性，若日之初生于下也，既有谦顺之德又赫赫之威，得众得地又得天时，故有"巳日乃革之"之象；《说卦》："为甲胄、为戈兵"，上应九五，故有"征吉"之象，无有咎害。

九三以刚处阳位，居下卦之极，与上六相应，故有"征"象；以火遇水而相熄，故曰"凶"而"贞厉"。以上比于九四、九五而成

---

① （清）王夫之著，李一忻点校：《周易内传》，九州出版社2004年版，第313—314页。

乾，故能体乾九三君子"终日乾乾"之德而有"夕惕若厉"之行，当革之时，行革之事，故有"革言三就"之象，以得位而"有孚"之象，故虽凶而终无咎也。《周易集解》引崔憬曰："虽得位以正，而未可顿革，故以言'就'之。夫安者，有其危也。故受命之君，虽诛元恶，未改其命者，以即行改命，习俗不安，故曰'征凶'。犹以正自危，故曰'贞厉'。是以武王克纣，不即行周命，乃反商政，一就也；释箕子囚，封比干墓，式商容间，二就也；散鹿台之财，发钜桥之粟，大赍于四海，三就也，故曰'革言三就'。"①

九四以刚处阴位，以重刚故有悔，以居三刚之中，刚而行中，故"悔亡"；居上卦之下，体兑之性，若兽之皮，经火水之炙渍而成革，革道初成，故有"有孚改命"之象，"吉"也。

九五以刚处阳位，当王朝易代之际，能"大亨以正"故登天子之位，有"履虎尾"之祥瑞。老虎为百兽之王，故九五当虎皮之革，有"大人虎变"之象；能"革而当"故"未占有孚"。九四当天命初改之事，九五当天子改制之事，王道施而仁政行，故《小象》曰"其文炳也"。

上六以柔处阴位，当革之极，而能行悦乐之道，为君子以礼乐教化导民之事，故有"君子豹变"之象。《周易集解》引陆绩曰："兑之阳爻称'虎'，阴爻称'豹'。豹，虎类而小者也。君子小于大人，故曰'豹变，其文蔚'也。"②君子文质彬彬而敦乎德，则小人受其感化而弃恶向善，唯君是从，故有"小人革面"之象。当革之终而民心始定，故居安则吉；若妄行征伐之事，则逆天道而有灾殃。

鼎卦第五十

䷱巽下离上

鼎：元吉，亨。

---

① （唐）李鼎祚：《周易集解》卷10，上海古籍出版社1989年版，第162—163页。
② （唐）李鼎祚：《周易集解》卷10，上海古籍出版社1989年版，第164页。

初六：鼎颠趾，利出否。得妾以其子，无咎。
九二：鼎有实，我仇有疾，不我能即，吉。
九三：鼎耳革，其行塞，雉膏不食，方雨亏，悔，终吉。
九四：鼎折足，覆公𫗧，其形渥，凶。
六五：鼎黄耳，金铉，利贞。
上九：鼎玉铉，大吉，无不利。

【译文】

鼎：大吉，亨通。

初六：鼎颠倒使鼎足朝上，利于倒出鼎中的污垢。其妾因母以子贵而受到恩惠，没有咎害。

九二：鼎中有食物，我的配偶有小病，不能陪我吃饭，吉利。

九三：鼎耳脱落，挪动不了，鼎里的野鸡肉还没吃到，又遇到下雨毁坏了美味，有遗憾，最终吉利。

九四：鼎脚折断，倾覆了王公的美食，他在屋内受到刑罚，有灾殃。

六五：鼎配着金黄色的鼎耳、铜制的鼎杠，占问有利。

上九：鼎配着镶玉的鼎杠，大吉，没有什么不利的。

《彖》曰："鼎"，象也；以木巽火，亨饪也。圣人亨以享上帝，而大亨以养圣贤。巽而耳目聪明，柔进而上行，得中而应乎刚，是以"元亨"。

【译文】

《彖》："鼎"卦，卦象似鼎。将木头放入火内，以烹饪食物。圣王用鼎烹煮食物以祭祀上帝，又用鼎大量地烹饪食物以养圣贤。鼎卦象征谦逊并且耳目聪明，柔爻向上行进而至上卦中位，下与九二之刚相应，所以鼎卦有"大亨通"之义。

《象》曰：木上有火，鼎；君子以正位凝命。

[初六]《象》曰："鼎颠趾"，未悖也。"利出否"，以从贵也。

［九二］《象》曰："鼎有实"，慎所之也。"我仇有疾"，终无尤也。

［九三］《象》曰："鼎耳革"，失其义也。

［九四］《象》曰："覆公𫞂"，信如何也。

［六五］《象》曰："鼎黄耳"，中以为实也。

［上九］《象》曰："玉铉"在"上"，刚柔节也。

【译文】

《象》：木上燃烧着火焰，是《鼎》卦的卦象；君子因此摆正位置，凝聚力量以完成自身使命。

［初六］《象》："鼎颠倒使鼎足朝上"，说明初六的行为没有违背事理。"利于倒出鼎中的污垢"，说明初六跟从尊贵者。

［九二］《象》："鼎中有食物"，说明九二应当谨慎行动。"我的配偶有小病"，最终没有忧虑。

［九三］《象》："鼎耳脱落"，说明九三的行动不合时宜。

［九四］《象》："倾覆了王公的美食"，说明九四之灾无法逃避了。

［六五］《象》："鼎配着金黄色的鼎耳"，说明六五居中而得刚实。

［上九］《象》："镶玉的鼎杠高居在上"，说明上九刚柔相济有度。

【注解】

［1］鼎：卦名，鼎器。

［2］否（pǐ）：不好，坏，恶。

［3］仇（qiú）：配偶，指妻子。

［4］雉膏（zhì gāo）：肥美的野鸡肉。

［5］𫞂（sù）：鼎中的食物，泛指佳肴美味。

［6］渥（wò）：通"剭（wū）"，剭诛。古代诛杀贵族在屋内行刑，不暴露于市。

［7］铉（xuàn）：古代举鼎器具，状如钩，铜制，用以提鼎两耳。

［8］凝：成。

◇ 四 下经 ◇

【释义】

鼎卦巽下离上，卦形有鼎的形象，初六柔爻有虚为鼎足，九二、九三、九四刚爻为鼎腹，六五柔爻有虚为鼎两侧的鼎耳，上九刚爻为抬鼎的鼎杠。《周易集解》引郑玄曰："鼎，象也。卦有木火之用，互体乾兑，乾为金，兑为泽，泽钟金而含水，爨以木火，鼎亨孰（同'烹熟'）物之象。鼎亨孰以养人，犹圣君兴仁义之道，以教天下也。故谓之鼎矣。"① 鼎在商周时期是王公贵族烹煮食物的器具，是身份地位的象征，后来又成为国家政权的象征。

初六以柔处阳位，居位最下，故有"趾"象；上应九四，故有"颠"象。柔不得位，故有"妾"象；鼎为重器，男子主之，《序卦》曰："主器者莫若长子"，故有"得妾以其子"之象。初六能以柔顺刚、以下顺上，故"无咎"。

九二以刚处阴位，居下卦之中，为鼎之腹，故有"鼎有实"之象；与六五为正应，六五体离，《说卦》："离，其于人也，为大腹"，六五有腹疾而不能下应九二，故有"我仇有疾，不我能即"之象。"疾"，轻微之病，腹疾不食而得以痊愈，故"吉"。

九三以刚处阳位，六爻唯九三得位，当革故鼎新之时，为刚正有为之君子，志在于上也；与上九敌应，上九为鼎杠，鼎杠须贯入鼎耳两端方可抬行，九三刚实虽欲当鼎耳而无路径，故若"鼎耳革"；欲上从六五而有九四不正之刚隔之，故有"其行塞"之象。居巽之上，《说卦》："巽为鸡"，故有"雉膏"之象，与九四、六五互体成兑，《说卦》："兑为泽，……为毁折"，故有"雨亏"而"不食"之象，宜有"悔"也。以居三刚之中，能守刚正而行中道，静待六五除九四之庸臣，则九三必得重用，故"终吉"。

九四以刚处阴位，不正于位，与初六相应，初六有"鼎颠趾"之象，故九四有"鼎折足"之象。初六为鼎烹之初，颠趾以清除鼎垢，故不悖事理；至九四则鼎烹已毕而未食，故有"覆公餗"之象。九四居离之下，《说卦》："离为戈兵"，故有刑罚之象；九四折则刚变

---

① （唐）李鼎祚：《周易集解》卷10，上海古籍出版社1989年版，第164页。

柔，上体成艮，《说卦》："艮为门阙"，故有"其形渥"之"凶"。"渥"通假"剭"，出于维护贵族体面的考虑，古代贵族犯有重罪不在集市上行刑，而是诛杀大臣于屋内。《系辞》引孔子曰："德薄而位尊，知小而谋大，力少而任重，鲜不及矣。《易》曰：'鼎折足，覆公𫗧，其形渥，凶。'言不胜其任也。"

六五以柔处阳位，居上卦之中，虚于中则能养圣贤，耳目聪明则能以柔克刚，有圣王之象也。居中故有色"黄"，《说卦》："离为乾卦"，故有"金"象，天子之"铉"饰以黄金；为鼎之上，柔爻两断象"鼎耳"，而爻辞曰"鼎黄耳，金铉"，以鼎耳、鼎铉相合而为用，故以六五爻兼上九爻之义也。鼎有黄耳、金铉则其用亨通，故"利贞"。《周易集解》引《九家易》曰："牛鼎受一斛，天子饰以黄金，诸侯白金。三足，以象三台，足上皆作鼻目为饰也。羊鼎五斗，天子饰以黄金，诸侯白金，大夫以铜。豕鼎三斗，天子饰以黄金，诸侯白金，大夫铜，士铁。三鼎形同，亨饪煮肉，上离阴爻为肉也。"[①]

上九以刚处阴位，为鼎之最上，以刚之直故有"鼎铉"之象；上九为君王所养之圣贤，居离之上而体乾之性，《说卦》："乾为玉"，故有以"玉"饰"铉"之象。上九之于六五，譬喻圣贤之于圣王，若以铉贯耳，亲附之、贯通之而承行之，刚柔相济而若合符节，如此则鼎之道大行，故"无不利"也。

震卦第五十一

☳震下震上

震：亨。震来虩虩，笑言哑哑。震惊百里，不丧匕鬯。
初九：震来虩虩，后笑言哑哑，吉。
六二：震来厉，亿丧贝，跻于九陵，勿逐，七日得。
六三：震苏苏，震行，无眚。
九四：震遂泥。

[①] （唐）李鼎祚：《周易集解》卷10，上海古籍出版社1989年版，第164—165页。

六五：震往来厉，亿无丧。有事。

上六：震索索，视矍矍，征凶。震不于其躬，于其邻，无咎。婚媾有言。

【译文】

震：亨通。惊雷袭来使人恐惧不安，人们的言笑一时无声。惊雷之声震惊百里之远，他却能镇定自若，勺匙和酒杯都未失落。

初九：惊雷袭来使人恐惧不安，而后人们的言笑一时无声，吉利。

六二：惊雷袭来有危险，他丧失了不少财物，财物被带到了高岭之上，无须追寻，七天后失而复得。

六三：听到雷声惶恐不安，有所警惕而行，不会有灾难。

九四：惊雷坠落在泥里。

六五：惊雷一来一去，有危险，应该没有损失。有祭祀之事。

上六：听到雷声索索发抖，眼睛惊惶四顾，远行有灾殃。震雷没有击到他的身上，而是击到了邻居身上，没有咎害。因为婚姻的事而受到责备。

《彖》曰："震"，"亨"。"震来虩虩"，恐致福也。"笑言哑哑"，后有则也。"震惊百里"，惊远而惧迩也。"不丧匕鬯"，出可以守宗庙社稷，以为祭主也。

【译文】

《彖》："震"卦，亨通。"惊雷袭来使人恐惧不安"，说明有惧惕之心可致幸福。"人们的言笑一时无声"，说明有惧惕心之后则行为能遵循法则。"惊雷之声震惊百里之远"，使远近的人们都感到惊惧。"他却能镇定自若，勺匙和酒杯都未失落"，这样的人出外当诸侯，可以守住宗庙社稷，堪当祭祀典礼的主祀人。

《象》曰：洊雷，震；君子以恐惧修省。

[初九]《象》曰："震来虩虩"，恐致福也；"笑言哑哑"，"后"

有则也。

[六二]《象》曰："震来厉"，乘刚也。

[六三]《象》曰："震苏苏"，位不当也。

[九四]《象》曰："震遂泥"，未光也。

[六五]《象》曰："震往来厉"，危行也；其事在中，大"无丧"也。

[上六]《象》曰："震索索"，未得中也；虽"凶""无咎"，畏邻戒也。

【译文】

《象》：雷声接连而来，是《震》卦的卦象；君子因此心怀惧惕之心，省察过失，以德修身。

[初九]《象》："惊雷袭来使人恐惧不安"，初九有惧惕之心可致幸福；"人们的言笑一时无声"，初九有惧惕心之后则行为能遵循法则。

[六二]《象》："惊雷袭来有危险"，六二乘凌在阳刚之上。

[六三]《象》："听到雷声惶恐不安"，六三居位不恰当。

[九四]《象》："惊雷坠落在泥里"，九四的阳刚之德还没有光大。

[六五]《象》："惊雷一来一去，有危险"，六五的行动有危险；六五做事能够谨守中道，于阳刚之道没有损害。

[上六]《象》："听到雷声索索发抖"，上六没有居于中位；"尽管有凶险却没有咎害"，是因其能鉴于邻居的祸患而有所戒备。

【注解】

[1] 震：卦名，意为打雷。

[2] 虩虩（xì xì）：恐惧的样子。

[3] 哑哑（yāyā）：象声词，形容笑声。

[4] 匕鬯（bǐ chàng）：古祭祀宗庙时所用的器具。匕，勺子。鬯，香酒。

[5] 跻（jī）：登，上升。

[6] 苏苏：恐惧不安的样子。

[7] 眚（shěng）：灾难。

[8] 遂：通"坠"，坠落。

[9] 索索：恐惧的样子。

[10] 矍矍（jué jué）：仓皇不专心的样子。

[11] 洊（jiàn）：再，屡次。

【释义】

震卦震下震上，意为巨大的雷声接连而来。《说卦》："震一索而得男，故谓之长男。"震为乾坤二气之始交，为长子，故有威权、力量之象。《太平御览》引王肃注曰："在有灵而尊者，莫若于天；有灵而贵者，莫若于王；有声而威者，莫若于雷；有政而严者，莫若于侯。是以天子当乾，诸侯用震。地不过一同，雷不过百里，政行百里，则匕鬯亦不丧。祭祀，国家大事，不丧，宗庙安矣。处则诸侯执其政，出则长子掌其祀。"① 故卦辞曰"震惊百里，不丧匕鬯"。

初九以刚处阳位，为乾一索而入坤体之爻，故曰"震来"；初九之刚禀天之威，大震动而入坤众，则六二、六三之柔无不惊惧，故有"虩虩"之象；小人有惧惕之心，则知日常之言行举止不得放肆，故一改嬉笑之态而"哑哑"无声，如此则行有则而不妄为，此于国家社稷为"吉"也。

六二以柔处阴位，然当乾爻入坤初之时，六二所受震动最大，故有"震来厉"之象；以柔乘刚，故有震而"丧贝"之象；六二与六三、九四互体成艮，故有"跻于九陵"之象；以得位得中，故能顺于初九之刚而动，天道循环，震自六二上行循环一周而复归六二，则需七日，故曰"勿逐，七日得"。当震之时，以能正位则无咎也。

六三以柔处阳位，居下卦之极，处上下两震之交，故有"震苏苏"之象；小人见君子之尊威而有惧惕之心，然后知顺君子之震而行，故曰"无眚"。

---

① （宋）李昉：《太平御览》卷146，中华书局1960年版，第711页。

九四以刚处阴位，不正于位，上下为重阴所缠绕，有雷入地中之象；又与六三、六五互体成坎，《说卦》："坎，陷也"，有陷入泥泞之象，故有"震遂泥"之象，震坠入泥中则无大声响，故《小象》曰"未光也"。此喻君子失位而妄用震，则无威权也。爻辞虽不曰吉凶，实当有悔吝之义。

六五以柔处阳位，居重震之上，下震曰"来"，上震曰"往"，故有"震往来厉"之象；为天下之尊而能行中道，故能闻震之声而"恐惧修省"，故曰"亿无丧"。西周时期宗法制的基本原则是嫡长子继承制，故六五有使长子主器祭祀之事。

上六以柔处阴位，居震之极，受洊雷之震而下无所应，又不居中，无所遮蔽，故有"震索索，视矍矍"之象；若受震而妄行，则有"凶"。当震之时，承震之主为其邻六五，上六在六五之上，故能见六五之"恐惧修省"而自惕，则"无咎"也。以居极位当变，柔变刚则成离象，离为中女，震为长男，故有"婚媾"之象；中女而居长男之上，于理不正，故曰"有言"。

艮卦第五十二

䷳艮下艮上

艮：艮其背，不获其身；行其庭，不见其人。无咎。
初六：艮其趾，无咎，利永贞。
六二：艮其腓，不拯其随，其心不快。
九三：艮其限，列其夤，厉薰心。
六四：艮其身，无咎。
六五：艮其辅，言有序，悔亡。
上九：敦艮，吉。

【译文】

艮：止于他的后背，看不到他的前身；走进他的庭院，却看不到他的人。没有咎害。

初六：抑止脚趾之动，没有咎害，利于长久贞正。

六二：抑止小腿之动，不能举步跟上别人，心中不快乐。

九三：抑止腰部之动，扯裂了脊背上的肌肉，危险像火烟一样熏灼着心。

六四：抑止上身之动，没有咎害。

六五：抑止口颊之动，说话有条理，悔恨消除。

上九：止于敦厚，吉利。

《彖》曰："艮"，止也。时止则止，时行则行，动静不失其时，其道光明。艮其止，止其所也。上下敌应，不相与也，是以"不获其身，行其庭，不见其人，无咎"也。

【译文】

《彖》："艮"卦，是静止的意思。当静止之时则静止，当行动之时则行动，或动或静都时机恰当，君子之道一片光明。艮卦之义为静止，是安止在适得其所的位置上。卦爻六位上下都不相应，不能相互扶助，所以"（止于他的后背），看不到他的前身；走进他的庭院，却看不到他的人。没有咎害"。

《象》曰：兼山，艮；君子以思不出其位。

[初六]《象》曰："艮其趾"，未失正也。

[六二]《象》曰："不拯其随"，未退听也。

[九三]《象》曰："艮其限"，危"薰心"也。

[六四]《象》曰："艮其身"，止诸躬也。

[六五]《象》曰："艮其辅"，以中正也。

[上九]《象》曰："敦艮"之"吉"，以厚终也。

【译文】

《象》：两座山并列而立，是《艮》卦的卦象；君子因此考虑事情不超越自己职权的范围。

[初六]《象》："抑止脚趾之动"，说明初六没有违失正道。

［六二］《象》："不能举步跟上别人"，说明六二没有拒绝别人的建议。

［九三］《象》："抑止腰部之动"，说明九三遇到的危险像火烟一样薰灼着心。

［六四］《象》："抑止上身之动"，说明六四能够控制自我。

［六五］《象》："抑止口颊之动"，说明六五居中守正。

［上九］《象》："止于敦厚的吉利"，说明上九能够将敦厚之德保持到最后。

【注解】

［1］艮：卦名，意为安止。
［2］限：界限、边界，指腰部。
［3］列：同"裂"，分裂。
［4］夤（yín）：通"䗃"，夹脊肉。
［5］薰：烧灼，熏炙。

【释义】

艮卦艮下艮上，两座大山并列耸峙之象，故艮卦之义为"止"。《说卦》："艮三索而得男，故谓之少男。"艮卦为乾坤二气第三次相交，乾爻入于坤卦最上位，刚极于动而得天位，又下据二柔，故有止义。就人体来看，人之首、眼耳口鼻舌、四肢皆能动，唯独背不能动，故卦辞曰"艮其背"。艮卦若两人同向相立，上卦为前，下卦为后，则后人只能看见前人之背，故卦辞曰"不获其身"。《说卦》："艮为门阙"，上卦为外，下卦为内，外人以背向而行内庭，则无法见到内庭之人，故卦辞曰"行其庭，不见其人"。人与人不交则无害，故卦辞曰"无咎"。

初六以柔处阳位，居位最下，故有"趾"象；虽趾有动义，然与六四敌应，以柔履刚而能知止于位，故有"艮其趾"之象；当艮之时，柔能安贞于位以顺于刚，则利，故曰"利永贞"。初六能安止于位，则未失正道，故《小象》曰"未失正也"。艮卦取象与咸卦相似，但取义截然不同，咸卦六爻刚柔皆应，故取相交相感之"动"

义；艮卦六爻皆不相应，故取不交不感之"止"义。

六二以柔处阴位，居下卦之中，脚趾之上为小腿，故有"腓"之象；当艮之时，故有"艮其腓"之象；以九三刚极而动，六二下承九三，抑止小腿之动，则不能举步跟上九三，故有"不拯其随"之象；以不动而被牵于动，故曰"其心不快"；得位居中，则能择善而从，故《小象》曰"未退听也"。

九三处下卦之极，居上卦之下，为上下两卦之分限，当艮之时，故有"艮其限"之象；以刚处阳位，为进爻，故志于进，进则与上九敌战，下不抵上而有刚伤之凶，故有"列其夤"之象，"夤"通假"䐓"，为后背之夹脊肉也。以不知所止，故有"薰心"之"厉"。

六四以柔处阴位，居上卦之下，为"限"之上则有"身"象；得位知惕而能止，故有"艮其身"之象；艮其身则正其行，故"无咎"。《周易口义》曰："夫人之体，统而言之，则谓之一身，手足谓之四肢。分而言之，则腰足而上亦谓之身。今此六四出下体之上，在上体之下，处夤限之间，是身之象也。夫人患不能自止其身，今六四能止之得其道，使四肢不妄动，故如人之静止得其道，制御得其术，防过得其要，不为外物之所迁，不为贫贱之所移，不为富贵之所易，故'无咎'也。"①

六五以柔处阳位，象在"身"之上则为"口颊"；以柔处大中之位，故能虚中以下贤，故有"艮其辅"之象；与六四、九三互体成震，体震之性，《说卦》："震，其于马也，为善鸣"，故有"言有序"之象；以受九三之震，故有"悔"，以悔而知言，故"悔亡"。《周易口义》曰："'辅'者，车颊也。六五居上卦之中，以人身言之，有口辅之象。夫口颊者，所以主言语之所出，若其妄动则有过失，其为咎也不细。故先圣《系辞》曰：'君子居其室，出其言善，则千里之外应之；出其言不善，则千里之外违之。况其迩者乎？言行，君子之枢机，枢机之发，荣辱之主也。'是言语不可不慎也。今六五能正其口辅，使不妄发，其言皆有伦类次序，故祸不召而'悔'可'亡'矣，则所谓言满天下无口过者也。《象》曰'艮其辅，以中正'者，

---

① （宋）胡瑗撰、倪天隐述：《周易口义》卷9，文渊阁四库全书本。

此爻居非其正，然位得其中，是有大中之德，而能正其口辅，使口不妄发，孔子曰'有德者必有言'，是也。"①

上九以刚居上位，下据二柔，有刚实之象；为艮之极，山高之极则接于天，有光明之象；为艮之主而当艮之终，故能自始至终敦于刚实之德，故堪称"敦艮"而有"吉"也。

渐卦第五十三

☶ 艮下巽上

渐：女归吉，利贞。
初六：鸿渐于干。小子厉，有言，无咎。
六二：鸿渐于磐，饮食衎衎，吉。
九三：鸿渐于陆。夫征不复，妇孕不育，凶。利御寇。
六四：鸿渐于木，或得其桷，无咎。
九五：鸿渐于陵，妇三岁不孕，终莫之胜，吉。
上九：鸿渐于陆，其羽可用为仪，吉。

【译文】

渐：女子出嫁吉利，占问有利。
初六：大雁渐渐飞到水涯边。后生小子有危险，受到责备，没有咎害。
六二：大雁渐渐飞到磐石上，饮食和乐，吉利。
九三：大雁渐渐飞到高地上，丈夫出征没有回来，妇女怀孕却流产，有灾殃。利于抵御敌寇。
六四：大雁渐渐飞到树上，有的栖息在平直的树枝上，没有咎害。
九五：大雁渐渐飞到山陵上，妇女三年都没有怀孕，终究没有人敢欺负她，吉利。

---

① （宋）胡瑗著，倪天隐述：《周易口义》卷9，文渊阁四库全书本。

上九：大雁渐渐飞到高地上，它的羽毛可以用来装饰仪表，吉利。

《彖》曰："渐"之进也，"女归吉"也。进得位，往有功也；进以正，可以正邦也。其位，刚得中也；止而巽，动不穷也。

【译文】
《彖》："渐"卦是前进的意思，"女子出嫁吉利"。上进而能得到应有的位置，前往将建立功业；以正道前进，可以端正天下邦国。渐卦的爻位，是刚爻居于上卦之中；知止而又谦逊，以此行动不会导致困穷。

《象》曰：山上有木，渐；君子以居贤德善俗。
［初六］《象》曰："小子"之"厉"，义"无咎"也。
［六二］《象》曰："饮食衎衎"，不素饱也。
［九三］《象》曰："夫征不复"，离群丑也；"妇孕不育"，失其道也；"利用御寇"，顺相保也。
［六四］《象》曰："或得其桷"，顺以巽也。
［九五］《象》曰："终莫之胜吉"，得所愿也。
［上九］《象》曰："其羽可用为仪，吉"，不可乱也。

【译文】
《象》：山上的树木逐渐成长，是《渐》卦的卦象；君子因此积累自己贤明的德行，改善社会的风俗。
［初六］《象》："后生小子有危险"，从道义上看是没有咎害的。
［六二］《象》："饮食和乐"，说明不是不劳作而吃饱饭。
［九三］《象》："丈夫出征没有回来"，是因为他离开了同群的战友；"妇女怀孕却流产"，是违背了渐进之道；"利于抵御敌寇"，上下相顺而相互保卫。
［六四］《象》："有的栖息在平直的树枝上"，这种行为柔顺而谦逊。

［九五］《象》："终究没有人敢欺负她，吉利"，说明愿望最终得以实现。

［上九］《象》："它的羽毛可以用来装饰仪表，吉利"，说明妇德坚贞不被扰乱。

【注解】

［1］渐：卦名，意为渐进。
［2］干（gān）：涯岸，水边。
［3］磐（pán）：纡回层叠的山石，巨石。
［4］衎衎（kàn kàn）：和乐的样子。
［5］陆：高平之地。
［6］桷（jué）：方形的椽子，此处指平直如桷的树枝。
［7］居：积累。

【释义】

渐卦艮下巽上，卦中互体有坎离，意为树木承大山之壤，受雨水之泽，得太阳之光，顺自然之道，日增月长渐至高大，故卦名曰"渐"。巽为长女，艮为少男，男下求女而成夫妇；巽上为外，艮下为内，自外返内为"归"，女子婚嫁则取得社会地位，故卦辞曰"女归吉"。巽为顺，艮为止，妇顺而止于夫，固守贞正则利家，故卦辞曰"利贞"。商周时婚姻礼节分为纳采、问名、纳吉、纳征、请期和亲迎六个环节，称六礼，除了纳征（下聘）礼外，其余五礼均需男方使者执雁为礼送与女家。古人认为鸿雁雁南往北来顺乎阴阳，群飞有序不乱行阵，配偶固定合乎礼义，失偶不再，从一而终，有女贞之象。故渐卦六位爻辞，皆取象于鸿雁之行，借以歌颂女德之盛，可母仪天下。

初六以柔处阳位，喻女归于男家而阴阳合，初六上临二三四位互体之坎，为水之边，"干"为水之涯，故有"鸿渐于干"之象；以长女而配少男，少男听从于长女，不合于女从男之义，此于少男为"厉"而其父母有责备之言，故有"小子厉，有言"之象；以柔处卑下之位，性巽顺而体艮止，合于家人之义，故"无咎"。

◇ 四 下经 ◇

六二以柔处阴位，可谓柔进而得位，居艮之中，故有山石之象，故爻辞曰"鸿渐于磐"；上应九五之刚，女正位于内，而男正位于外，夫妻位正则饮食和乐，故有"饮食衎衎"之象，此爻为女德顺于家之"吉"。六二与九三、六四互体成坎，《说卦》："坎为劳卦也。"六二有劳作持家之象，故《小象》曰："不素饱也。"

九三以刚处阳位，居艮之上位，陆德明《经典释文》曰："陆，高之顶也。马（指马融）云'山上高平曰陆'。"① 故九三有"鸿渐于陆"之象；居上卦之极而急于进，则不能行柔渐之道，又与上九无应，故九三有"夫征不复"之象，而《小象》曰"离群丑也"；处坎险之中，《说卦》："坎为血卦……为多眚。"故于女子为"妇孕不育"之象而有"凶"。《说卦》："坎为盗。"九三下据二柔，宜体艮之止义而正位用刚，故爻辞曰"利御寇"。

六四以柔处阴位，体巽之性，巽为木，当渐之时，故有"鸿渐于木"之象；以柔得位而顺于九五、上九之刚，故有"或得其桷"之象；木桷非鸿雁所适宜栖止，然当夫征未归之时，妇内则劳作于家，外则"顺以巽"而听于长者之言，故"无咎"。

九五以刚处阳位，居大中之位，有高大之义，有"鸿渐于陵"之象；五位距三位"妇孕不育"又历时三年，故曰"妇三岁不孕"；然至于五位，则爻位有应，九五之刚下拯于六二，爻辞不言"夫征而复"，而通过颂扬六二坚贞"终莫之胜"之吉，婉转之也。

上九以刚处阴位，当渐之终，位一卦之主爻。女归之终，女归男也，木依于山而不相离，故上九爻象与九三爻象，皆为"鸿渐于陆"；而其意义则截然不同，上九之刚实于上而为屏障，则女德之荣光，终可以展现于外，美若惊鸿之羽毛，可以增饰仪表之美矣，故曰"其羽可用为仪"，女的如此则能母仪天下，"吉"莫大焉。唐代李鼎祚《周易集解》引干宝曰："处渐高位，断渐之进，顺艮之言，谨巽之全，履坎之通，据离之耀，妇德既终，母教又明，有德而可受，有仪而可象，故曰'其羽可以为仪，不可乱也'。"②

---

① （唐）陆德明：《经典释文》卷2，上海古籍出版社2013年版，第113页。
② （清）李道平著，潘雨廷点校：《周易集解纂疏》，中华书局1994年版，第471页。

归妹卦第五十四

☱ 兑下震上

归妹：征凶，无攸利。
初九：归妹以娣，跛能履，征吉。
九二：眇能视，利幽人之贞。
六三：归妹以须，反归以娣。
九四：归妹愆期，迟归有时。
六五：帝乙归妹，其君之袂不如其娣之袂良；月几望，吉。
上六：女承筐，无实；士刲羊，无血。无攸利。

【译文】

归妹：远行有灾殃，没有什么利处。

初九：少女出嫁以她的妹妹随嫁，如同跛子能走路一样，远行吉利。

九二：一只眼瞎的还能看，幽居之人占问有利。

六三：少女出嫁以她的姐姐随嫁，夫家反而把姐姐的妹妹送回娘家。

九四：少女出嫁延迟了婚期，迟迟未嫁为了等待好时机。

六五：帝乙出嫁少女，嫡妻的衣饰却不如随嫁妹妹的衣饰好；接近月圆之时，吉祥。

上六：女子捧着竹筐，筐中无物；男子用刀刺羊，不见出血，没有什么利处。

《彖》曰："归妹"，天地之大义也。天地不交而万物不兴。归妹，人之终始也。说以动，所归妹也。"征凶"，位不当也。"无攸利"，柔乘刚也。

【译文】

《彖》：少女出嫁，是天经地义的事。天地阴阳二气不相交合，万物就不能生长。男女婚嫁，人类可以周而复始生育不息。与男子相悦而主动出嫁，所出嫁的是少女啊。"远行有灾殃"，说明居位不当。"没有什么利处"，说明柔爻乘凌于刚爻之上。

《象》曰：泽上有雷，归妹；君子以永终知敝。
[初九]《象》曰："归妹以娣"，以恒也。"跛能履"，吉相承也。
[九二]《象》曰："利幽人之贞"，未变常也。
[六三]《象》曰："归妹以须"，未当也。
[九四]《象》曰："愆期"之志，有待而行也。
[六五]《象》曰："帝乙归妹"，"不如其娣之袂良"也，其位在中，以贵行也。
[上六]《象》曰：上六无实，承虚筐也。

【译文】

《象》：大泽上有雷声，是《归妹》卦的卦象；君子因此永葆夫妇之道，晓知它的弊害而作好预防。

[初九]《象》："少女出嫁以她的妹妹随嫁。"这是诸侯娶妻的常道。"如同跛子能走路一样"，妹妹虽为侧室可以辅助嫡妻应合丈夫。

[九二]《象》："幽居之人占问有利"，说明九二没有改变常态。

[六三]《象》："少女出嫁以她的姐姐随嫁"，说明六三的行为不当。

[九四]《象》："推迟婚期"的意图，说明九四静待时机而后出嫁。

[六五]《象》："帝乙出嫁少女，嫡妻的衣饰却不如随嫁妹妹的衣饰好"，说明六五处尊贵之位而能行中道。

[上六]《象》："上六柔虚无实"，正如手捧着空筐。

【注解】

[1] 归妹：卦名，意为少女出嫁。
[2] 娣（dì）：古代姐妹共嫁一夫，幼为娣，长为姒（sì）。
[3] 须：同"媭"，古代楚人称姐姐为媭。
[4] 愆（qiān）期：失约，误期。
[5] 君：此处指嫡妻。
[6] 袂（mèi）：衣袖，指服饰。
[7] 刲（kuī）：宰杀，刺。

【释义】

归妹卦兑下震上，泽上有雷之象；少女在下，长男在上，少女与长男相悦，主动追求而出嫁，故曰"归妹"。古代男女婚嫁必须以礼而行，若男女之间耽于情爱而逾礼则为不正，就爻象来看，卦爻中间四位皆不正，不正而行则有灾殃，故卦辞曰"征凶，无攸利"。清代李光地《周易折中》曰："《归妹》文意，如春秋归地归田之例，以物归于人，非其人来取物也。《归妹》所以失者有二，一则不待取而自归，失昏姻之礼，以卦象女先于男，与《咸》之男下女相反也。一则以少女归长男，失昏姻之时，与《咸》两少之交相反也。故不曰'妹归'而曰'归妹'，以明其失礼。不曰'归女'而曰'归妹'，以见其失时。凡彖辞直着吉凶而无他戒者，《大有》《鼎》直曰'元亨'，此直曰'征凶无攸利'，盖尊贤育才者，人君之盛节也。自媒自荐者，士女之丑行也。"①

就爻辞来看，内容是关于商朝帝乙出嫁少女的故事，顾颉刚认为"帝乙归妹"是指"殷王帝乙嫁女与周文王"之事。其中又涉及了商周时期的媵婚制度，《春秋公羊传·庄公十九年》曰："媵者何？诸侯娶一国，则二国往媵之，以侄、娣从。侄者何？兄之子也。娣者

---

① （清）李光地著，刘大钧整理：《周易折中》卷7，巴蜀书社1998年版，第435页。

何？弟也。诸侯一聘九女，诸侯不再娶。"① 意思是：春秋时期诸侯国君大婚，娶一国之女为妻子，是为嫡夫人，女方以侄、娣随嫁为媵，此外还有两个女方同姓诸侯国之女也作为陪嫁，是正媵，她们也各自带侄、娣，如此则"国三人，凡九女"，即诸侯一聘九女。

初九以刚处阳位，志于动，故有"征"象；居位最下，故有"娣"象，许慎《说文解字》："娣，同夫之女弟也。同夫者，女子共事一夫也。"少女之"娣"，以不当于婚配之年而为诸侯之侧室，故若"跛能履"之象；以娣随姊出嫁，姊妹相携而顺承于夫君，故"吉"。

九二以刚处阴位，与六三、九四互体成离，《说卦》："离为目。"九二居非其位，上又为六三不正之柔所掩蔽，故有"眇""幽"之象；然九二能以刚德行中道，幽居自守而不为六三所迷，故若"眇"而"能视"，如此则"利幽人之贞"矣。

六三以柔处阳位，处下卦之极，不正于位，耽于悦乐而志于进，故为不当嫁娶之年龄而急于"归"之"妹"，以至使其"娞"（姐姐）随嫁，如此违失婚嫁之道，有"归妹"而"反归"之象，故爻辞曰"归妹以须，反归以娣"。

九四以刚处阴位，居上体，有离之明，为贤良淑德之女子；为震之初，体震之动，然下无所应，又处两柔之间互体成坎，动而险则不得不慎于行，故"归妹愆期，迟归有时。"

六五以柔处阳位，居上卦之中，下与九二之刚相应，故有"帝乙归妹"之象；与六三、九四互体成坎，《说卦》："坎为月。"居于五位为最盛，故有"月几望"之象；六五居尊崇之位而能谦柔行中以下应九二之刚，则其贤德更胜于其美色，故爻辞曰"其君之袂不如其娣之袂良"，六五能恪守婚嫁礼仪之道，故"吉"。

上六以柔处阴位，近无刚实比之，下无刚爻应之，故有"女承筐，无实"之象；居震之极，为归妹之终，柔变刚则成离，《说卦》："离为戈兵"；柔变刚则附丽于天，坎为血卦在其下，故有"士刲羊，

---

① （汉）何休、（唐）徐彦著，刁小龙整理：《春秋公羊传注疏》卷8，上海古籍出版社2014年版，第289页。

无血"之象。《伊川易传》："上六女归之终而无应，女归之无终者也。妇者，所以承先祖，奉祭祀，不能奉祭祀，则不可以为妇矣。筐筐之实，妇职所供也。古者房中之俎菹醢之类，后夫人职之。诸侯之祭亲割牲，卿大夫皆然。割，取血以祭。《礼》云：血祭盛气也。女当承事筐筐而无实，'无实'则无以祭，谓不能奉祭祀也。夫妇共承宗庙，妇不能奉祭祀，乃夫不能承祭祀也。故'刲羊'而'无血'，亦无以祭也，谓不可以承祭祀也。妇不能奉祭祀，则当离绝矣。是夫妇之无终者也，何所往而利哉。"①

丰卦第五十五

☰离下震上

丰：亨，王假之。勿忧，宜日中。

初九：遇其配主，虽旬无咎，往有尚。

六二：丰其蔀，日中见斗。往得疑疾，有孚发若，吉。

九三：丰其沛，日中见沫。折其右肱，无咎。

九四：丰其蔀，日中见斗。遇其夷主，吉。

六五：来章，有庆誉，吉。

上六：丰其屋，蔀其家，窥其户，阒其无人，三岁不觌，凶。

【译文】

丰：君王亲自祭祀。无须担忧，应保持如日中天的状态。

初九：遇到与其地位相配的主人，即使历经十天也没有咎害，前往会得到尊崇。

六二：太阳被大面积地遮蔽，正午可见北斗七星。前往将被猜疑，展现自己的诚信，吉利。

九三：太阳被更大面积地遮蔽，正午可见北斗杓后的小星。右臂骨折，没有灾咎。

---

① （宋）程颐：《伊川易传》卷4，文渊阁四库全书本。

九四：太阳被大面积地遮蔽，正午可见北斗七星。遇到与其地位相配的主人，吉利。

六五：招致天下文采之士，受到庆贺和赞誉，吉利。

上六：高大的房屋遮蔽得严严实实，从门缝往里看，发现里面寂静无人，三年都不见房屋的主人，有灾殃。

《彖》曰："丰"，大也。明以动，故丰。"王假之"，尚大也。"勿忧，宜日中"，宜照天下也。日中则昃，月盈则食，天地盈虚，与时消息，而况于人乎？况于鬼神乎？

【译文】

《彖》："丰"卦，是盛大的意思。道德光明而后行动，所以能致盛大。"君王当借鉴丰之道"，因为君王之德崇尚盛大。"无须担忧，应保持如日中天的状态"，君王之德应当如日光一样普照全天下的民众。太阳正中之后就要向西偏斜，月亮圆满之后就要亏缺，天地有盈满有缺虚，随着时间而此消彼长，又何况人呢？何况鬼神呢？

《象》曰：雷电皆至，丰；君子以折狱致刑。

[初九]《象》曰："虽旬无咎"，过旬灾也。

[六二]《象》曰："有孚发若"，信以发志也。

[九三]《象》曰："丰其沛"，不可大事也；"折其右肱"，终不可用也。

[九四]《象》曰："丰其蔀"，位不当也；"日中见斗"，幽不明也；"遇其夷主"，"吉"行也。

[六五]《象》曰："六五"之"吉"，有庆也。

[上六]《象》曰："丰其屋"，天际翔也；"窥其户，阒其无人"，自藏也。

【译文】

《象》：雷声与电光一起到来，是《丰》卦的卦象；君子因此明断狱讼，严施刑罚。

[初九]《象》:"即使历经十天也没有咎害",但过了十天将有灾咎。

[六二]《象》:"展现自己的诚信",说明六二能以诚信表达心志。

[九三]《象》:"太阳被更大面积地遮蔽",说明九三不可以担当大事;"右臂骨折",说明九三终究不可任用。

[九四]《象》:"太阳被大面积地遮蔽",说明九四居位不恰当;"正午看见北斗七星",说明此时幽暗没有光明;"遇到与其地位相配的主人",说明九四出行吉利。

[六五]《象》:"六五的吉利",是有庆祝之事。

[上六]《象》:"高大的房屋",说明上六居位穷高犹如飞翔在天际;"从门缝往里看,发现里面寂静无人",说明房屋的主人躲藏了起来。

【注解】

[1] 丰:卦名,意为丰大。

[2] 蔀(bù):覆盖于棚架上以遮蔽阳光的草席,意为太阳被遮蔽。《周易集解》引虞翻曰:"日蔽云中称蔀。蔀,小也。"①

[3] 斗:指北斗七星。

[4] 沛:《周易集解》引虞翻曰:"日在云下称沛。沛,不明也。"②

[5] 沬:《周易集解》引《九家易》曰:"沬,斗杓后小星也。"③

[6] 阒(qù):寂静。

[7] 覿(dí):相见。

[8] 来:招来,招致。后多作"徕"。

---

① (唐)李鼎祚:《周易集解》卷11,上海古籍出版社1989年版,第180页。
② (唐)李鼎祚:《周易集解》卷11,上海古籍出版社1989年版,第181页。
③ (唐)李鼎祚:《周易集解》卷11,上海古籍出版社1989年版,第181页。

四 下经

【释义】

丰卦离下震上，离为电，震为雷，雷电交织之象，《说卦》："万物出乎震……离也者，明也，万物皆相见。"万物始出而至于长大可见，有丰盛之象，故卦名曰"丰"。电主明，雷主威。光明而有尊威，故有圣王治天下之象。离卦位正南，《说卦》："圣人南面而听天下，向明而治，盖取诸此也"，故卦辞曰"王假之"。君子明察则得虚实之情，故以"折狱"；威严则刑当其罪，故以"致刑"。明而威，则天下奸伪罪恶之人无所遁形，故《大象》曰"君子以折狱致刑"。

就丰卦的卦爻辞来看，当是记载了上古时期发生的一次日食现象，日食出现在正午时刻，导致太阳被完全遮蔽，以致北斗七星及其斗杓后的伴星都能被人们看到。这次日食引起很大的震动，以至于君王亲自举行祭祀，最后得到吉兆，认为无须担忧，君王应当像正午的太阳一样治理天下。古代视日食为不祥之兆，离下震上，说明太阳发生大的变动，暂时被遮蔽于下，当此之时，宜行祭天之礼以救之。古文"豐"（丰）与"豊"是同一个字，《说文解字》："豊，行礼之器也。"也说明卦名的拟定与祭礼有关。

初九以刚处阳位，有动之义；当丰之时，为柔所掩蔽，故有上行之志，虽与九四无应，然九四亦蔽于六五、上六之重柔，初九、九四刚德相比，故有"往有尚"之象。初九、九四皆居二体之初位，故相配，而九四为震之主爻，故有"遇其配主"之象。离为日，《左传·昭公七年》："天有十日，人有十等，下所以事上，上所以共神也。"[①] 从初九至九四则逾越离之体，当天十日之数，十日为一旬，故爻辞曰"虽旬无咎"。当事变之初，以刚济刚须及时，迟则易生变故，故《小象》戒之曰"过旬灾也"。

六二以柔处阴位，得位得中，当丰之时，体离之明，故有"日中"之象；以居下卦，喻贤明之臣也。二欲上应五，然五蔽昧于上六，故自六二仰视六五，有"丰其蔀，日中见斗"之象；以丽明之质而往辅六五，则不能不有所疑也，故有"往得疑疾"之象；以行

---

① 杨伯峻：《春秋左传注》，中华书局1990年版，第1284页。

中道而能开诚布公，故曰"有孚发若"，则君王终将信之而"吉"来。

九三以刚处阳位，极而欲上，为动爻；处下卦之极，体离上之明，故亦有"日中"之象；与上六相应，而上六为柔暗之极，故自九三仰视上六，有"丰其沛，日中见沫"之象。"沫"者，喻弄权之佞臣也。当丰之时，刚为柔所系，明为暗所伤，九三与九四、六五互体成兑，《说卦》："兑为毁折"，与六二、九四互体成巽，《说卦》："巽为股"，阴左阳右，故有"折其右肱"之象。九三为六五股肱之臣，"折其右肱"，则不能有所作为，故虽"无咎"而"终不可用也"。

九四以刚处阴位，居离之上故有明照之德，而上为重柔所缚系，故自九四而视六五，亦有"丰其蔀，日中见斗"之象；当丰之时，九四困于朝廷，初九从远自王都之外的封国前来，其身份若"夷主"，故有"遇其夷主"之象，初九应援而至则九四虽失位而无忧，故"吉"。

六五以柔处阳位，当丰之时而为上六所蔽，然九四、初九为辅，虽不能用九三股肱之臣，然六二贤明之臣终来辅佐，故六二言"往"，六五言"来"。光明上达则六五亦明矣，此乃江山社稷之幸也，故爻辞曰"来章，有庆誉，吉"。帛书《二三子问》记载了孔子对丰卦的解说："《卦》曰：'丰，亨，王叚之；勿忧，宜日中。'孔子曰：'丰，大□也。勿忧，用贤弗害也。日中而盛，用贤弗害，亓亨亦宜矣。黄帝四辅，尧立三卿，帝王者之处盛也长，故曰宜日中。'"[1] 从历史的角度论述了太平盛世都是明君贤臣合力造就的结果。

上六以柔处阴位，柔暗之甚而居上位，为权佞之臣也。当丰之终，上六柔变刚为重离，天下大明而昏昧消除之象，故于小人，则原先所"丰其屋"而不能居，妄图"蔀其家"以自藏，欲使人"窥其户，阒其无人"而不察也，然圣王丰大之德无所不照，明威之刑无所不施，故上六终无所遁形，"三岁不觌"之语，说明上六以"凶"终也。

---

[1] 裘锡圭：《长沙马王堆汉墓简帛集成》第3册，中华书局2014年版，第56页。

旅卦第五十六

☶艮下离上

旅：小亨，旅贞吉。
初六：旅琐琐，斯其所，取灾。
六二：旅即次，怀其资，得童仆贞。
九三：旅焚其次，丧其童仆，贞厉。
九四：旅于处，得其资斧，我心不快。
六五：射雉，一矢亡，终以誉命。
上九：鸟焚其巢，旅人先笑后号咷，丧牛于易，凶。

【译文】

旅：小事亨通，旅人坚守正道吉利。
初六：旅人行为卑劣猥琐，离开他的住所，招致灾祸。
六二：旅人住在客舍，带着钱财，得到忠贞的童仆。
九三：旅人的客舍遭遇火灾，丧失了他的童仆，占问有危险。
九四：旅人有了处所，得到了钱财，但心中仍不高兴。
六五：用箭射野鸡，一支箭亡失，最终以美誉而获得君王的赐命。
上九：鸟巢被火烧掉，旅人先笑而后号啕大哭，在易国丧失了牛，有灾殃。

《彖》曰："旅"，"小亨"，柔得中乎外而顺乎刚，止而丽乎明，是以"小亨，旅贞吉"也。旅之时义大矣哉！

【译文】

《彖》："旅"卦，"小事亨通"，柔爻居于上卦的中位而能顺于刚爻，安止而依附于光明之主，因此"小事亨通，旅人坚守正道吉利"。旅卦因时而用的意义真大啊。

《象》曰：山上有火，旅；君子以明慎用刑，而不留狱。

[初六]《象》曰："旅琐琐"，志穷"灾"也。

[六二]《象》曰："得童仆贞"，终无尤也。

[九三]《象》曰："旅焚其次"，亦以伤矣；以旅与下，其义"丧"也。

[九四]《象》曰："旅于处"，未得位也；"得其资斧"，"心"未"快"也。

[六五]《象》曰："终以誉命"，上逮也。

[上九]《象》曰：以"旅"在上，其义"焚"也。"丧牛于易"，终莫之闻也。

【译文】

《象》：山上有火光，是《旅》卦的卦象；君子因此明察而审慎地施用刑罚，不拖延狱讼。

[初六]《象》："旅人行为卑劣猥琐"，说明初六意志穷乏而有灾祸。

[六二]《象》："得到忠贞的童仆"，说明六二终究没有过失。

[九三]《象》："旅人的客舍遭遇火灾"，说明九三因此受伤；以旅行的态度对待下人，道义上也应失去童仆。

[九四]《象》："旅人有了处所"，说明九四还没得到适当的地位；"得到了钱财"，但心中仍不高兴。

[六五]《象》："最终以美誉而获得君王的赐命"，说明六五能顺承君上。

[上九]《象》：作为"旅人"却高居上位，从道义上有焚巢之灾。"在易国丧失了牛"，说明上九商旅遭难终将无人闻知。

【注解】

[1] 旅：卦名，意为旅行、商旅。

[2] 琐琐（suǒ suǒ）：鄙陋的样子。

[3] 斯：距离，离开。

[4] 次：旅行所居止之处所。

[5] 资斧：旅费、盘缠。

[6] 号咷（hào táo）：啼哭呼喊。

【释义】

旅卦艮下离上，山上有火之象，山非人所常居，有火光则是行旅之人暂栖其上，故卦名曰"旅"。就爻象来看，六二柔爻居下卦中位而顺于九三，六五柔爻居上卦中位而顺于九四、上九，柔小而刚大，故卦辞曰"小亨"。行非常道，旅非常居，客居他乡，故旅卦尚柔之道而慎刚之道，而其要在于守正，守正则获安吉，而终可依附于光明之主。《周易口义》曰："火性炎上，而火在山上燎于物，其势不能久留，是旅之象。君子观此象，当明慎用其刑罚，而无留滞其狱。何则？夫刑者，断人肌肤，伤人骨髓，死者不可复生，断者不可复续。故君子当明显审慎而用刑罚，辨其情伪，正其枉直，使无至于失法；又不可重伤其民，使系狱者无至于留滞也。"①

初六以柔处阳位，为旅之初，处卑下之位而不正于行，故有"旅琐琐"之象，"琐琐"，卑劣猥琐之貌；与九四相应而往应之，故有"斯其所"之象，"斯"，离别也；初六以柔弱之质，当艮止之时，本当安止于内，羡九四之"资斧"而往行于外，则为艮之离，引火伤身，故有"取灾"之象。

六二以柔处阴位，得位得中，当旅之时，为旅人得其所处之义，故有"旅即次"之象；居卦之中位，有"怀"象；承艮山之阳实，有"材"象，故爻辞曰"怀其资"；与初六相比，《说卦》："艮为少男"，故有"得童仆"之象，初位顺从于二位，故"贞"。

九三以刚处阳位，为动爻；虽与上九无应，然居下卦之极而志于进，进则失正而与离相遇，故有"旅焚其次"之象；当旅之时，刚极而不能中，则童仆不堪其受，九三体艮为少男，故有"丧其童仆"之象，行旅失所而童仆弃去，故有"贞厉"之象。

九四以刚处阴位，当旅之时，而能附丽于光明之主，则得其所

---

① （宋）胡瑗撰，倪天隐述：《周易口义》卷9，文渊阁四库全书本。

处，故有"旅于处"之象；与初六相应，初六体艮，故有"资"象；九四体离，《说卦》："离为戈兵"，故有"斧"象，故爻辞曰"得其资斧"；然九四以刚明之质，其志不仅限于食住之安，而忧无君王所赐之职位，故有"我心不快"之象，而《小象》曰"未得位也"。

六五以柔处阳位，即《象》所谓"柔得中乎外而顺乎刚"之爻；居中体离之性，《说卦》："离为雉……为戈兵"，故有以"矢"射"雉"之象；与六二无应，若旅而有失，故有"一矢亡"之象；当旅之时，遇明之主，居尊之位，以柔德顺承于上，六五柔变刚而成乾，有天子赐命之象，故爻辞曰"终以誉命"。

上九以刚处阴位，为旅之极；居九三、九四、六五互体之兑上，故有"先笑"之象；行阴柔之地，而用过极之刚，则刚必折，故有"后号咷"之象；离为火为雉，故有"鸟焚其巢"之象；《太平御览》引《古史考异》曰："黄帝作车，少昊时略加牛，禹时奚仲驾马。仲又造车，更广其制度也。"①《系辞》在叙述黄帝、尧舜时期的发明创造时亦说："服牛乘马，引重致远，以利天下。"可见上古时期，人们已驯服牛马负重致远以拓展商旅活动。当旅之终时，"巢"已不存，则安得牛？故爻辞曰"丧牛于易，凶"。方实孙《淙山读周易记》曰："上六处无位之地，是旅人之极穷者也。刚亢好高，在离上之上，譬如'鸟焚其巢'，愈高愈炎，而受祸愈烈矣，其义当焚。鸟犹知避，可以人而不如鸟乎？为旅人者，失于轻易，先以为笑，不能早避，将及于祸，后必'号咷'，有'丧牛于易'之象，其凶可知。'终莫之闻'，犹未知其终之何如也。此爻可以为旅人不知避祸者之戒，与《大壮》卦所谓'丧羊者'不同。"②

---

① （宋）李昉：《太平御览》卷773，中华书局1960年版，第3427页。
② （宋）方实孙：《淙山读周易记》卷15，文渊阁四库全书本。

◇ 四 下经 ◇

巽卦第五十七

☴ 巽下巽上

巽：小亨。利有攸往，利见大人。

初六：进退，利武人之贞。

九二：巽在床下，用史巫纷若，吉，无咎。

九三：频巽，吝。

六四：悔亡，田获三品。

九五：贞吉，悔亡，无不利，无初有终。先庚三日，后庚三日，吉。

上九：巽在床下，丧其资斧，贞凶。

【译文】

巽：小事亨通。利于有所前往，利于出现伟大人物。

初六：进退不决，利于如武士般坚定。

九二：谦让恭顺在床下，用众多史官、巫师祈祷求神，吉利，没有咎害。

九三：频繁地更改政令，有困难。

六四：悔恨消除，田猎时捕获多种猎物。

九五：占问吉利，悔恨消除，没有什么不利的，没有善始却有善终。庚日的前三天（丁日），庚日的后三天（癸日），吉利。

上九：谦让恭顺在床下，丧失了钱财，占问有灾殃。

《象》曰：重巽以申命，刚巽乎中正而志行，柔皆顺乎刚，是以"小亨，利有攸往，利见大人"。

【译文】

《象》：上下顺从则可以发布法令，刚爻入于中正之位而志于上行，柔爻皆顺于刚爻，所以"小事亨通，利于有所前往，利于出现伟大人物"。

《象》曰：随风，巽；君子以申命行事。
［初六］《象》曰："进退"，志疑也；"利武人之贞"，志治也。
［九二］《象》曰："纷若"之"吉"，得中也。
［九三］《象》曰："频巽"之"吝"，志穷也。
［六四］《象》曰："田获三品"，有功也。
［九五］《象》曰：九五之吉，位正中也。
［上九］《象》曰："巽在床下"，"上"穷也；"丧其资斧"，正乎"凶"也。

【译文】

《象》：风与风相随吹送，是《巽》卦的卦象；君子因此申明法令，施行政事。

［初六］《象》："进退不决"，说明初六心存疑虑；"利于如武士般坚定"，说明初六应当训练其意志。

［九二］《象》："用众多史官、巫师祈祷求神，吉利"，是因为九二居于中位。

［九三］《象》："频繁地更改政令，有困难"，说明九三心志穷乏。

［六四］《象》："田猎时捕获三种猎物"，说明六四干事有功。

［九五］《象》："九五的吉利"，是因为居于中正之位。

［上九］《象》："谦让恭顺在床下"，说明上九之势穷极；"丧失了钱财"，宜乎有凶险。

【注解】

［1］巽：卦名，意为顺入。
［2］纷若：众多的样子。
［3］田：田猎。
［4］三品：三类物品，分别用于祭祀、招待宾客和国君庖厨之用。《礼记·王制》："天子诸侯无事则岁三田，一为乾肉，一为宾

客，一为充君之庖。"郑玄注："乾肉，谓腊之以为祭祀豆实也。"①

[5] 先庚三日，后庚三日：古代以十干纪日，"先庚三日"即"丁"日，"后庚三日"即"癸"日，以这两日为吉日，可见商周时期已有推日择吉的方术。

【释义】

巽卦为八经卦自重，巽下巽上，长风吹送，无孔不入，故《说卦》曰："巽，入也。"风行遍及万物，万物无不随风顺动，故巽卦还有"顺"义。《论语·颜渊》篇载孔子之言曰："君子之德风，小人之德草，草上之风必偃。"故巽卦反映了古代社会治理天下的理念。《伊川易传》曰："'重巽'者，上下皆巽也。上顺道以出命，下奉命而顺从，上下皆顺，重巽之象也。又'重'为重复之义，君子体重巽之义，以申复其命令。'申'，重复也，叮咛之谓也。"②

初六以柔处阳位，居卑下之位，为小民之象；当君子申饬王命之时，小民不能无疑也，欲上进四位而无应，欲退守初位又疑位不正，或进或退而犹豫不决，故有"进退"之象。柔懦则无所作为而不能行事，当法令之初下，初六宜修治其发愤图强之志，故爻辞勉励之曰"利武人之贞"。

九二以刚处阴位，居下卦之中，与九五无应，则为朝廷之外申命行事之君子；以初六顺承于下，故与之相比，当巽之时，止于木下，有"巽在床下"之象；与初六相比则相知而欲解其惑，商周之时史掌卜筮，巫掌祓禳，君子以神道设教而民服，故爻辞曰"用史巫纷若"，如此则初六之惑除，而九二得以申命行事，故"吉"而"无咎"。

九三以刚处阳位，为申命行事之君子；居下卦之极，有阳亢之象；当二体之际，连上下之巽，故有"频巽"之象，不待前命行而后命又至，朝令夕改则民无所措手足，所谓频巽频失，频失频巽，如此则有失重巽顺入之道，故有"吝"象；君子如此则志困穷矣。

---

① （清）朱彬著，饶钦农点校：《礼记训纂》，中华书局1996年版，第179页。
② （宋）程颐：《伊川易传》卷4，文渊阁四库全书本。

六四以柔处阴位，与初六无应，故有"悔"；得位用巽，顺承九五，与九二、九三互体成兑，体兑乐之性，故"悔亡"；与九三、九五互体成离，《说卦》："离为戈兵"，故有"田猎"之象；先天八卦离数为三，故爻辞曰"田获三品"。以巽顺而得位，承王命而行事，宜有此吉。

九五以刚处阳位，居大中至尊之位，为申命行事之主；初位不正，故"无初"；至九五大正，故"有终"。居中履正，无过不及，故"贞吉"；六四承之，九二行之，故"悔亡"。先庚三日为丁，丁为壮丁，后更三日为癸，癸为天干第十位，为终位，君王能用巽申命以壮人丁，行事而能善终，故"吉"。

上九以刚而处亢位，穷极于上则返于下，当巽之时，故亦有"巽在床下"之象；《说卦》："巽为近利市三倍"，故有"资斧"之象；返于下则刚变柔而成坎，《说卦》："坎为隐伏"，故有"丧其资斧"之象。上九失巽之顺道，而行坎之险道，此之谓"小人行险以侥幸"者也，故"贞凶"。李杞《用易详解》曰："上九之'巽在床下'与九二不同，二本在下者也，故'巽在床下'而不以为屈；上处一卦之极，而亦在床下，此卑辱之甚者也。斧所以割断之物，权之所在，'丧其资斧'，则失其权矣。有阳刚之德而不能用，卑巽太过以失其权，自穷于上，虽正，其能免于凶乎？周之衰也，下堂而见诸侯，此'巽在床下'之象也。"①

兑卦第五十八

☱兑下兑上

兑：亨，利贞。

初九：和兑，吉。

九二：孚兑，吉，悔亡。

六三：来兑，凶。

---

① （宋）李杞：《用易详解》卷11，文渊阁四库全书本。

九四：商兑未宁，介疾有喜。
九五：孚于剥，有厉。
上六：引兑。

【译文】
兑：亨通，利于持守正道。
初九：与人相互应和而悦乐，吉利。
九二：为人所信服而悦乐，吉利，悔恨消除。
六三：前来取悦于人，有灾殃。
九四：欢悦的商谈还没有结束，细微的小病已经痊愈。
九五：信任侵蚀阳刚君子的阴邪小人，有危险。
上六：以引诱的方式取悦于人。

《彖》曰："兑"，说也。刚中而柔外，说以"利贞"，是以顺乎天而应乎人。说以先民，民忘其劳；说以犯难，民忘其死。说之大，民劝矣哉！

【译文】
《彖》："兑"卦，是悦乐的意思。九二、九五刚爻居于下卦和上卦的中位，六三、上六柔爻居于下、上卦的上位，使人悦乐而"利于持守正道"，因此能够顺应天意，合乎民心。先使民众生活悦乐，民众就会忘记自身的劳苦；甘愿为民众奔赴危难，民众必然也能舍生忘死。悦乐的重大意义，能够使百姓自我劝勉啊。

《象》曰：丽泽，兑；君子以朋友讲习。
[初九]《象》曰："和兑"之"吉"，行未疑也。
[九二]《象》曰："孚兑"之"吉"，信志也。
[六三]《象》曰："来兑"之"凶"，位不当也。
[九四]《象》曰："九四"之"喜"，有庆也。
[九五]《象》曰："孚于剥"，位正当也。
[上六]《象》曰："上六引兑"，未光也。

【译文】

《象》：泽与泽相互附丽，是《兑》卦的卦象；君子因此与朋友一起研讨学习。

［初九］《象》："与人相谐而悦乐"，说明初九的行为不被人猜疑。

［九二］《象》："为人所信服而悦乐，吉利"，说明九四的志向得到施行。

［六三］《象》："前来取悦于人，有灾殃"，说明六三居位不当。

［九四］《象》："九四的悦乐"，是因为有喜庆的事情。

［九五］《象》："信任侵蚀阳刚君子的阴邪小人"，说明九五愧居正当之位。

［上六］《象》："以引诱的方式取悦于人"，说明上六之德还未光大。

【注解】

［1］兑：卦名，意为和悦。
［2］介疾：小病。
［3］说：同"悦"，愉悦。

【释义】

兑卦为八经卦自重而得，兑下兑上，两泽交相附丽，上以恩泽施下，下以恩泽惠上，交相惠泽而悦乐，故其卦义为悦乐。兑又有言说之义，《周易集说》曰："兑为泽，上下皆兑，则两泽相附丽，有交相滋益之象。'君子以朋友讲习'，盖朋友相与切磋琢磨，则彼此皆有滋益也。'讲'者，讲其所未明，讲多则义理明矣；'习'者，习其所未熟，习久则践履熟矣。此'朋友讲习'，所以为有滋益，而如两泽之相丽也。若独学无友，则孤陋而寡闻，故《论语》以学之不讲为忧，以'学而时习'为说，以'有朋自远方来'为乐。盖极天下之至乐，未有如朋友讲习之为乐也。兑为口，讲也。'习'，重习也。卦叠两口，讲而又讲也。"① 就爻象来看，刚爻居中，故有"亨"义；柔爻居于二刚之上，则阳刚积中之气得以舒畅于外，故有"利贞"之义。

初九以刚处阳位，为兑之初，与九四虽地位有别，但皆为阳刚君子，故能相互应和而悦乐，有"和兑"之象；孔子曰："君子和而不同，小人同而不和。"故和为君子道，同为小人道，初九能行君子之道，则其悦乐之发皆中性情之节，故"吉"。

九二以刚处阴位，居位非正，故有"悔"；然以刚处中则阳实，当兑之时，故有"孚兑"之象；有至诚之性，则能施悦己之道以悦乐民众，而民众同其乐，故"吉"而"悔亡"。

六三以柔处阳位，不正于位，为阴柔小人；处下兑之极而接上兑之初，与上六同质而相接，六三招致上六曰"来"，上六招致六三曰"引"，故于六三有"来兑"之象；小人相合以利不以义，外示媚悦而内怀狡诈，故"凶"。

九四以刚处阴位，下为六三所侵蚀，上承九五阴蔽之主，而居非其位，故有"介疾"之象；以初九之君子往至四位，两兑相遇，若君子以朋友讲习，故有"商兑"之象；《论语》载孔子之言曰："人能弘道，非道弘人。"坐而论道则道明，阳刚之君子商讨"未宁"，而九四之"介疾"已去，故曰"有喜"。

九五以刚处上卦之中，居大尊之位，与九二刚爻分居二体之中位故，故皆有"孚"象；然当兑之时，为上六之阴险小人以悦乐之邪术所蔽，耽于悦而不能止于性情之正，九二之臣为六三所蔽而不能上合九五，九四之臣在朝廷而不能用，君子道消而小人道长，故有"孚于剥"之象；阳刚之君子被剥尽则君王之势危，故"有厉"。李杞《用易详解》曰："剥，小人之道也，六三之'来兑'，上六之'引兑'，是也。九五以阳刚居尊位，不信乎君子，而信乎小人，是危道也。汉元帝之信恭、显，唐明皇之信李林甫，德宗之信卢杞，皆不免乎危，是'孚于剥'者也。然而《象》以为'位正当'，何也？非美之也，乃愧之也，以人君之尊而惟阴邪小人是信，则其居于此位，岂

---

① （宋）俞琰：《周易集说》卷13，文渊阁四库全书本。

不有愧也哉！"①

上六以柔处阴位，为小人得位用事之象。《论语·子路》载孔子曰："君子易事而难说也，说之不以道，不说也……小人难事而易说也，说之虽不以道，说也。"小人党同伐异，专以阿谀逢迎为悦君之道，居九五刚爻之上以取悦君王之私欲而蔽其明，故有"引兑"之象；九五至尊专为一己之悦乐，则天下社稷倾覆，可预而知之矣。

涣卦第五十九

☵坎下巽上

涣：亨。王假有庙。利涉大川，利贞。
初六：用拯马壮，吉。
九二：涣奔其机，悔亡。
六三：涣其躬，无悔。
六四：涣其群，元吉。涣有丘，匪夷所思。
九五：涣汗其，大号。涣王居，无咎。
上九：涣其血去，逖出，无咎。

【译文】

涣：亨通。君王到宗庙祭祀。涉渡大河有利，占问有利。
初六：凭借着所乘的强壮马匹得以行进，吉利。
九二：大水漫流时见机快跑，悔恨消除。
六三：大水漫流到身上，没有悔恨。
六四：大水漫流到人群，大吉。大水冲上山丘，不是一般人根据常理所能想象的。
九五：挥洒着汗，大声呼喊。大水漫流到君王的居所，没有咎害。
上九：冲洗掉血迹，远远离去，没有咎害。

---

① （宋）李杞：《用易详解》卷11，文渊阁四库全书本。

《彖》曰："涣"，"亨"，刚来而不穷，柔得位乎外而上同。"王假有庙"，王乃在中也；"利涉大川"，乘木有功也。

【译文】

《彖》："涣"卦，"亨通"，刚爻来居坎险之中而不穷乏，柔爻外居于四位而能上承九五刚爻。"君王到宗庙祭祀"，只有君王才能居于中正至尊之位；"涉渡大河有利"，乘着木船可建立功业。

《象》曰：风行水上，涣；先王以享于帝，立庙。

［初六］《象》曰："初六"之"吉"，顺也。

［九二］《象》曰："涣奔其机"，得愿也。

［六三］《象》曰："涣其躬"，志在外也。

［六四］《象》曰："涣其群，元吉"，光大也。

［九五］《象》曰："王居无咎"，正位也。

［上九］《象》曰："涣其血"，远害也。

【译文】

《象》：风吹水流，是《涣》卦的卦象；先王因此祭祀上帝，建立宗庙。

［初六］《象》："初六的吉利"，是能够顺承九二。

［九二］《象》："大水漫流时见机快跑"，说明九二得遂心愿。

［六三］《象》："大水漫流到身上"，说明六三的心志是向外发展。

［六四］《象》："大水漫流到人群，大吉"，说明六四的行为光大。

［九五］《象》："君王的居所没有灾害"，说明九五能端正其位。

［上九］《象》："冲洗掉血迹"，说明上九能够远离灾害。

【注解】

［1］涣：卦名，意为涣散。

［2］涣汗其：当作"涣其汗"，马王堆帛书《周易》作"'涣其肝'"，可见通行本语序有误。

［3］逖（tì）：远离。

【释义】

涣卦坎下巽上，大风吹于水面之上，推波助澜而水流涣散，故卦名曰"涣"。上古时期人们择水而栖、临河而居，在享受河流哺育的同时，又备受河水泛滥之苦，涣卦爻辞正是记述了一次河水泛滥的场景，人们面临洪水灾害时的表现及其应对策略。河水泛滥则需民众团结以济险，民众团结则能大行舟楫之道以出险，故虽处凶事而爻辞多有吉义。洪灾过后，人群必有离散，故卦辞曰"王假有庙"，而《大象》曰"先王以享于帝，立庙"，皆是祷告上帝以祈福禳灾、建立宗庙以维系人心之义。

初六以柔处下，当涣散之初，以柔弱之质处于坎险之中，故需"拯济"以出于险中；与六四无应而能顺承九二，九二为乾初爻入坤中位，《说卦》："乾为马"，故有"壮马"之象；初六顺承九二，借九二之力以出险，故曰"用拯马壮"，其义当"吉"。《伊川易传》曰："六居卦之初，涣之始也，始涣而拯之，又得马壮，所以'吉'也。六爻独初不云涣者，离散之势，辨之宜早，方始而拯之，则不至于涣也，为教深矣。'马'，人之所托也。托于壮马，故能拯涣。'马'，谓二也。二有刚中之才，初阴柔顺，两皆无应，无应则亲比相求。初之柔顺而托于刚中之才，以拯其涣，如得壮马以致远，必有济矣，故吉也。涣拯于始，为力则易，时之顺也。"①

九二以刚处阴位，居位不正故宜有"悔"；居坎险之中，当涣散之时而识险难之"机"，行事迅速，逃奔以出险，故爻辞曰"涣奔其机"；与初六相邻而比，能以刚实之质而拯济柔弱之民，如此则无愧君子之行，故"悔亡"。《郭氏传家易说》曰："九二之刚，自外来而得中，得去危就安之义，故有'奔其机'之象焉。刚不得中，则不可有为，而其道穷，道穷则其志失矣。惟得中就安，故《象》所以

---

① （宋）程颐：《伊川易传》卷4，文渊阁四库全书本。

言'不穷',而《象》言'得愿',此'悔'之所以'亡'也。言'奔'与'悔亡',皆去危之义。"①

六三以柔处阳位,居坎之上,当下卦之极而有"身"象,当涣散之时,故有"涣其躬"之象;以不正于位,故有"悔",与上九相应,而上九来济之,故"无悔"。项安世《周易玩辞》曰:"自三至五,坎散而成艮,艮为躬,故曰'涣其躬'。三居险之极,疑若可悔,以与上相应,故得连外卦以免其身,故曰'涣其躬,志在外也'。"②

六四以柔处阴位,六三为"涣其躬",至六四则风吹水漫,故有"涣其群"之象;"涣其群"则宜有灾殃,为何爻辞曰"元吉"?六四得位,上承九五之君王,为用事之臣;居巽体之初而体巽木之性,故当大水泛滥之时,而知利用舟楫以济险,虽水势至大,以致"涣有丘",然木行水上而可出险,故虽"匪夷所思",而有"元吉"。

九五以刚处阳位,为大中至尊之君王,当涣散之时,能举王者之全力以济险,故有"涣其汗"之象;居中发号施令,指挥六四之廷臣、九二之诸侯助民出险,故有"大号"之象;古之王者无私居,故能以王者之身而与民同处险中,共患难而同进退,故有"涣王居"之象;王有刚正之德若此,故"无咎"。

上九以刚处阴位,居巽之上,与六三相应,六三体坎卦之性,《说卦》:"坎为血卦",上九下济六三,故有"涣其血去"之象;为涣之终,以刚而能柔,故能深察涣散之害而预防之,故有"逖出"之象;以能远离涣散之害,故"无咎"。

节卦第六十

☱兑下坎上

节:亨。苦节,不可贞。

---

① (宋)郭雍:《郭氏传家易说》卷6,文渊阁四库全书本。
② (宋)项安世:《周易玩辞》卷11,文渊阁四库全书本。

初九：不出户庭，无咎。
九二：不出门庭，凶。
六三：不节若，则嗟若，无咎。
六四：安节，亨。
九五：甘节，吉。往有尚。
上六：苦节，贞凶，悔亡。

【译文】
节：亨通。苦于节制，所占之事不可行。
初九：不走出庭院，没有咎害。
九二：不走出家门，有灾殃。
六三：不能有所节制，就会悲伤嗟叹，没有咎害。
六四：安于节制，亨通。
九五：甘于节制，吉利。前往将受到尊崇。
上六：苦于节制，占问有灾殃，悔恨消除。

《彖》曰："节"，"亨"，刚柔分而刚得中。"苦节不可贞"，其道穷也。说以行险，当位以节，中正以通。天地节而四时成，节以制度，不伤财，不害民。

【译文】
《彖》："节"卦，"亨通"，刚爻与柔爻相互区分而刚爻占据了卦的中位。"苦于节制，所占之事不可行"，因为不能节制必然导致穷困之道。行走险地而身心和悦，居位恰当而自我节制，品德中正而行事通达。天地阴阳相互节制而使四季形成，君王通过制定典章制度施行节制之道，既不浪费财物，又不损害百姓。

《象》曰：泽上有水，节；君子以制数度，议德行。
[初九]《象》曰："不出户庭"，知通塞也。
[九二]《象》曰："不出门庭，凶"，失时极也。
[六三]《象》曰："不节"之"嗟"，又谁咎也。

[六四]《象》曰:"安节"之"亨",承上道也。
[九五]《象》曰:"甘节"之"吉",居位中也。
[上六]《象》曰:"苦节,贞凶",其道穷也。

【译文】

《象》:泽上有水,是《节》卦的卦象;君子因此制定礼仪法度,议定德行规范。

[初九]《象》:"不走出庭院",说明初九知晓通达与闭塞之道。

[九二]《象》:"不走出家门,有灾殃",说明九二丧失上行的时机。

[六三]《象》:"不能有所节制,就会悲伤嗟叹",六三又能责怪谁呢?

[六四]《象》:"安于节制,亨通",说明六四能够顺承君王的旨意。

[九五]《象》:"甘于节制,吉利",说明九五居位中正。

[上六]《象》:"苦于节制,占问有灾殃",说明上六的节制之道穷乏。

【注解】

[1] 节:卦名,卦象兑下坎上。意为节制,管束。
[2] 户庭:家门以内的庭院。
[3] 门庭:门户。
[4] 数度:制度。
[5] 通塞(sè):境遇的通顺与滞塞。

【释义】

节卦兑下坎上,泽上有水,水满则溢,故须修筑堤防以节制。卦名为节,取义于竹,《说文解字》:"节,竹约也,从竹即声。"竹虚而有节,因节而致其高。就爻象来看,初、二位刚爻滋长于下,而为三、四位柔爻节制之;五位刚爻居于中,而为上位柔爻节制之。就人事来看,言语不节则致祸,饮食不节则致病,情欲不节则伤身,财用不节则穷困，使民不节则民疲，征战不节则师惫等，其皆不节之害也，故《大象》曰"君子以制数度，议德行"。然"节"则须刚柔分，上裁天时，下裁地利，中裁万物以及人之性情，故若行险地而须先之以悦乐之道，故卦辞于元亨利贞之四德，仅曰"亨"而已，而诫之曰"苦节，不可贞"。

初九以刚处阳位，当节之时，虽与六四有应，而能以刚之实沉潜于下，以六四与六三、九五互体成艮，《说卦》："艮为门阙。"故初九有"不出户庭"之象；不出户庭则无涉坎险之忧，君子正位居体，故"无咎"。

九二以刚处阴位，当节之时，不正于位；与六三、六四互体成震，体震之性，与九五虽无应，然九五之君王处坎险之中，故宜当发挥诸侯震惊百里之威，往济九五之刚；然畏前方山河之险而不能行，故有"不出门庭"之象；此之谓丧天时之极、弃诸侯之威、背宗庙之盟，故宜有"凶"。

六三以柔处阳位，乘凌九二之刚，欲上行而上六无应，失位不能安处，当节之时，故有"不节若"之象；处兑之终，体兑之性，又濒临上体之险，故有"望坎险而嗟叹"之象，能知其不节，自悔其过，故"无咎"。

六四以柔处阴位，为"当位以节"之廷臣，下应初九阳刚之君子，有"亨"之义；上承九五中正之君王，有"安节"之象，故《小象》赞之曰"承上道也"。

九五以刚处阳位，为中正之君王，节卦由泰卦乾之九三入坤之五位而来，刚爻入坤则拥坤之众，而九五之刚受柔之节，故有"甘节"之象；君王居中履正，无过与不及之象，故能以至诚之性，行中庸之道，"节以制度，不伤财，不害民"，故"吉"；以此巡行万方，则可得天下人之尊崇。

上六以柔处阴位，居险地而下无应，又有乘刚之嫌，为"苦"于"节"者，故有"悔"；过于节，犹如不节，逆人性而悖顺道，长此以往，有"贞凶"之象；若能知节之极而返归于中道，则"悔亡"。《周易正义》曰："上六处节之极，过节之中，节不能甘，以至于苦，故曰'苦节'也。为节过苦，物所不堪，不可复正，正之凶也，故曰'贞凶'。若以苦节施人，则是正道之凶。若以苦节修身，则俭约无妄，可得亡悔，故曰'悔亡'也。"①

中孚卦第六十一

☲兑下巽上

中孚：豚鱼，吉。利涉大川，利贞。
初九：虞吉，有它不燕。
九二：鸣鹤在阴，其子和之；我有好爵，吾与尔靡之。
六三：得敌，或鼓或罢，或泣或歌。
六四：月几望，马匹亡，无咎。
九五：有孚挛如，无咎。
上九：翰音登于天，贞凶。

【译文】

中孚：以小猪和鱼祭供，吉利。涉渡大河有利，占问有利。
初九：安居吉利，有其他想法则不得安宁。
九二：鹤在山阴里鸣叫，它的同类跟着鸣叫应和；我有上好的美酒，愿和你一同享用。
六三：遭遇敌人，有的击鼓前进，有的停止前进，有的悲伤哭泣，有的欢乐高歌。
六四：接近月圆之夜，马匹丢失，没有咎害。
九五：用诚信相互维系着，没有咎害。
上九：祭祀时鸡飞上了天，占问有灾殃。

《彖》曰："中孚"，柔在内而刚得中，说而巽，孚乃化邦也。"豚鱼，吉"，信及豚鱼也。"利涉大川"，乘木舟虚也。中孚以"利

---

① （唐）孔颖达著，李申、卢光明整理：《周易正义》，北京大学出版社1999年标点本，第241—242页。

贞"，乃应乎天也。

【译文】

《彖》："中孚"卦，是柔爻居于卦的内部，而刚爻居于上下卦的中位，居下位者悦乐，居上位者谦逊，君王能以至诚之德教化邦国。"以小猪和鱼祭供，吉利"，信用能够及于小猪和鱼之类的祭品。"涉渡大河有利"，所乘的是中间虚空的木船。心怀诚信而能"持守正道"，可以与天德相应。

《象》曰：泽上有风，中孚；君子以议狱缓死。
［初九］《象》曰："初九虞吉"，志未变也。
［九二］《象》曰："其子和之"，中心愿也。
［六三］《象》曰："或鼓或罢"，位不当也。
［六四］《象》曰："马匹亡"，绝类上也。
［九五］《象》曰："有孚挛如"，位正当也。
［上九］《象》曰："翰音登于天"，何可长也？

【译文】

《象》：大泽上面和风吹送，是《中孚》卦的卦象；君子因此审议狱讼，延缓死罪。

［初九］《象》："初九安居吉利"，说明他的心志没有改变。

［九二］《象》："它的同类跟着鸣叫应和"，这是发自内心的意愿。

［六三］《象》："有的悲伤哭泣，有的欢乐高歌"，说明六三的居位不恰当。

［六四］《象》："马匹丢失"，说明六四绝其群类而上承九五。

［九五］《象》："用诚信相互维系着"，说明九五居位正当。

［上九］《象》："祭祀时鸡飞上了天"，怎么可能保持长久呢？

【注解】

［1］中孚：卦名，意为诚信。

［2］豚（tún）鱼：祭祀时以小猪和鱼作为牺牲。豚：小猪。

［3］虞（yú）：安虞，安心。

［4］燕：安乐。

［5］爵（jué）：古代青铜制酒器，此处指美酒。

［6］靡（mí）：靡散，喝掉。

［7］罢：停止。

［8］挛（luán）如：互相牵系的样子。

［9］翰音：指鸡。《礼记·曲礼下》："凡祭宗庙之礼：牛曰一元大武，豕曰刚鬣，豚曰腯肥，羊曰柔毛，鸡曰翰音，犬曰羹献，雉曰疏趾，兔曰明视。"①

【释义】

中孚卦兑下巽上，泽上有风之象，兑之主爻在上位，巽之主爻在下位，兑、巽二体相重则主爻交孚于卦体之中，象征人心中有诚信，故卦名为"中孚"。古人认为，人心虔诚则可祭祀上帝及祖宗，即使用豚鱼这样微薄的祭品，也会被神灵接受并赐福，故卦辞曰"豚鱼吉"。下兑为泽，上巽为木，木行泽上，故卦辞曰"利涉大川"；九二、九五刚爻居于中位，故卦辞曰"利贞"。泽以惠民，风以教民，古者圣王居中而诚信之德遍及天下百姓，君子法此卦象，则能体上天好生之德而广行教化、普施德惠于民，不轻易以刑狱、杀戮的方式治民，故《大象》曰"君子以议狱缓死"。

初九以刚处阳位，为中孚之初，能以刚德行诚信之道，体兑乐之义，故曰"虞吉"；与六四相应而欲上行往应，则失兑乐之义，故曰"有它不燕"。以六三、六四二柔居中联结，知六四非初九之孚所宜感应，则能居静守常，安之若素，故《小象》曰"志未变也"。

九二以刚处阴位，居兑之中，《说卦》："兑为口"，有"鸣"象；中孚卦形为重画之离卦，《说卦》："离为雉"，有"鹤"象；九二在六三、六四、九五互体艮之下，有"阴"象，故爻辞曰"鸣鹤在

---

① （清）朱彬著，饶钦农点校：《礼记训纂》，中华书局1996年版，第71页。

阴"。当中孚之时，九二与九五皆居于中位，故能以刚德交孚，孚交则和悦，故有"其子和之"之象；泽为水，故有"好爵"之象；二至五位有颐卦之象，故爻辞曰"我有好爵，吾与尔靡之"。《周易正义》曰："九二体刚，处于卦内，又在三四重阴之下，而履不失中，是不徇于外，自任其真者也。处于幽昧，而行不失信，则声闻于外，为同类之所应焉。如鹤之鸣于幽远，则为其子所和，故曰'鸣鹤在阴，其子和之'也。'我有好爵，吾与尔靡之'者，'靡'，散也，又无偏应，是不私权利，惟德是与。若我有好爵，吾愿与尔贤者分散而共之，故曰'我有好爵，吾与尔靡之'。"①

六三以柔处阳位，不正于位；与上九相应，而上九亦不正于位。当中孚之时而而为不正之孚，故六三之遇上九，有"得敌"之象。中孚倒置仍为中孚，含巽兑震艮四个经卦，震为鼓，艮为止，震艮互覆，故有"或鼓或罢"之象；兑为歌，巽为泣，兑巽互覆，故有"或泣或歌"之象。《周易折中》曰："诸爻独三上有应，有应者，动于外也，非中孚也。人心动于外，则忧乐皆系于物，鼓罢泣歌，喻其不能坦然自安，盖初九虞燕之反也。"②

六四以柔处阴位，得位而居上体，则阴盛矣，故有"月几望"之象；与初九相应，欲往应之，而为六三所阻，故失初九阳刚之马；能顺承九五之刚，而绝六三不正之柔类，则"无咎"。

九五以刚处阳位，与九二互为巽兑而相合，故有"有孚挛如"之象；君王居位中正而与下交孚，则"孚乃化邦"，故"无咎"。

上九以刚处阴位，而孚于不正之六三，则为孚过其实者也；《说卦》："巽为鸡"，上九亢极于天位，故有"翰音登于天"之象，鸡怎么可能飞上天呢？有其名而无其实，则为虚孚，故有"贞凶"之象。

---

① （唐）孔颖达著，李申、卢光明整理：《周易正义》，北京大学出版社1999年标点本，第243页。
② （清）李光地著，刘大钧整理：《周易折中》卷8，巴蜀书社1998年版，第485页。

四 下经

小过卦第六十二

☷艮下震上

小过：亨，利贞。可小事，不可大事。飞鸟遗之音，不宜上，宜下，大吉。

初六：飞鸟以凶。

六二：过其祖，遇其妣；不及其君，遇其臣，无咎。

九三：弗过防之，从或戕之，凶。

九四：无咎。弗过遇之。往厉必戒，勿用，永贞。

六五：密云不雨，自我西郊；公弋，取彼在穴。

上六：弗遇过之，飞鸟离之，凶，是谓灾眚。

【译文】

小过：亨通，占问有利。可以做小事，不可以做大事。飞过的鸟儿留下鸣叫声，不宜向上飞，宜于向下飞，大吉。

初六：飞鸟经过天空，预兆着灾殃。

六二：越过祖父，得遇祖母；不能与君王并列，退而遇合大臣，没有咎害。

九三：不能过于谨慎作好防备，将要为人所害，有灾殃。

九四：没有咎害。不过于阳刚，遇合阴柔。前往有危险，必须作好警戒，勿要施展才用，当永远坚持正道。

六五：在都城西郊的上空，乌云密布而不降雨；王公用带绳子的箭射猎，在洞穴中找到射中的野兽。

上六：没有遇合阳刚，过于阴柔，飞鸟遭到射杀，有凶事，堪称灾祸。

《彖》曰："小过"，小者过而"亨"也。过以"利贞"，与时行也。柔得中，是以"小事吉"也。刚失位而不中，是以"不可大事"也。有"飞鸟"之象焉，"飞鸟遗之音，不宜上宜下，大吉"，上逆而下顺也。

【译文】

《彖》:"小过"卦,柔爻胜过刚爻而能"亨通"。有所过越而"利于持守正道",是随着时机而行动。柔爻处于上下卦的中位,因此"小事吉利"。九三失位,九三、九四都不处于上下卦的中位,因此"不可以做大事"。小过卦有"飞鸟"之象,"飞过的鸟儿留下鸣叫声,不宜向上飞,宜于向下飞,大吉",是因为向上飞逆势而向下飞顺势。

《象》曰:山上有雷,小过;君子以行过乎恭,丧过乎哀,用过乎俭。

[初六]《象》曰:"飞鸟以凶",不可如何也。

[六二]《象》曰:"不及其君",臣不可过也。

[九三]《象》曰:"从或戕之",凶如何也。

[九四]《象》曰:"弗过遇之",位不当也。"往厉必戒",终不可长也。

[六五]《象》曰:"密云不雨",已上也。

[上六]《象》曰:"弗遇过之",已亢也。

【译文】

《象》:山上雷声响动,是《小过》卦的卦象;君子因此行为过于恭敬,丧事过于悲哀,财用过于节俭。

[初六]《象》:"飞鸟经过天空,预兆着灾殃",说明初六之灾无可奈何。

[六二]《象》:"不能与君王并列",说明六二臣仆不可僭越。

[九三]《象》:"将要为人所害",说明九三的灾殃无法估计。

[九四]《象》:"不过于阳刚,遇合阴柔",说明九四居位不当。"前往有危险,必须作好警戒",这种情况终究不会长久的。

[六五]《象》:"乌云密布而不降雨",说明六五已经高居在上。

[上六]《象》:"没有遇合阳刚,过于阴柔",说明上六已呈亢极穷乏之势。

【注解】

[1] 小过：卦名，意为过乎常规。

[2] 妣（bǐ）：原指母亲，后称已经死去的母亲。此处指祖母。

[3] 戕（qiāng）：杀害。

[4] 弋（yì）：用带绳子的箭射鸟。

[5] 离：通"罹"（lí），受，遭逢。此处意为遭到射杀。

【释义】

小过卦艮下震上，与中孚卦爻六位的刚柔相反。刚爻称大，柔爻称小，四刚爻聚于中、二柔爻布于外为"大过"卦；二刚爻聚于中，四柔爻分列于外，阴柔之势胜过阳刚，故谓之"小过"。就卦象来看，艮山在下，震雷在上，山上有雷，雷声被大山阻隔而减弱，没有"震来虩虩"或"震惊百里"之威，仅得"小过"传入耳中。就人事来看，小过卦主弱臣强，群阴用事，小人得势，君子失路，故卦辞曰"可小事，不可大事"。就卦形看，为重画的坎卦，又似鸟飞之貌，《周易集解》引宋衷曰："二阳在内，上下各阴，有似飞鸟舒翮之象，故曰'飞鸟'。震为声音，飞而且鸣，鸟去而音止，故曰'遗之音'也。"① 王宗传《童溪易传》曰："夫阳大而阴小者，安能亨哉？以'过'故亨也。天下固有越常救失之事，如《象》所谓'行过乎恭''丧过乎哀''用过乎俭'是也，不有所过，安能亨哉！"②

初六以柔处阳位，居于艮下，宜所安止；初六与上六若鸟之两翼，故有"飞鸟"之象；与九四相应，九四为震初体震之性，九四动于中则牵于外而动，故初六不能安于静止而志于上行，上行则有崇山之险与矰缴之害，此不能与时偕行之甚也，故有"凶"象。

六二以柔处阴位，得位得中，当小过之时，柔爻皆有过也。居艮之中而九三为之主，此其"祖"；与六五相比，六五阴柔居上中，此其"妣"；六二上往六五，故爻辞曰"过其祖，遇其妣"。六二为臣，

---

① （唐）李鼎祚：《周易集解》卷12，上海古籍出版社1989年版，第198页。
② （宋）王宗传：《童溪易传》卷26，文渊阁四库全书本。

六五为君，臣不得僭越其君，六二退则遇九四，故爻辞曰"不及其君，遇其臣"；六二行虽有过，然能以中道而行，恪守君臣之分，又能与阳刚相合，故"无咎"。

九三以刚处阳位，得艮之实，当小过之时，刚而有实须以过防之，若近比九四，二刚相孚，则可全身远害；然九三刚极于下则志于进，与上六相应，故废艮止之义，疏九四之朋，而上往阴极之地，舍顺之道而为逆之行，故爻辞曰"弗过防之，从或戕之，凶"。

九四以刚处阴位，刚而能柔则"无咎"；处非其位，故不逞于刚强，则六二之柔自六五返而遇之，故有"弗过，遇之"之象。以阳刚承六五阴柔之主，往而见君，则有危惕之义，须时时自戒，而全身之要在于勿施才用，故爻辞曰"往厉，必戒，勿用"；当贞固自守，以待阴之逝、柔之消，故爻辞诫之曰"永贞"。

六五以柔处阳位，为小过之主，为只可小事之君，故爻辞于六五不称"君"而称"公"，小之也；其所射取，不取高大之象而取卑下之象，故爻辞曰"公弋，取彼在穴"。小过卦体重画之坎，六五处震雷之中，故有"雨"象；以阴盛于上而包阳于中，阴阳不匹，故有"密云不雨"之象；乾位西北，故爻辞曰"自我西郊"。郭雍《郭氏传家易说》曰："雨之润泽万物，非小道也，岂《小过》柔中之君能尽其道哉？虽与二为遇，亦可小事而已，故言'雨'则'密云'，'自我西郊'，方兴而未有润泽之功，盖见其不可大事也。'公弋取彼在穴'者，弋取小事，故能有在穴之获。在穴之获，谓二之遇也，君臣之遇，固非小事，然未能大得君，未足以泽及天下，故为小也。若《乾》之二五，同声相应，同气相求，所谓大矣。'已上'者，言阴道已上行而未雨，盖君臣俱柔之象也。"

上六以柔处阴位，为小过之终而极于阴柔，则为肆无忌惮之小人也，故于九三之应，"弗遇"而"过之"，为虐之甚也；为小过卦体之最外，若飞鸟之翼，柔极于上则不知止，故有"飞鸟离之"之"凶"；以亢于上曰"灾"，害于刚曰"眚"故爻辞曰"是谓灾眚"，柔过至此，则不可救药矣。《周易正义》曰："上六处小过之极，是小人之过，遂至上极，过而不知限，至于亢者也。过至于亢，无所复遇，故曰'弗遇过之'也。以小人之身，过而弗遇，必遭罗网，其犹飞鸟，飞而无托，必离矰缴，故曰'飞鸟离之，凶'也。过亢离凶，是谓自灾而致眚，复何言哉！故曰'是谓灾眚'也。"①

既济卦第六十三

☲离下坎上

既济：亨，小利贞。初吉终乱。
初九：曳其轮，濡其尾，无咎。
六二：妇丧其茀，勿逐，七日得。
九三：高宗伐鬼方，三年克之，小人勿用。
六四：繻有衣袽，终日戒。
九五：东邻杀牛，不如西邻之禴祭，实受其福。
上六：濡其首，厉。

【译文】

既济：小亨通，占问有利。开始吉利，结果危乱。

初九：拖拽车轮不使快行，小狐狸被河水打湿尾巴，没有咎害。

六二：妇人丢失了车蔽，勿须追寻，第七天将得到。

九三：商朝高宗讨伐鬼方，经过三年才打败它，不要任用小人。

六四：锦衣穿成了破旧衣裳，应当整天戒备着。

九五：东边邻国杀牛举行盛大祭祀，不如西边邻国用薄礼祭祀，后者真正受到上天的福佑。

上六：小狐狸渡河沾湿了头部，有危险。

《彖》曰："既济""亨"，"小"者亨也。"利贞"，刚柔正而位当也。"初吉"，柔得中也。"终"止则"乱"，其道穷也。

---

① （唐）孔颖达著，李申、卢光明整理：《周易正义》，北京大学出版社1999年标点本，第249页。

【译文】

《彖》："既济"卦"亨通",是柔小者亨通。"利于持守正道",是刚爻与柔爻居位端正而且恰当。"开始吉利",是因为柔爻居于下卦中位。最终柔爻止于顺从刚爻则导致危乱,说明柔之道已至穷极。

《象》曰:水在火上,既济;君子以思患而豫防之。
[初九]《象》曰:"曳其轮",义"无咎"也。
[六二]《象》曰:"七日得",以中道也。
[九三]《象》曰:"三年克之",惫也。
[六四]《象》曰:"终日戒",有所疑也。
[九五]《象》曰:"东邻杀牛","不如西邻"之时也;"实受其福",吉大来也。
[上六]《象》曰:"濡其首",何可久也。

【译文】

《象》:水在火上,是《既济》卦的卦象;君子因此思虑可能出现的祸患,预先做好防备。

[初九]《象》:"拖拽车轮不使快行",说明初九从道义上没有咎害。

[六二]《象》:"第七天将得到",说明六二能行中道。

[九三]《象》:"三年才打败鬼方",说明九三的状态极为疲惫。

[六四]《象》:"应当整天戒备着",说明六四有所疑惧。

[九五]《象》:"东边邻国杀牛举行盛大祭祀,不如西边邻国用薄礼祭祀",是因为西邻能按时祭祀;"后者真正受到上天的福佑",因此吉祥大来。

[上六]《象》:"小狐狸渡河沾湿了头部",上六之位怎么可能长久呢?

【注解】

[1]既济:卦名,意为渡水成功。喻事业有所成就。

[2]茀（fú）：马车的车蔽。古代妇女乘车不露于世，车之前后设障以自隐蔽。

[3]繻（xū）：彩色的丝织品，锦衣。

[4]袽（rú）：烂衣服或破旧棉絮。

[5]禴（yuè）祭：祭品微薄的夏时祭祀。

【释义】

既济卦离下坎上，水在火上之象，意即发生火灾，以水灭火，水势压倒火势，火灾被成功扑灭，故为"既济"。就爻象来看，一刚一柔交错而上，六爻之位，各得其正，象征着事物发展的圆满状态；三柔皆在三刚之上，柔爻皆是借助刚爻之势而上行，故卦辞曰"亨"而"小利贞"；三个柔爻，初柔在下卦中位有柔中之德，中柔居四位能柔顺于位，终柔居上位乘凌九五之刚，故卦辞曰"初吉终乱"。《周易口义》曰："坎上为水，离下为火，水火之性不相入，然相资而成功，有烹饪之利，以济于用，故得'既济'之象也。'君子以思患而豫防之'者，既济之时，天下既以治安，君子宜深思远虑，豫为之防，曲为之备，居安思危，居存思亡，动作语默皆常戒慎，则可以久于既济矣。"①既济与未济卦相覆，卦爻辞皆是讲述了一只小狐渡河的故事，而六位吉凶各有不同，其中蕴含的义理值得深究。

初九以刚处阳位，为方济之时，故志于行；与六四相应，六四以水济火，故于初九有"戒"言。《礼记·曲礼》："执主器，操币、圭璧，则尚左手；行不举足，车轮曳踵，重慎也；尚左手，尊左也；车轮，谓行不绝也。"君子救难济事如同手执祭祀之主器而行，慎重之至也，故有"曳其轮"之象。居位最下，有"尾"象，小狐渡河之初而"濡其尾"，则知河水之深而能戒慎以行，故"无咎"。

六二以柔处阴位，得位得中，离为中女，故六二为"妇"；上古贵族乘车出行，妇人乘车不能把自己暴露于车外，所以在车厢的前后设茀饰以遮挡，与九五有应而往，然六四已得位顺承于九五，且其"繻有衣袽"，故窃六二之茀饰以为己有，"妇丧其茀"而不能行；以

---

① （宋）胡瑗撰，倪天隐述：《周易口义》卷10，文渊阁四库全书本。

六四与六二皆或应或承于九五之君，故"勿逐"；九五终将下应六二，从六二失茀饰之日，至茀饰自上而返下，六爻之位轮转一遍需七日，故爻辞曰"七日得"。

九三以刚处阳位，居离之极而接坎之初，为水火相济之际，有艰难之象；《说卦》："离为甲胄、为戈兵"，故爻辞曰"高宗伐鬼方"；先天八卦离数为三，以坎之三爻济离之三爻，故有"三年克之"之象；既济卦互体离坎，刚柔交错而水火杂居，九三皆体之，则小人居其间或不得已而用之，故惕之曰"小人勿用"。《周易集解》引干宝曰："'高宗'，殷中兴之君。'鬼'，北方国也。高宗尝伐鬼方，三年而后克之。离为戈兵，故称'伐'。坎当北方，故称'鬼'。在既济之家而述先代之功，以明周因于殷，有所弗革也。"① 《竹书纪年》曰："武丁三十二年伐鬼方，次于荆。三十四年王师克鬼方，氐羌来宾。"② 与《既济》卦爻辞所记相合。

六四以柔处阴位，为得位用事之臣；居上坎之初，与九三之离水火相济，九三有三年之"惫"，六四亦有三年之"戒"，衣不解带，枕戈待旦，以至"繻有衣袽"；《说卦》："坎，其于人也，为加忧、为心病"，处多惧之地，故有"终日戒"之象。

九五以刚处阳位，以刚德孚诚于大中之位，下有六二之诸侯虚中应合，刚柔皆得其中；内廷有六四谨慎持重之大臣，廷外有九三乾乾之君子，故堪当既济之主。大功告成则须祭祀天帝祖宗，东邻杀牛，帝纣之淫祀也；西邻禴祭，文王之诚德也。文王能以诚德为天下人所信，则天下之吉皆归文王也，故爻辞曰"东邻杀牛，不如西邻之禴祭，实受其福"，时也，运也，命也，无不在于"德"也。

上六以柔处阴位，居于最上，故有"首"象；处于坎体，故有"濡"象；为既济之终，戒备之意去，安逸之心来，如此济极则反，终归于乱，故爻辞曰"濡其首"，危厉之义莫大焉。《周易集说》曰："于其终有止心则乱也。人之常情，处无事则止心生，止则怠，怠则有患而不为之防，此所以乱也。当知终止则乱，不止则不乱也。是故

---

① （唐）李鼎祚：《周易集解》卷12，上海古籍出版社1989年版，第200页。
② （宋）俞琰：《周易集说》卷19，文渊阁四库全书本。

君子有终身之忧，而无一朝之患，岂至于困穷哉！"

未济卦第六十四

☷坎下离上

未济：亨。小狐汔济，濡其尾，无攸利。

初六：濡其尾，吝。

九二：曳其轮，贞吉。

六三：未济，征凶；利涉大川。

九四：贞吉，悔亡。震用伐鬼方，三年有赏于大国。

六五：贞吉，无悔。君子之光，有孚吉。

上九：有孚于饮酒，无咎。濡其首。有孚失是。

【译文】

未济：亨通。小狐狸渡河接近对岸，被河水打湿尾巴，没有什么利处。

初六：小狐狸被河水打湿尾巴，有困难。

九二：拖拽车轮不使快行，占问吉利。

六三：未能成功，出征有灾殃；涉渡大河有利。

九四：占问吉利，悔恨消除。出动大军征伐鬼方，三年取得胜利，受到天子的封赏。

六五：占问吉利，没有悔恨。君子有光辉的美德，心怀诚信可获吉祥。

上九：有诚信而饮酒，没有咎害。小狐狸被河水打湿了头部。有诚信但没用在正道上。

《象》曰："未济，亨"，柔得中也。"小狐汔济"，未出中也。"濡其尾，无攸利"，不续终也。虽不当位，刚柔应也。

【译文】

《彖》:"未济"卦"亨通",柔爻居于上卦中位。"小狐渡河接近对岸",但还没有出于险难之中。"被河水打湿尾巴,没有什么利处",因不能努力持续至终。尽管卦爻六位刚柔皆不当其位,但六位之间的刚柔关系则是相应的。

《象》曰:火在水上,未济;君子以慎辨物居方。

[初六]《象》曰:"濡其尾",亦不知极也。

[九二]《象》曰:"九二贞吉",中以行正也。

[六三]《象》曰:"未济征凶",位不当也。

[九四]《象》曰:"贞吉悔亡",志行也。

[六五]《象》曰:"君子之光",其晖吉也。

[上九]《象》曰:"饮酒濡首",亦不知节也。

【译文】

《象》:火势在上,水势在下,是《未济》卦的卦象;君子因此审慎地分辨物类,使之各得其所。

[初六]《象》:"小狐被河水打湿尾巴",说明初六不知行事的准则。

[九二]《象》:"九二占问吉利",因其持守中道而行事端正。

[六三]《象》:"未能成功,出征有灾殃",说明六三居位不当。

[九四]《象》:"占问吉利,悔恨消除",说明九四的心志得以施行。

[六五]《象》:"君子有光辉的美德",说明六五的光辉带来吉祥。

[上九]《象》:"小狐被河水打湿了头部",说明上九不知节制自己。

【注解】

[1]未济:卦名,意为渡河未成。喻事业还没有成功。

[2] 汔（qì）：接近，庶几。

[3] 震用：规模宏大。俞琰《周易集说》曰："'震用伐鬼方'者，震动而使之惊畏也。《诗·时迈》云'薄言震之，莫不震叠'，与此震同。"①

[4] 晖（huī）：阳光，泛指光辉。

【释义】

未济卦坎下离上，火在上水在下，火势压倒水势，火灾没有被扑灭，比喻事业尚未成功，故曰"未济"。易之道崇尚八卦交相为用，火在水上，则火炎上而去，水润下而流，水火不能交相为用则于事无功，故《大象》曰"君子以慎辨物居方"。未济卦六爻皆失位不不正，以刚柔皆应，于易之四德仅得"亨"而已；与既济卦皆有小狐渡河与征伐鬼方之象，利小而害大，为六十四卦之终结，以此晓谕君子之处事当善始善终，慎终追远，则无咎矣。

初六以柔处阳位，居坎之初，取象最下，故有"濡其尾"之象；以柔弱之质，居不正之地，与九四相应而急于上行，不能揣度坎之险、火之害，故卦辞曰"吝"，警之也。《伊川易传》曰："六以阴柔在下，处险而应四。处险则不安其居，有应则志行于上。然己既阴柔，而四非中正之才，不能援之以济也。兽之济水，必揭其尾，尾濡则不能济。'濡其尾'，言不能济也。不度其才力而进，终不能济，可羞吝也。"②

九二以刚处阴位，与六五相应而上行；当未济之时，身涉坎险而能以刚德处中，故能谨慎怵惕以行，《说卦》："坎为弓轮"，故有"曳其轮"之象；君子知事有大小，险有缓急，君子顺于时而敦于义，故"贞吉"。

六三以柔处阳位，质柔而不正，险未可济，故曰"未济"；与上九相应，欲往之，故有"征"象，居下坎之上，与九四、六五互体成坎而居之下，上下重坎，故有"凶"象；与九四刚柔相际而顺承

---

① （宋）俞琰：《周易集说》卷10，文渊阁四库全书本。
② （宋）程颐：《伊川易传》卷4，文渊阁四库全书本。

之，则可借九四之刚以涉险，故爻辞曰"利涉大川"。

九四以刚处阴位，为既济九三之反，体离"甲胄戈兵"之义，故亦有"震用伐鬼方"之象；处下坎之上，出于坎险，离数为三，故爻辞曰"三年有赏于大国"；以刚承六五之君，故宜有"悔"义；能竭尽其力以事其君，故"贞吉，悔亡"。

六五以柔处阳位，虚中以下贤之君王也，居离之中，离为日；与九四、六三互体坎，坎为月，日月同天而为明，以喻君王之德光被四表、照耀天下，故爻辞曰"君子之光"；应于九二，信于九四，承于上九，"有孚"若是，故"吉"。以柔质当未济之主，宜有"悔"，能信及众刚，居中指挥，故"贞吉，无悔"。《用易详解》曰："四与五，君臣各得其贞者也。四有震主之威，故'贞吉'而后'悔亡'。五有知人之明，故'贞吉'而可以'无悔'。曰'悔亡'，曰'无悔'，虽若不同，其为贞则一而已矣。'晖光'者，信之充实于中而发越于外者也。充实于中则为'有孚'，发越于外则为'君子之光'。五以柔居尊位，有离明之德而不自用，故能知人而任之，不疑是以若此，其吉也。"①

上九以刚处阴位，居重坎之上，能信及下之三柔，《说卦》："坎为水"，故爻辞曰"有孚于饮酒"；当未济之终，事业未成，固不可以享乐之时也，然上九独沉湎于酒色，足以败其刚德，故爻辞曰"有孚失是"，失之正道也。若小狐之渡河，初"濡其尾"而不知戒，行险以侥幸，冒进以求功，终至于事未济而身以败，故爻辞曰"濡其首"。虽曰"无咎"，凶在其中矣。

---

① （宋）李杞：《用易详解》卷12，文渊阁四库全书本。

五　文言

"元"者，善之长也；"亨"者，嘉之会也；"利"者，义之和也；"贞"者，事之干也。君子体仁足以长人，嘉会足以合礼，利物足以和义，贞固足以干事。君子行此四德者，故曰："乾：元、亨、利、贞。"

【译文】
"元始"，是众善的首位；"亨通"，是嘉美的荟萃；有利，是道义的应和；贞正，是事业的本质。君子能以仁为本，则可以当人们的尊长；君子能使众美荟萃，则足以合乎礼仪；君子能利于万物，则足以合于道义；君子能坚守正道，则足以承担大事。君子能够践行"元亨利贞"四种美德，所以说："乾卦之义，在于元始、亨通、有利、贞正。"

初九曰"潜龙勿用"，何谓也？子曰："龙德而隐者也。不易乎世，不成乎名；遁世无闷，不见是而无闷；乐则行之，忧则违之，确乎其不可拔，'潜龙'也。"

【译文】
初九爻辞说"龙处于潜伏之时，不宜有所作为"，此话怎讲？孔子说："这是比喻那些有龙德精神而又隐居不仕的人。他们不因世俗而改变自己的节操，不追逐功名；避世隐居而不愁闷，不被世人认可也不苦闷；认为快乐的事情就去做，感到忧虑的事情就避开，这样的人具有不可动摇的坚定意志，堪称潜伏的巨龙啊！"

九二曰"见龙在田,利见大人",何谓也?子曰:"龙德而正中者也。庸言之信,庸行之谨;闲邪存其诚,善世而不伐,德博而化。《易》曰:'见龙在田,利见大人',君德也。"

【译文】

九二爻辞说"龙出现在田野上,利于出现伟大的人物",此话怎讲?孔子说:"这是比喻有龙德精神而能持守正中之道的人。平时的言论讲求信用,平时的行为讲求谨慎;杜绝邪念而保持内心的诚实;行善于世间而不自夸功劳,道德广博而能感化天下。《周易》说:'龙出现在田野上,利于出现伟大的人物',说的是君主的品德啊!"

九三曰"君子终日乾乾,夕惕若,厉,无咎",何谓也?子曰:"君子进德修业,忠信,所以进德也;修辞立其诚,所以居业也。知至至之,可与言几也;知终终之,可与存义也。是故居上位而不骄,在下位而不忧;故乾乾因其时而惕,虽危无咎矣。"

【译文】

九三爻辞说"君子整个白天勤勉努力,到了傍晚仍保持警惕,处境危险,但无过失",此话怎讲?孔子说:"君子须提升道德建立功业,忠于职守而有信用,可以提高自己的品德;修饰言辞须本于诚心,则可以保有功业。知道进德的至境而努力达到它,这样的人可以跟他讲玄奥的事理;知道修业的终点而始终遵守它,这样的人可以跟他讲保全道义的所在。因此君子处在上位而不自满,处在下位而不忧愁;刚健自强并随时警惕,即使环境险恶也无灾祸。"

九四曰"或跃在渊,无咎",何谓也?子曰:"上下无常,非为邪也。进退无恒,非离群也。君子进德修业,欲及时也,故'无咎'。"

五 文言

【译文】

九四爻辞说"龙或跃上天空,或停留在深渊,没有灾祸",此话怎讲?孔子说:"君子的职位或升或降没有常规,并非出于邪念;君子或进取或引退没有恒则,并非脱离群众。君子提升道德,建立功业,需要把握好时机,所以无害。"

九五曰"飞龙在天,利见大人",何谓也?子曰:"同声相应,同气相求;水流湿,火就燥;云从龙,风从虎;圣人作而万物睹;本乎天者亲上,本乎地者亲下,则各从其类也。"

【译文】

九五爻辞说"龙在天上翱翔,利于出现伟大人物",此话怎讲?孔子说:"同类的声音相互应和,同类的气息相互感应。水向湿处流,火往干处烧。云从龙起,风随虎生。圣人有所作为,而受到万民的景仰。本于天而生的事物亲附上天,本于地而生的事物亲附大地,各以其类相从属。"

上九曰"亢龙有悔",何谓也?子曰:"贵而无位,高而无民,贤人在下而无辅,是以动而'有悔'也。"

【译文】

上九爻辞说"处于极盛状态的龙会有灾祸",此话怎讲?孔子说:"譬喻国君虽然尊贵而没有权势,高高在上却没有百姓的拥护,贤人居于下位而不能辅佐他,所以说妄动必有悔恨。"

"潜龙勿用",下也。"见龙在田",时舍也。"终日乾乾",行事也。"或跃在渊",自试也。"飞龙在天",上治也。"亢龙有悔",穷之灾也。乾元"用九",天下治也。

【译文】

（初九）"潜龙勿用"，说明地位卑下。（九二）"见龙在田"，说明因时布施。（九三）"终日乾乾"，说明勤勉做事。（九四）"或跃在渊"，说明尝试着展现自己的才华。（九五）"飞龙在天"，说明天下大治。（上九）"亢龙有悔"，说明势过其极而有灾难。乾元"用九"，说明天下太平。

"潜龙勿用"，阳气潜藏。"见龙在田"，天下文明。"终日乾乾"，与时偕行。"或跃在渊"，乾道乃革。"飞龙在天"，乃位乎天德。"亢龙有悔"，与时偕极。乾元"用九"，乃见天则。

【译文】

（初九）"潜龙勿用"，说明阳气潜藏在地下。（九二）"见龙在田"，说明天下呈现出一片文明的景象。（九三）"终日乾乾"，说明要与时俱进。（九四）"或跃在渊"，说明天道此时开始革新。（九五）"飞龙在天"，说明有德之君登临大位。（上九）"亢龙有悔"，说明随着时间的推移而衰落。乾元"用九"，于此可见天道运行的法则。

"乾元"者，始而"亨"者也。"利贞"者，性情也。乾始能以美利利天下，不言所利，大矣哉！大哉乾乎！刚健中正，纯粹精也；六爻发挥，旁通情也；时乘六龙，以御天也；云行雨施，天下平也。

【译文】

乾元，创始天下万物而使它们各得亨通。有利和贞正，是万物的本性与情状。乾的开端即以美善之道利泽天下，却不说它对万物的恩惠，乾德堪称盛大啊！乾道伟大啊！刚强劲健，中和贞正，是纯粹的精元之气啊。乾卦六爻运行变化，旁通天下万物的情状；如同顺着时节乘着六条飞龙，统御着天道的运转；时而行云时而降雨，天下呈现出一片太平的景象。

五　文言

　　君子以成德为行，日可见之行也。"潜"之为言也，隐而未见，行而未成，是以君子弗用也。君子学以聚之，问以辩之，宽以居之，仁以行之。《易》曰"见龙在田，利见大人"，君德也。九三重刚而不中，上不在天，下不在田，故乾乾因其时而惕，虽危无咎矣。九四重刚而不中，上不在天，下不在田，中不在人，故"或"之。"或"之者，疑之也，故无咎。夫"大人"者，与天地合其德，与日月合其明，与四时合其序，与鬼神合其吉凶。先天而天弗违，后天而奉天时。天且弗违，而况于人乎？况于鬼神乎？"亢"之为言也，知进而不知退，知存而不知亡，知得而不知丧。其唯圣人乎！知进退存亡，而不失其正者，其唯圣人乎！

【译文】

　　君子把成就道德作为行动的根本，其品德体现在每天的行动上。（初九爻辞）"潜"的意思，是君子道德隐匿而不显明，君子行事还没有成就，所以君子无所施展才华。君子通过学习积累知识，通过提问明辨道理，以宽厚的态度待人，以仁爱之道行事。《易》（九二爻辞）"见龙在田，利见大人"，说的是国君的德行啊！九三爻处在重刚之位而不居中，向上不能达于天之位，向下不能立于地之位，所以要刚健有为并随时警惕，这样即使有危险也没有咎害。九四爻处在重刚之位而不居中，向上不能达于天之位，向下不能立于地之位，居中不能安于人之位，所以用"或"这个词。"或"的意思是指对自己的处位有所疑虑，所以没有咎害。（九五爻辞）"大人"的美德若天地覆载万物，圣明若日月照耀大地，施政若四时有序，预知吉凶若鬼神一样灵验。圣人先于天象而动，天道不能违背他；后于天象而动，也能遵循天道。天尚且不违背他，何况人呢？何况鬼神呢？（上九爻辞）"亢"的意思，是指大人只知前进而不知后退，只知生存而不考虑灭亡，只知获取而不知舍弃。恐怕只有圣人才能知晓进退存亡的道理，又不失其立身行事之中正，只有圣人才能做到啊！

坤至柔而动也刚，至静而德方。后得主而有常，含万物而化光。坤其道顺乎？承天而时行！积善之家必有余庆，积不善之家必有余殃。臣弑其君，子弑其父，非一朝一夕之故，其所由来者渐矣，由辩之不早辩也。《易》曰："履霜，坚冰至"，盖言顺也。"直"其正也，"方"其义也。君子敬以直内，义以方外，敬义立而德不孤。"直、方、大，不习无不利"，则不疑其所行也。阴虽有美，"含"之以从王事，弗敢成也。地道也，妻道也，臣道也。地道"无成"而代"有终"也。天地变化，草木蕃；天地闭，贤人隐。《易》曰："括囊，无咎无誉"，盖言谨也。君子"黄"中通理，正位居体，美在其中，而畅于四支，发于事业，美之至也。阴疑于阳必"战"，为其嫌于无阳也，故称"龙"焉。犹未离其类也，故称"血"焉。夫"玄黄"者，天地之杂也，天玄而地黄。

【译文】

《文言》说：大地至柔，但变动时却很刚劲；至为安静，却有方正之德。地顺从天，而变化有常道；含育万物，而德化光大。地道应该是柔顺吧，上承天道而循着四时的顺序运行。行善之家多有吉庆，行不善之家多有灾祸。臣子弑杀君主，儿子弑杀父亲，不是一朝一夕的缘故，其作恶的动机是逐渐形成的，由于做君父的不曾早日辨明而导致的啊！《易》（初六爻辞）说："踩着寒霜，坚冰时节将要来临"，大概是说事物的发展顺着一定的趋势。（六二爻辞）"直"是指立心须求端正，"方"是指行事恪守道义。君子以恭敬的态度待人从而保持内心的正直；以道义行事从而保持处世的方正。恭敬与道义的精神树立起来，君子的道德就不孤单。"地道顺直、方正、广大，即使到了不熟悉的地方也没有不利"，说明无须怀疑君子的行为。在下位者即使有才德，也当以谦逊的态度辅佐君王的事业，不敢把成事的美誉归为己有。坤卦六三爻辞讲的是地顺承天之道，妻随从夫之道，臣效忠君之道。大地不把成功归为己有，却能代天终成养育万物的事业。天地变化，草木茂盛；天地闭塞，贤人隐退。《易》（六四爻辞）说：

◈ 五 文言 ◈

"如同扎紧的口袋一样缄口不言，没有害处，也没有赞誉"，说的就是谨慎处世的道理。（六五爻辞）君子宽仁中和，通达事理；端正其位，行事得当。美德蕴藏于内心，通畅于四肢，扩展于事业，美之至啊！（上六爻辞）阴气凝结到一定程度时必然与阳气相交，《易经》作者担心读者疑惑坤卦没有阳气，所以在坤卦爻辞中出现"龙"辞；上六之时阴阳二气交合在一起而没有分离，所以称"血"。血是"玄黄"之色，即天与地相混杂的颜色，天色玄而地色黄。

【说明】

《文言》是专门解释《乾》《坤》两卦卦爻辞的一部作品，解释乾卦的称《乾·文言》，解释坤卦的称《坤·文言》。文中的"子曰"古人一般视为孔子的解《易》之辞，近代学者对之多有怀疑。就《文言》阐发义理的方式来看，其注重以天道证人道，反映了战国中期的学术特色；就《文言》所论述的思想内容来看，主旨在于修身、成德、平天下，是儒家思想的集中反映。

就《乾·文言》而言，需要我们注意的主要有以下几点：

一是提出了"元亨利贞"为"四德"说。就史料来看，《文言》四德说取之于《左传·襄公九年》穆姜之言，体现了春秋以来义理派的解《易》风格：

> 穆姜薨于东宫。始往而筮之，遇《艮》之八。史曰："是谓《艮》之《随》。《随》其出也。君必速也。"姜曰："亡。是于《周易》曰：'《随》，元亨利贞，无咎。'元，体之长也；亨，嘉之会也；利，义之和也；贞，事之干也。体仁足以长人，嘉德足以合礼，利物足以和义，贞固足以干事，然，故不可诬也，是以虽《随》无咎。"①

二是对《彖》《象》义理和象数说有所继承。就义理上看，表现在对《彖》自然天道观的接受，如"乾元者，始而亨者也"一节，

---

① 杨伯峻：《春秋左传注》，中华书局1990年版，第964—965页。

几乎完全袭用了《彖》对"元亨利贞"的解释；表现在继承《彖》的阴阳思想，提出了"阳气"说；还表现在继承《彖》的"天地人"一体观等。就象数而言，其继承了《彖》《象》关于卦爻的爻位说、刚柔说，如说九二、九五"正中"，说上九"无位"；如说九三、九四"重刚而不中"等。但《文言》在象数的解释上，与《彖》《象》有所不同：九五以刚爻居阳位，为"正中"，但九二以刚爻居阴位，则不能称"正中"；《彖》《象》只以二至五爻论得位失位，初、上爻则不论得位失位。

　　三是提出了"德合天地"的圣人观。《文言》中的圣人不仅是最高德行的代表，还是最高智慧的代表，这与《中庸》中的圣人观是一致的。二者比较，当是《文言》受了《中庸》的影响，可见战国时期《周易》逐渐成为儒家学者研习的重要典籍。

六　系辞上

天尊地卑，乾坤定矣。卑高以陈，贵贱位矣。动静有常，刚柔断矣。方以类聚，物以群分，吉凶生矣。在天成象，在地成形，变化见矣。是故，刚柔相摩，八卦相荡。鼓之以雷霆，润之以风雨。日月运行，一寒一暑。乾道成男，坤道成女。乾知大始，坤作成物。乾以易知，坤以简能。易则易知，简则易从。易知则有亲，易从则有功。有亲则可久，有功则可大。可久则贤人之德，可大则贤人之业。易简，而天下之理得矣；天下之理得，而成位乎其中矣。

【译文】

天尊贵在上，地谦卑在下，乾坤的位置由之确立。事物的排列有高下之别，各自的尊卑之位因之明确。天地动静有常道，阳为刚阴为柔的性质因之判定。万物因种类相同而聚在一起，因种类不同而区分，吉凶在聚与分的过程中产生。在天空有日月星辰之物象，在大地有万物之形体，于此可以察知天道的变化。因此，阳刚与阴柔相互作用，八卦彼此之间交互激荡。大自然以雷霆鼓动万物，以风雨润泽万物。日月往来运行，寒暑的季节交相替代。乾阳之道生成男性，坤阴之道生成女性。乾的功能是创生万物，坤的功能是养成万物。乾以变易为人所知，坤以简约见其功能。变易则易于知晓，简约则易于遵从。易于知晓则可亲近，易于遵从则有功业。可亲近则可长久，有功业则可弘大。人类社会可长久的是贤人的美德，可弘大的是贤人的事业。明白了变易与简约之道，也就明白了天下的道理；掌握了天下的道理，人们就可以在天地间确立自己的位置了。

圣人设卦，观象，系辞焉而明吉凶。刚柔相推而生变化。是故吉凶者，失得之象也；悔吝者，忧虞之象也；变化者，进退之象也；刚柔者，昼夜之象也。六爻之动，三极之道也。是故君子所居而安者，易之象也；所乐而玩者，爻之辞也。是故，君子居则观其象而玩其辞，动则观其变而玩其占。是以"自天祐之，吉无不利"。

【译文】

圣人创立六十四卦，通过观研卦象以撰系卦爻辞而明示吉凶的意义。通过刚爻柔爻的相互推移而衍生无穷的变化。卦爻辞中的"吉""凶"，是人生或得或失的象征；卦爻辞中的"悔""吝"，是人生忧患、愁虑的象征；卦爻的变化，是人生或进或退的象征；刚爻柔爻，是天道有白昼有黑夜的象征。诸卦六爻的变动，反映的是天地人三才之道。所以君子平常居处而内心安定，是凭借着易卦的卦爻象；所乐于玩赏的，是易卦的卦爻辞。所以，君子日常安居则观摩卦爻象而玩赏卦爻辞，有所行动则观摩卦爻的变化而研讨占筮的结果。所以君子可"获得上天的福佑，吉祥而无所不利"。

彖者，言乎象者也；爻者，言乎变者也。吉凶者，言乎其失得也；悔吝者，言乎其小疵也；无咎者，善补过也。是故列贵贱者存乎位，齐小大者存乎卦，辩吉凶者存乎辞，忧悔吝者存乎介，震无咎者存乎悔。是故卦有小大，辞有险易；辞也者，各指其所之。

【译文】

卦辞，是说明整个卦象的意义；爻辞，是说明每一爻的变化。卦爻辞中的"吉""凶"，是说明人生或得或失；卦爻辞中的"悔""吝"，是说明存在小的缺点或过失；卦爻辞中的"无咎"，是说明善于补救过失。所以，序次尊贵、卑贱在于一卦的上下六位，齐同柔爻、刚爻的意义在于一卦之体，辨别"吉""凶"的意义在于卦爻辞，忧思"悔""吝"的意义在于细微之间，行动没有过失的意义在于能够悔改。所以，一卦之体有柔小、有刚大，一卦之辞有险难、有平易；一卦的卦辞和爻辞，各有不同的意义指向。

《易》与天地准，故能弥纶天地之道。仰以观于天文，俯以察于地理，是故知幽明之故。原始反终，故知死生之说。精气为物，游魂为变，是故知鬼神之情状。与天地相似，故不违。知周乎万物，而道济天下，故不过。旁行而不流，乐天知命，故不忧。安土敦乎仁，故能爱。范围天地之化而不过，曲成万物而不遗，通乎昼夜之道而知，故神无方而《易》无体。

【译文】

易卦的体系与天地相准拟，所以能统摄天地之道。作《易》者抬头观看天体运行的轨迹，低头勘察土地山川的形势，以此知晓幽暗和光明的原因。推原事物的初始，类推事物的终结，所以知晓死亡和诞生的理论。阴阳精华之气氤氲积聚而为万物，浮散游荡的精气导致各种变化，因此知晓大自然鬼神般造化的情形及状况。《易》与天地相似，所以不违背天地之道。《易》的智慧包罗万物，而其道在于拯济天下，所以不会有过错。《易》遍行天下而不泛滥，顺应天意而知晓命数，所以没有忧愁。教化人们安于故土而敦厚仁德，所以能博爱万物。《易》涵盖了天地间一切的变化而不超过，周遍地育成万物而无遗漏，会通昼阳夜阴之道而无所不知，所以《易》的神妙之处不拘于一方，生成变化无有定体。

一阴一阳之谓道，继之者善也，成之者性也。仁者见之谓之仁，知者见之谓之知，百姓日用而不知，故君子之道鲜矣。显诸仁，藏诸用，鼓万物而不与圣人同忧，盛德大业至矣哉！富有之谓大业，日新之谓盛德。生生之谓《易》，成象之谓乾，效法之谓坤，极数知来之谓占，通变之谓事，阴阳不测之谓神。

【译文】

一阴一阳的和谐统一叫作"道",继承"道"的是"善",化成"道"的是"性"。仁者理解的"道"为"仁",智者理解的"道"为"智",百姓日常应用"道"而不自知,所以君子所谓的"道"就少有人知了。阴阳之道显现其仁德,隐藏其功用,鼓舞催动万物而不需与圣人一样忧虑天下,其盛大的美德和伟大的功业堪称极致啊!富有万物堪称大业,日新其德堪称盛德。生生不息叫作《易》,画成天象的卦叫作乾卦,效法地势的卦叫作坤,推演筮数预知未来叫作占筮,通晓事物的变化之理叫作事业,阴阳变化莫测叫作神妙。

  夫《易》,广矣大矣,以言乎远则不御,以言乎迩则静而正,以言乎天地之间则备矣。夫乾,其静也专,其动也直,是以大生焉。夫坤,其静也翕,其动也辟,是以广生焉。广大配天地,变通配四时,阴阳之义配日月,易简之善配至德。子曰:"《易》其至矣乎!夫《易》,圣人所以崇德而广业也。知崇礼卑,崇效天,卑法地。天地设位,而《易》行乎其中矣。成性存存,道义之门。"

【译文】

《周易》的体系广泛而博大啊,以之讲说玄远之事则无有止境,以之讲说浅近之事则安静而平正,以之讲说天地万物则完备了。乾卦,它静的时候专一,它动的时候正直,所以能大生万物;坤卦,它静的时候合闭,它动的时候开辟,所以能广生万物。《周易》广大之德可以与天地相配,变通之序可以与四时相配,阴阳之义可以与日月相配,变易而简约的好处可以与至德相配。孔子说:"《周易》的哲理堪称极致啊!《周易》这部书,圣人是用它来尊崇道德而扩大事业的。智慧使人崇高,礼仪使人谦卑,尊崇是效法天的精神,谦卑是效法地的精神。天地创立了上下尊卑的位置,《周易》的哲理就通行于天地之间了。运用《周易》的哲理化成人的善性并一直保存,就找到了通向道义的大门。"

◈ 六　系辞上 ◈

　　圣人有以见天下之赜，而拟诸其形容，象其物宜，是故谓之象。圣人有以见天下之动，而观其会通，以行其典礼，系辞焉以断其吉凶，是故谓之爻。言天下之至赜，而不可恶也；言天下之至动，而不可乱也。拟之而后言，议之而后动，拟议以成其变化。"鸣鹤在阴，其子和之；我有好爵，吾与尔靡之。"子曰："君子居其室，出其言善，则千里之外应之，况其迩者乎？居其室，出其言不善，则千里之外违之，况其迩者乎？言出乎身，加乎民；行发乎迩，见乎远。言行，君子之枢机。枢机之发，荣辱之主也。言行，君子之所以动天地也，可不慎乎？""同人，先号咷而后笑。"子曰："君子之道，或出或处，或默或语。二人同心，其利断金；同心之言，其臭如兰。""初六，藉用白茅，无咎。"子曰："苟错诸地而可矣，藉之用茅，何咎之有？慎之至也。夫茅之为物薄，而用可重也。慎斯术也以往，其无所失矣。""劳谦，君子有终，吉。"子曰："劳而不伐，有功而不德，厚之至也，语以其功下人者也。德言盛，礼言恭；谦也者，致恭以存其位者也。""亢龙有悔。"子曰："贵而无位，高而无民，贤人在下位而无辅，是以动而有悔也。""不出户庭，无咎。"子曰："乱之所生也，则言语以为阶。君不密则失臣，臣不密则失身，几事不密则害成，是以君子慎密而不出也。"子曰："作《易》者其知盗乎？《易》曰：'负且乘，致寇至。'负也者，小人之事也；乘也者，君子之器也。小人而乘君子之器，盗思夺之矣。上慢下暴，盗思伐之矣！慢藏诲盗，冶容诲淫，《易》曰：'负且乘，致寇至'，盗之招也。"

【译文】

　　创作《周易》的圣人看到天下万物的杂乱纷繁，于是比拟万物的形态，象征事物之所当然的意义，所以称作卦象。创作《周易》的圣人看到天下万物的运动变化，于是观察其中的会合融通，以此施行典法礼仪，并在六十四卦各爻之下撰系文辞以判定事物变化的吉凶，所以称作爻象。《周易》六十四卦描述天下万物至为纷杂繁乱的情态而没有过差，描述天下万物各种变动而没有错乱。先模拟物象然后讲说其中的意义，先忖度卦爻的情态然后揭示其中的变动，通过模拟和忖度就形成易卦变化的体系。《中孚·九二》："鹤在山阴鸣叫，它的伙伴发出回应；我有一壶美酒，愿与你共饮。"孔子解释说："君子居住在家，发出富于善德的言论，那么远在千里之外的人听到了也会回应，何况近处的人呢？君子居住在家，若是发出没有善德的言论，那么远在千里之外的人听了也不会遵守，何况近处的人呢？君子的言论出于自身，施加于百姓；行为开始于近处，影响见于远方。言论和行为，是君子立身处世的关键。言论和行为一旦发出，就成为人生荣耀或耻辱的主宰。言论和行为，是君子用来振动天地万物的，岂能不谨慎吗？"《同人·九五》："和同于人，起先号哭，后来欢笑。"孔子解释说："君子立身处世之道，或外出做官，或居家闲居；或沉默不言，或发表言论。两个人齐心所凝成的力量，会像锋利的刀刃一样，可以斩断坚硬的金属。同心同德的人说的话，给人的感觉就像嗅到兰花的芳香。"《大过·初六》："祭祀时把器物放置白色的茅草上面，没有咎害。"孔子解释说："姑且把祭器放到地上就可以了，把祭器放到白茅上，哪有什么咎害呢？说明主祭者慎重之至啊！茅草本是轻微之物，可却用在很重要的场合。以审慎的策略应对今后遇到的事，就不会有过失了。"《谦·九三》："君子勤劳谦恭，会有好结果，吉祥。"孔子解释说："君子辛劳于职事而不自夸耀，建立了功业而不求回报，敦厚之至啊！说的就是有功劳却能谦恭处下以待人的君子。美德讲究盛大，礼仪讲究恭敬；谦逊的人，能行恭敬之道以保存其职位。"《乾·上九》："处于亢极状态的龙会有灾祸。"孔子解释说："这是比喻君主虽尊贵但没有实位，虽高高在上但没有民众的拥护，虽有贤才在下位但不辅助他，所以行动必然会有灾殃。"《节·初九》："不走出庭院，没有咎害。"孔子解释说："祸乱之所以会发生，往往是说话不守机密引起的。君主不守机密就会失信于大臣，大臣不守机密就会失去生命，机密的事不守秘密就危害成功，所以君子慎守秘密而不出言泄密。"孔子说："创作《周易》的人大概知道盗寇之事吧？《解·六三》：'背负重物却乘坐在马车上，招来了盗寇。'背负重物，是小人之事；乘用马车，是君子之器。身为小人却乘着君子的车具，盗寇就考虑抢夺他们了。居上位者轻慢，居下位者粗暴，盗寇就思谋侵伐他们了。人迟缓收藏财物就会招人盗窃，人打扮得妖艳就会招人淫乱。《解·六三》：'背负重物却乘坐在马车上，招来了盗寇'，盗寇就是这么引来的啊！"

  大衍之数五十，其用四十有九。分而为二以象两，挂一以象三，揲之以四以象四时，归奇于扐以象闰。五岁再闰，故再扐而后挂。天数五，地数五，五位相得而各有合：天数二十有五，地数三十，凡天地之数五十有五，此所以成变化而行鬼神也。《乾》之策二百一十有六，《坤》之策百四十有四，凡三百有六十，当期之日。二篇之策，万有一千五百二十，当万物之数也。是故四营而成《易》，十有八变而成卦。八卦而小成，引而伸之，触类而长之，天下之能事毕矣。显道，神德行，是故可与酬酢，可与祐神矣。

【译文】

  《周易》占筮之数为五十，实际使用的筮数是四十九。将四十九根蓍策随机分为左右两堆以象征天地两仪，从左堆中取出一策放于左手拇指中间以象征天地人三才，然后把左堆筮策每次四根地分数以象征四时，把余数（包括四策）置于左手大拇指间以象征闰月，五年再出现闰月，于是再把右堆筮策每次四根地分数，把余数（包括四策）置于小拇指间。天数有五个，地数有五个，五个天数和五个地数相加而分别得到合数：天数总共为二十五，地数总共为三十，天地之数总共为五十五，用此可以推演天地万物的各种变化而通达于鬼神般的自然造化。筮得《乾》卦的策数是二百一十六，筮得《坤》卦的策数是一百四十四，《乾》《坤》两卦的策数一共是三百六十，相当于一年的日数。《周易》上下经六十四卦的策数一共是一万一千五百二十，相当于万物的数目。所以，通过分二、挂一、揲四、归奇这四个步骤可推演易卦，经过以上步骤的十八遍重复就可筮得一卦。筮得三画的八卦只能算是小成，推演开来，触类旁通而得到六十四卦，则天下万物的事理就完备了。大衍筮法是彰显天道神乎德行的，所以可以与君子交相呼应，可以佑助神灵了。

> 子曰："知变化之道者，其知神之所为乎？《易》有圣人之道四焉：以言者尚其辞，以动者尚其变，以制器者尚其象，以卜筮者尚其占。"是以君子将有为也，将有行也，问焉而以言，其受命也如响，无有远近幽深，遂知来物。非天下之至精，其孰能与于此？参伍以变，错综其数；通其变，遂成天下之文；极其数，遂定天下之象。非天下之至变，其孰能与于此？《易》无思也，无为也，寂然不动，感而遂通天下之故。非天下之至神，其孰能与于此？夫《易》，圣人之所以极深而研几也。唯深也，故能通天下之志；唯几也，故能成天下之务；唯神也，故不疾而速，不行而至。子曰"《易》有圣人之道四焉"者，此之谓也。

【译文】

孔子说："通晓变化之道的人，大概知道神的所作所为了吧？《周易》中蕴含的圣人之道有四个方面：在言辞方面崇尚卦爻辞的精义，在行动方面崇尚卦爻变的规律，在制造器物方面崇尚卦爻象的意蕴，在卜筮预测方面崇尚占筮结果的启迪。"所以君子欲有所作为，欲有所行动，向蓍草言说所占之事，《周易》能如响应声地承受筮者的请命，不论远方、近处、幽暗、深邃之事，都能推知事物未来的发展状态。若非天下至为精妙的所在，谁能做到这样？通过参研"分二、挂一、揲四、归奇、后挂"五个步骤以察知卦爻的变化，纵横分合筮策以得到卦爻之象；精通卦爻之变，就能摹成天地的纹理；穷究卦爻之数，就能判定天下的物象。若非天下至为神奇的变化，谁能做到这样？《易》本身是没有思虑，没有作为，寂然不动的，一旦被人感应便能通晓天下事理。若非天下至为神妙的所在，谁能做到这样？《周易》，是圣人用来探究精深而细微的事理的。因为精深，所以能通晓天下人的心志；因为细微，所以能成就天下的事务；因为神妙，所以能做到看起来动作缓慢，但实际行进快速，看起来没有行走，但已经到达目的地。孔子说"《周易》中蕴含的圣人之道有四个方面"，说的就是上述意思。

六 系辞上

  天一，地二；天三，地四；天五，地六；天七，地八；天九，地十。子曰："夫《易》，何为者也？夫《易》，开物成务，冒天下之道，如斯而已者也。"是故圣人以通天下之志，以定天下之业，以断天下之疑。是故蓍之德圆而神，卦之德方以知，六爻之义易以贡。圣人以此洗心，退藏于密，吉凶与民同患。神以知来，知以藏往，其孰能与此哉？古之聪明睿知神武而不杀者夫！是以明于天之道，而察于民之故，是兴神物以前民用。圣人以此齐戒，以神明其德夫！是故阖户谓之坤，辟户谓之乾，一阖一辟谓之变，往来不穷谓之通，见乃谓之象，形乃谓之器，制而用之谓之法，利用出入，民咸用之谓之神。

【译文】

  一为天数，二为地数；三为天数，四为地数；五为天数，六为地数；七为天数，八为地数；九为天数，十为地数。孔子说："《周易》有什么用处呢？《周易》通晓万物、成就事业，囊括天下一切道理，如此而已。"所以圣人通过运用《周易》以通达天下人的心志，以安定天下的事业，以决断天下的疑惑。所以蓍数的德性圆满而神妙，卦体的德性方正而智慧，六爻的德性变易而示人吉凶。圣人以《周易》洗涤心志，将其退藏于秘密之处，与百姓共同承担占筮之事的吉凶。神妙可知将来，智慧可记过往，谁能做到这样？大概只有古代聪明、睿智、神武而不嗜杀的圣王才能如此吧！所以圣王既能知晓天道，又能体察百姓，以此兴起神妙的蓍草以引导百姓日常的行事。圣人使用《周易》之前必须斋戒，以此彰显其神明的德性。所以闭合门户叫作坤卦，打开门户叫作乾卦，一关一开就叫作变化，往来交感无穷叫作会通，显现于外而可见的叫作表象，有固定形体的叫作器物，以之制成器具并使用叫作方法，百姓外出或居内都用它以得利而不知缘由叫作神奇。

  是故《易》有太极，是生两仪，两仪生四象，四象生八卦，八卦定吉凶，吉凶生大业。是故法象莫大乎天地；变通莫大乎四时；县象著明莫大乎日月；崇高莫大乎富贵；备物致用，立成器以为天下利，莫大乎圣人；探赜索隐，钩深致远，以定天下之吉凶，成天下之亹亹者，莫大乎蓍龟。是故天生神物，圣人则之；天地变化，圣人效之；天垂象，见吉凶，圣人象之；河出图，洛出书，圣人则之。《易》有四象，所以示也；系辞焉，所以告也；定之以吉凶，所以断也。

【译文】

所以，《易》以太极为宇宙的本原，太极生成阴阳，阴阳生成四象，四象生成八卦，八卦断定吉凶，吉凶判定了就可创建伟大的事业。所以效法物象没有比天地更大的；变化会通没有比四季更大的；高悬着显现着光明的天象，没有比日月更大的；地位崇高，没有比富贵更大的；准备器物供人使用，制成器具让天下人都得到便利，没有比圣人更大的；探究深奥的道理，搜索隐秘的事情，探取深处的，招来远处的，以此断定天下事情的吉凶，勤勉不倦以成就天下的事业，没有比蓍占和龟卜更大的。所以上天生了蓍草和灵龟两种神物，圣人就效法它；天地有各种变化，圣人就效法它；天空有日月星辰之象，昭示着吉凶，圣人就效法它；黄河出现龙图，洛水出现龟书，圣人就效法它。易卦有太阳、太阴、少阳、少阴四种爻象，是用来显示变化情况的；为卦爻象撰系文辞，是用来告知事物发展状态的；卦爻辞中写定的吉凶，是圣人用来判定占筮结果的。

《易》曰："自天祐之，吉无不利。"子曰："祐者，助也。天之所助者，顺也；人之所助者，信也。履信思乎顺，又以尚贤也，是以'自天祐之，吉无不利'也。"子曰："书不尽言，言不尽意。"然则圣人之意，其不可见乎？子曰："圣人立象以尽意，设卦以尽情伪，系辞焉以尽其言，变而通之以尽利，鼓之舞之以尽神。"乾坤，其《易》之缊邪？乾坤成列，而《易》立乎其中矣；乾坤毁，则无以见《易》；《易》不可见，则乾坤或几乎息矣。是故形而上者谓之道，形而下者谓之器，化而裁之谓之变，推而行之谓之通，举而错之天下之民谓之事业。是故夫象，

六　系辞上

圣人有以见天下之赜，而拟诸其形容，象其物宜，是故谓之象。圣人有以见天下之动，而观其会通，以行其典礼，系辞焉以断其吉凶，是故谓之爻。极天下之赜者存乎卦，鼓天下之动者存乎辞，化而裁之存乎变，推而行之存乎通，神而明之存乎其人，默而成之，不言而信，存乎德行。

【译文】

《大有·上九》："从上天降下福佑，吉祥而无所不利。"孔子解释说："佑，是佐助的意思。天所佐助的人，是顺应天道的；人所佐助的人，是恪守诚信的。践行诚信而想着顺应天道，又能尊尚贤能之士，所以'从上天降下福佑，吉祥而无所不利'。"孔子说："文字不能完全表达出人的语言，语言不能完全表达出人的思想。"那么圣人的思想，就不能被了解了吗？孔子说："圣人创立《易》象来充分表达他的思想，创设六十四卦来充分反映事情的真伪，撰系卦爻辞来充分书写他的言论，推演卦爻、会通卦义来充分发挥《周易》的利处，鼓舞天下人来充分展现《周易》的神通。"乾坤两卦，大概是《周易》的蕴藏吧？乾坤分列上下，《周易》各卦就确立于其中了；乾坤毁坏的话，就看不到《周易》了；若是《周易》不可见，那么乾坤或许处于停止的状态了。所以超越形象之上的称为"道"，处于形象之下的称为"器"，化育并裁制万物的称为"变"，推动而使之运行的称为"通"，将道理施行于天下百姓的称为"事"。所谓"象"，是圣人看到天下万物的杂乱纷繁，于是比拟万物的形态，象征事物之所当然的意义，所以称作"象"。圣人看到天下万物的运动变化，于是观察其中的会合融通，以此施行典法礼仪，并在六十四卦各爻之下撰系文辞以判定事物变化的吉凶，所以称作"爻"。极尽天下万物至为纷繁情态的在于卦体，鼓舞天下各种变动在于文辞，化育并裁制万物的在于变动，推动而使万物运行的在于会通，神妙而睿智的在于圣人，沉默不语而能成事，不须言语而能取信于人，在于人的道德品质。

七　系辞下

　　八卦成列，象在其中矣；因而重之，爻在其中矣；刚柔相推，变在其中矣；系辞焉而命之，动在其中矣。吉凶悔吝者，生乎动者也；刚柔者，立本者也；变通者，趣时者也；吉凶者，贞胜者也；天地之道，贞观者也；日月之道，贞明者也；天下之动，贞夫一者也。夫乾，确然示人易矣；夫坤，隤然示人简矣。爻也者，效此者也；象也者，像此者也。爻象动乎内，吉凶见乎外；功业见乎变，圣人之情见乎辞。天地之大德曰生，圣人之大宝曰位。何以守位曰仁，何以聚人曰财，理财正辞、禁民为非曰义。

【译文】

八卦按序列画成，卦象就在其中了；将八卦上下相重，爻象就在其中了；刚爻柔爻相互推移，变化就在其中了；撰系文辞以解释卦爻辞，宇宙间的活动就在其中了。"吉""凶""悔""吝"，是由事物变动产生的；阳刚与阴柔，是事物的根本属性；变化会通，是趋向事物发展的时机；吉凶的意义，在于以正道取胜；天地的规律，在于以正道示人；日月的规律，在于持久的光明；天下的变动，都由统一的道支配着。乾卦，真实地示人以变易之道；坤卦，安静地示人以简易之道。爻，是效仿事物的变动；象，是模拟事物的情状。爻和象变动于卦内，吉和凶显现于卦外；天下的功劳和事业体现于卦爻象的变动，圣人的心思体现于卦爻辞。天地广大的德行是生育万物，圣人珍贵的宝贝是权位。如何才能保住权位？必须靠仁德；如何才能聚拢人民？必须靠财货；管理钱财，端正言辞，禁止百姓为非作歹，必须靠正义。

七　系辞下

古者包牺氏之王天下也，仰则观象于天，俯则观法于地，观鸟兽之文与地之宜，近取诸身，远取诸物，于是始作八卦，以通神明之德，以类万物之情。作结绳而为罔罟，以佃以渔，盖取诸《离》。包牺氏没，神农氏作，斫木为耜，揉木为耒，耒耨之利，以教天下，盖取诸《益》。日中为市，致天下之民，聚天下之货，交易而退，各得其所，盖取诸《噬嗑》。神农氏没，黄帝、尧、舜氏作，通其变，使民不倦；神而化之，使民宜之。《易》穷则变，变则通，通则久。是以"自天祐之，吉无不利"。黄帝、尧、舜垂衣裳而天下治，盖取诸《乾》《坤》。刳木为舟，剡木为楫，舟楫之利以济不通，致远以利天下，盖取诸《涣》。服牛乘马，引重致远，以利天下，盖取诸《随》。重门击柝，以待暴客，盖取诸《豫》。断木为杵，掘地为臼，臼杵之利，万民以济，盖取诸《小过》。弦木为弧，剡木为矢，弧矢之利，以威天下，盖取诸《睽》。上古穴居而野处，后世圣人易之以宫室，上栋下宇，以待风雨，盖取诸《大壮》。古之葬者，厚衣之以薪，葬之中野，不封不树，丧期无数，后世圣人易之以棺椁，盖取诸《大过》。上古结绳而治，后世圣人易之以书契，百官以治，万民以察，盖取诸《夬》。

【译文】

上古伏羲氏统治天下，他仰头观察天象的变化，俯身观察大地的形势，观察鸟兽身上的纹理与大地之所适宜的物类，近取象于人类自身，远取象于天下万物，于是开始创制八卦，以此沟通神明的德性，以此类比万物的情状。伏羲氏发明结绳来制作网具，用来猎兽捕鱼，大概是取法于《离》卦。伏羲氏没落后，神农氏兴起，砍劈木头做成了耜，弯曲木头制成了耒，用耒耜耕种所得的利益，引导天下百姓耕种，大概是取法于《益》卦。以中午作为集市的时间，招揽天下民众，聚集天下货物，相互交换然后归去，各人都得到了所需要的货物，大概是取法于《噬嗑》卦。神农氏没落后，黄帝、尧、舜先后兴起，根据时代需要而不断变革，使百姓不致于疲乏；顺其自然推行教化，使民众适应生活。《周易》的法则是穷极就须变革，变革就能通达，通达就能长久，所以"来自上天的福佑，吉祥而无所不利"。黄帝、尧、舜定衣服之制而天下大治，大概是取法于《乾》《坤》卦。凿空木头以成船只，剡削木材以成桨楫，舟楫的好处在于涉渡难以通行的江河，到达远方以便利天下，大概是取法于《涣》卦。驾牛乘马，使它们负载重物到达远方，以便利天下，大概是取法于《随》卦。设置重重门户，并派更夫巡夜，以防盗寇，大概是取法于《豫》卦。断削木头做成杵，挖掘地面做成臼，臼杵的好处，万民在饮食上都受益，大概是取法于《小过》卦。弯曲木条加弦而制成弓，削尖木条做成箭矢，弓箭的好处，可以威慑天下，大概是取法于《睽》卦。上古人们居住在洞穴而置身于野外，后世圣人建造了房屋让人们居住，上有栋梁下有檐宇，以防备风雨，大概是取法于《大壮》卦。古代丧葬的习俗，只用厚厚薪草裹覆死者，埋葬于荒野之中，不修坟墓不植树木，服丧的日期不固定，后世圣人改用棺椁下葬，大概是取法于《大过》卦。上古人们结绳记事以治理天下，后世圣人发明契刻文字代替了结绳记事，百官以此处理政事，万民以此明察事理，大概是取法于《夬》卦。

是故，《易》者，象也；象也者，像也。彖者，材也；爻也者，效天下之动者也。是故，吉凶生而悔吝著也。

【译文】

所以《周易》的卦爻符号，是一个象征的体系；象征，就是模拟天地万物的形象。卦辞，是总述一卦的意义；六爻，是效仿天下万物的变动。因此，事情发展的或吉或凶就产生了，人们行为或后悔或艰难就显明了。

阳卦多阴，阴卦多阳，其故何也？阳卦奇，阴卦耦。其德行何也？阳一君而二民，君子之道也；阴二君而一民，小人之道也。

七 系辞下

【译文】

阳卦震、坎、艮中阴爻居多,阴卦巽、离、兑中阳爻居多,这是什么原因呢?阳卦一阳爻二阴爻,一阳爻为主;阴卦一阴爻二阳爻,二阳爻为主。它的德行如何?阳卦的意义是一个国君主宰两个庶民,是君子之道;阴卦的意义是两个国君争夺一个庶民,是小人之道。

《易》曰:"憧憧往来,朋从尔思。"子曰:"天下何思何虑?天下同归而殊涂,一致而百虑,天下何思何虑?日往则月来,月往则日来,日月相推而明生焉;寒往则暑来,暑往则寒来,寒暑相推而岁成焉。往者屈也,来者信也,屈信相感而利生焉。尺蠖之屈,以求信也;龙蛇之蛰,以存身也。精义入神,以致用也;利用安身,以崇德也。过此以往,未之或知也。穷神知化,德之盛也。"《易》曰:"困于石,据于蒺藜,入于其宫,不见其妻,凶。"子曰:"非所困而困焉,名必辱;非所据而据焉,身必危。既辱且危,死期将至,妻其可得见耶?"《易》曰:"公用射隼于高墉之上,获之,无不利。"子曰:"隼者,禽也;弓矢者,器也;射之者,人也。君子藏器于身,待时而动,何不利之有?动而不括,是以出而有获,语成器而动者也。"子曰:"小人不耻不仁,不畏不义,不见利不劝,不威不惩。小惩而大诫,此小人之福也。《易》曰:'屦校灭趾,无咎。'此之谓也。"善不积不足以成名,恶不积不足以灭身。小人以小善为无益而弗为也,以小恶为无伤而弗去也,故恶积而不可掩,罪大而不可解。《易》曰:'何校灭耳,凶。'"子曰:"危者,安其位者也;亡者,保其存者也;乱者,有其治者也。是故君子安而不忘危,存而不忘亡,治而不忘乱,是以身安而国家可保也。《易》曰:'其亡其亡,系于苞桑。'"子曰:"德薄而位尊,知小而谋大,力小而任重,鲜不及矣!《易》曰:'鼎折足,覆公餗,其形渥,凶。'言不胜其任也。"子曰:"知几其神乎?君子上交不谄,下交不渎,其知几乎!几者,动之微,吉之先见者也。君子见几而作,不俟终日。《易》曰:'介于石,不终日,贞吉。'介如石焉,宁用终日？断可识矣！君子知微知彰，知柔知刚，万夫之望。"子曰："颜氏之子，其殆庶几乎？有不善，未尝不知；知之，未尝复行也。《易》曰：'不远复，无祗悔，元吉。'""天地絪缊，万物化醇；男女构精，万物化生。《易》曰：'三人行，则损一人；一人行，则得其友。'言致一也。"子曰："君子安其身而后动，易其心而后语，定其交而后求：君子修此三者，故全也。危以动，则民不与也；惧以语，则民不应也；无交而求，则民不与也；莫之与，则伤之者至矣。《易》曰：'莫益之，或击之，立心勿恒，凶。'"

【译文】

《咸·九四》说："心意不定地频繁交往，朋友最终赞成你的想法。"孔子解释说："天下事物有什么思念和忧虑的呢？天下万物都归向同一个目标然而实现的途径不同，千百种思虑终归于一个真理。天下事物有什么思念和忧虑的呢？太阳降下则月亮升起，月亮升起则太阳降下，日月相互推移而光明产生。冬天过去，夏天就会到来；夏天过去，冬天就会到来，一寒一暑相互推移而一岁形成。往，就是屈缩；来，就是伸展。一屈一伸相互感应而利益生成。尺蠖这种小虫子把身体弯曲起来，目的是为了伸展前进；龙蛇或冬眠或潜伏，目的是保全自己的生命。领会事物精微的道理达到出神入化的境界，就可以运用到日常实践中了；利于运用，安稳其身，就可以增崇道德了。超过这些道理再追求其他，那么我或许就不知道了。穷究事物之神妙，了解事物之变化，这是盛大的德性啊！"《困·六三》说："被困在巨石之下，处于蒺藜丛生之地，回到家中，却不见了他的妻子，有灾殃。"孔子解释说："不该遭受困厄却受到困厄，其名必受羞辱；不该依靠的却去依靠，其生命必有危险。既遭羞辱又有危险，死期将到，哪能再见到他的妻子呢？"《解·上六》："王公在高城之上用箭射老鹰，猎获了它，没有什么不利的。"孔子解释说："隼，是禽鸟；弓矢，是武器；射击隼鸟的，是人。君子把武器藏在身上，等待时机而行动，哪有什么不利的？君子行动而不受阻碍，所以外出必有所斩获，说的就是准备好器具再行动的人。"孔子说："小人不以不行仁

七 系辞下

爱为羞耻，不以不守道义而害怕，不看到利益就不会进取，不加以威赫就不知道戒惧。受到小的惩罚就会有大的警惕，这是小人的幸运。《噬嗑·初九》：'脚上的镣铐隐没了脚趾，没有咎害。'说的就是这个道理。"孔子说："一个人的善行如果不积累，就不能成就美好的声誉；一个人的恶行如果不积累，就不会招来杀身之祸。小人认为小的善行无益于自身而不去施行，认为小的恶行无害于自身而不能改除，所以恶行积累而无法掩盖，罪过巨大而无法化解。《噬嗑·上九》：'肩上担着的枷锁隐没了耳朵，有灾殃。'说的就是这个道理。"孔子说："倾危的，都是自以为安全的；灭亡的，都是自以为能够长保的；败乱的，都是自以为治理得宜的。所以君子居安而不忘倾危，生存而不忘灭亡，在国家得治的时候不忘败乱。因此生命安全而国家可以保全。《否·九五》：'将要灭亡啊，将要灭亡啊，把危亡之心系于茂盛的桑条上以惕己不忘。'"孔子说："道德浅薄却居于高位，智慧有限却谋划大事，力量微小却担当重任，没有不会招来灾殃的。《鼎·九四》：'鼎脚折断，倾覆了王公的美食，他在屋内受到刑罚，有灾殃。'说的就是能力不能胜任职事的结果。"孔子说："能够看出事物发生变化的隐微征兆的人，应该是达到神的境界了吧？君子与地位比自己高的人交往而不谄媚，与地位比自己低的人交往而不轻慢，应当知晓精微的事理吧！几，是事物细微的变动，是吉凶的征兆。君子看到细微的征兆就行动，不必等待一整天的时间。《豫·六二》：'意志如石头一样坚定，安闲不到一整天，占问吉利。'意志如石头一样坚定，哪里需要一整天来思考呢？这是绝对可以知道的。君子既知晓事物萌芽状态的征兆，又知晓事物形成状态的显著特征；既知晓阴柔之道，又知晓阳刚之道，真是万民所景仰的人物啊！"孔子说："颜回，他的道德大概完美了吧？有不善之处，没有不省悟的；省察了，就从未再犯过。《复·初九》：'出行不远就返回，不至于懊悔，大吉。'"孔子说："天地阴阳二气交感，万物得以充分地孕育；雌雄两性相互交合，各种生命因此诞生。《损·六三》：'三个人一起出行就会减损一人，一个人独自出行则会得到朋友。'说的就是两性归致于一的道理。"孔子说："君子先安定其身然后行动，先平复其心然后说话，先建立交情然后有求于人；君子能够修习这三种德行，所以

309

能保全自己。若是到了危险的时候才行动，则民众不会跟随；到了恐惧的时候才说话，则民众不会响应；没有交情却有求于人，则民众不会相助；一个人到了没有人愿意帮助的地步，那么伤害也就随之而来了。《益·上九》：'没人帮助他，却有人攻击他，他树立的信念不坚定，有灾殃。'"

子曰："乾坤，其《易》之门邪？乾，阳物也；坤，阴物也。阴阳合德而刚柔有体，以体天地之撰，以通神明之德。其称名也，杂而不越；于稽其类，其衰世之意邪？夫《易》，彰往而察来，而微显阐幽；开而当名辨物，正言断辞则备矣。其称名也小，其取类也大；其旨远，其辞文；其言曲而中，其事肆而隐。因贰以济民行，以明失得之报。"

【译文】

孔子说："乾坤两卦，是《周易》六十四卦的门户吧？乾，是一切阳性的存在；坤，是一切阴性的存在。阴阳两性和合，阳刚阴柔的属性就存在于事物的形体，以此体察天地是如何造就万物的，以此会通天地神奇光明的德性。《周易》六十四卦的卦名，尽管繁杂却不超出天地的范围；从中稽考万物的类别，大概隐含作者身处衰乱时代的意思吧？《周易》六十四卦文辞，彰显过往而察知未来之事，显示几微之理而阐发幽隐之道；名词恰当而物类明辨，言辞雅正而义理完备。《周易》卦名称述的事物虽多有细小，但它所譬喻的类别却很庞大；意旨极其深远，用词非常考究；内容十分周详又切中事理，叙事非常明白又哲理隽永。通过阴阳两方面的道理以引导民众的行为，让人们明白人生得与失的报应。"

《易》之兴也，其于中古乎？作《易》者，其有忧患乎？是故《履》，德之基也；《谦》，德之柄也；《复》，德之本也；《恒》，德之固也；《损》，德之修也；《益》，德之裕也；《困》，德之辨也；《井》，德之地也；《巽》，德之制也。《履》，和而至；《谦》，尊而光；《复》，小而辨于物；《恒》，杂而不厌；《损》，先难而后易；《益》，长裕而不设；《困》，穷而通；《井》，居其所而迁；《巽》，称而隐。《履》以和行，《谦》以制礼，《复》以自知，《恒》以一德，《损》以远害，《益》以兴利，《困》以寡怨，《井》以辩义，《巽》以行权。

【译文】

《周易》的兴起，大概在中古时期吧？创作《周易》的人，大概心怀忧患的吧？所以《履》卦是道德的基础，《谦》卦是道德的依凭，《复》卦是道德的根本，《恒》卦是道德的巩固，《损》卦是道德的修治，《益》卦是道德的充实，《困》卦是道德的考验，《井》卦是道德的守地，《巽》卦是道德的约束。《履》卦的卦义是相谐履事而至于尽善尽美，《谦》卦的卦义是谦逊可以受人尊崇而光大其德，《复》卦的卦义是辨析事物细微的征兆而复归于正道，《恒》卦的卦义是长期处在烦杂的环境中而不失其德，《损》卦的卦义是先有自损之难而后有增益之易，《益》卦的卦义是长久地增益自己的道德而不图虚名，《困》卦的卦义是事物发展到穷极的状态就必须变通，《井》卦的卦义是君子居其所而能迁善于人，《巽》卦的卦义是依据事理发号施令而不显露其缘由。《履》卦教人和顺行事，《谦》卦教人制定礼仪，《复》卦教人省知自身，《恒》卦教人永守其德，《损》卦教人远离祸害，《益》卦教人以德兴利，《困》卦教人不怨天尤人，《井》卦教人明辨道义，《巽》卦教人权宜机变。

《易》之为书也不可远，为道也屡迁。变动不居，周流六虚，上下无常，刚柔相易，不可为典要，唯变所适。其出入以度，外内使知惧。又明于忧患与故，无有师保，如临父母。初率其辞，而揆其方，既有典常。苟非其人，道不虚行。

【译文】

《周易》这部书的内容并不玄远，它所讲的道是宇宙永恒在变。阴阳二气不断变化而不止息于一体，流行周遍上下四方，上升下降没有恒定的法则，刚与柔两种力量相互变易，所以不可将《周易》视为僵化的经典,唯当以变化之道切合客观实际。爻画出而外,入而内皆有其度,君子观内外之变而知所惕惧。《周易》使人明白人生的忧患及其原因,在没有师长父母请教时,它就是我们最好的老师。最初系统理解《周易》的卦爻辞,进而揣度其中蕴含的道理,即掌握了《周易》一书的纲要。如果没有通晓《周易》的圣贤之人,《周易》之道就难以实际施行。

《易》之为书也,原始要终,以为质也。六爻相杂,唯其时物也。其初难知,其上易知,本末也。初辞拟之,卒成之终。若夫杂物撰德,辨是与非,则非其中爻不备。噫!亦要存亡吉凶,则居可知矣。知者观其彖辞,则思过半矣。二与四同功而异位,其善不同:二多誉,四多惧,近也。柔之为道,不利远者;其要无咎,其用柔中也。三与五同功而异位:三多凶,五多功,贵贱之等也;其柔危,其刚胜邪?

【译文】

《周易》这部书,考察事物的初始,推究事物的终极,以此形成卦体大义。一卦六爻阴阳错杂,反映的是一定时间内事物的状态。初爻的意义难于理解,上爻的意义容易理解,二者是本末的关系。初爻的爻辞比拟事物的初始状态,上爻的爻辞比拟事物最终的状态。至于杂聚天下万物,纂集各种德性,只有依靠中间四爻才能齐备。噫!如此则一卦所昭示的存亡吉凶,就是平居家中也能知晓。智者通过阅读卦爻辞,就能把各卦大义基本领悟了。二位与四位功用相同,但各居上下卦的不同位置,它们所象征的意义是不同的:二位多有美誉,四位多有恐惧,因为四位靠近君位。阴柔之道,不利于行远;它的要旨在于没有过失,它的功用在于以柔处中。三位与五位功用相同,但各居上下卦的不同位置:三位多有凶险,五位多有功勋,因为二者在等级上有着贵贱的差别;若柔爻处于三、五之位就有危险,刚爻处于三、五之位就能胜任吧?

《易》之为书也,广大悉备,有天道焉,有人道焉,有地道

七 系辞下

焉。兼三才而两之，故六。六者，非它也，三才之道也。道有变动，故曰爻；爻有等，故曰物；物相杂，故曰文；文不当，故吉凶生焉。

【译文】

《周易》这部书，无所不包，无所不具，其中有天之道，有人之道，有地之道。三画的八经卦兼有天地人三才之道，又两两相重，所以六十四别卦为六画卦。六画，不是指其他，指的是三才之道。《周易》之道在于运动变化，所以用爻效仿变动；爻有阴阳两种，所以象征不同的物类；物类相杂，所以交错成不同的文理；文理或当或不当，所以吉凶就产生了。

《易》之兴也，其当殷之末世、周之盛德邪？当文王与纣之事邪？是故其辞危。危者使平，易者使倾。其道甚大，百物不废。惧以终始，其要无咎。此之谓《易》之道也。

【译文】

《周易》的兴起，大概是在殷朝末年、周国德业隆盛的时候吧？大概是在文王臣事商纣的时候吧？因此卦爻辞中多有戒惧之言。有所戒惧则能使国家平安，掉以轻心则导致国家倾覆。《周易》中所包含的道理至为弘大，一切事物都不能除外。作者把这种警惧贯穿于卦爻辞的始终，其要旨在于没有过失。这就是《周易》之道。

夫乾，天下之至健也，德行恒易以知险；夫坤，天下之至顺也，德行恒简以知阻。能说诸心，能研诸侯之虑，定天下之吉凶，成天下之亹亹者。是故变化云为，吉事有祥。象事知器，占事知来。天地设位，圣人成能；人谋鬼谋，百姓与能。八卦以象告，爻彖以情言，刚柔杂居，而吉凶可见矣。变动以利言，吉凶以情迁，是故爱恶相攻而吉凶生，远近相取而悔吝生，情伪相感而利害生。凡《易》之情：近而不相得则凶，或害之，悔且吝。将叛者其辞惭，中心疑者其辞枝，吉人之辞寡，躁人之辞多，诬善之人其辞游，失其守者其辞屈。

【译文】

乾，是天下至为刚健者，它的德性是永恒变易，以此知晓险难所在；坤，是天下至为柔顺者，它的德性是永恒简易，以此知晓阻碍所在。因此《周易》能开导众人的心意，探究众人的担忧，确定天下事务的吉凶，促使天下人勤勉前进。所以遵循《周易》的变化之道而行动，就会有吉祥的事情发生。运用易卦象征事物，就通晓了制器的方法；运用《周易》占断事情，就能预知未来的结果。天地设立了上下尊卑的位置，圣人效法天地而成就其才能；《周易》占筮综合了人与鬼神的谋略，百姓运用它也能获得好处。八卦是揭示卦象的意义，卦爻辞是揭示事物的具体情状，刚爻和柔爻在卦体中杂处，事物的吉凶就可以预见了。事物的变化以利或不利论定，事件的吉凶随着情况而转移，所以人们因爱恶之情不同而相互攻击，导致吉凶的产生；人们因亲疏远近的关系而相互争夺，导致悔吝的产生；人们因真情与虚伪的交感不同，导致利害的产生。《周易》对人情的观察：人与人相接近但不相投合，就有凶险，也许会遭受伤害，就会产生悔恨和耻辱。将要背叛的人言辞惭愧，心中疑惑的人言辞散乱，善良的人言辞不多，浮躁的人言辞繁多，诬陷好人的人言辞游移，失去操守的人言辞亏屈。

【说明】

《系辞》是解释《易经》象数和义理的通论性文献，堪称先秦时期《易》说的集大成之作。李泽厚先生指出：

> （《易传》）赋予自然以人的品德色彩，提出"一阴一阳之谓道"的形而上学的明确高度，创造性地构建了一个完整的世界观。《易传》终于成为整个儒家最基本和最高的哲学典籍。[①]

[①] 李泽厚：《中国思想史论》上册，安徽文艺出版社1996年版，第126页。

七 系辞下

　　主要是就《系辞》而言的。《系辞》的成书,既是继承了自西周、尤其是春秋时期以来的解《易》传统;又是建立在战国学者在新的天道观影响下解《易》实践的基础上。关于后者,《彖》《象》所创立的解《易》体例,如最核心的"爻位说""阴阳说""刚柔说"和"健顺说"等,在《系辞》对《易》理的阐述中居于中心的地位,并有进一步的总结和发展。《系辞》的哲学思想博大精深,又对很多象数问题作了系统的阐述,故无法就《系辞》所探讨的问题一一展开,兹仅对其中具有提纲挈领意义的思想观念作一简略地揭示。

　　第一,天地统一于《易》的宇宙论。中华先民自三皇五帝时期就观天测地,但关于宇宙(天地)的生成问题,却探究得比较晚。春秋时期的老子,始对天地万物的生成问题作出解释,《老子·四十二章》曰:"道生一,一生二,二生三,三生万物。万物负阴而抱阳,冲气以为和。"此一时期的儒家学者因受传统天命观的影响很深,尚没有探究天地生成的问题。直到战国中期,儒家学者始对宇宙生成问题发生兴趣,并最终通过对《易经》的解读,借助卦爻象构建起了易学体系下的宇宙生成论。《系辞》中有三处重要的表述,第一处是:

> 《易》有太极,是生两仪,两仪生四象,四象生八卦,八卦定吉凶,吉凶生大业。

在易卦的体系下创立了"太极"这一概念,从画卦的角度讲,"太极"是卦画之源;从宇宙生成的角度讲,"太极"是宇宙的本体,太极生成天地,并衍生了四时及天地万物。第二处是:

> 大衍之数五十,其用四十有九。分而为二以象两,挂一以象三,揲之以四以象四时,归奇于扐以象闰。五岁再闰,故再扐而后挂。

需要我们注意的是不用之"一",王弼曰:

◇ 周易新释 ◇

> 演天地之数，所赖者五十也，其用四十有九，则其一不用也。不用而用之以通，非数而数以之成，斯《易》之太极也。①

王弼的解释符合《系辞》的本义。就大衍筮法来看，其将揲扐成卦的过程与宇宙生成的过程合在一起讲，自然是为了论证大衍筮法的权威性。将其与《老子》四十二章比较，就会发现大衍筮法所讲的宇宙生成论，与道家"一生二，二生三"的模式一致，从中可见《系辞》作者对道家宇宙生成理论的借用。第三处是：

> 《易》与天地准，故能弥纶天地之道。

"准"是均等之义，《易》即天地，《易》之道即是天地之道。综合以上三条论述，《系辞》以《易》有太极，太极生天地，故从宇宙生成的意义上打通《易》与天地的关系，进而提出了《易》准天地的思想，将天地统一于"《易》""太极""一"。《周易》六十四卦的体系是一个密不可分、生生不息、循环不已的整体，故天下万事万物，看似错杂无序，各不相同，实则其理"一"也，故《系辞》曰：

> 天下之动，贞夫一者也。
> 天下同归而殊涂，一致而百虑。

可以说，《系辞》作者借助于卦画生成问题，富有创造性地提出了儒家的宇宙生成论，这种生成论也是宇宙统一论，为《系辞》对于世界运动方式的阐述奠定了坚实基础。

第二，阴阳二元对立统一的天道观。《易经》六十四卦由阴阳两种符号构成，成书于《系辞》之前的《彖》《象》将"阴阳""刚柔"等范畴引入对卦爻象的解释，并以之构建了阴阳二气相交相感天

---

① （唐）孔颖达著，李申、卢光明整理：《周易正义》，北京大学出版社1999年标点本，第279页。

七 系辞下

道观。《系辞》正是本于《易经》阴阳二分的卦爻画体系，在汲取《彖》《象》中的"阴阳""刚柔"思想的基础上，提出了："一阴一阳之谓道"的哲学命题。"一阴一阳之谓道"的"道"，是对宇宙总规律和本根的阐述。"一阴一阳之谓道"，意指"道"即"一阴一阳"，宇宙一切存在皆在"一阴一阳"的道之下，从而赋予了"阴阳"最高的形上学意义。钱穆先生指出：

> 此所谓"一阴一阳"，即指阴阳之永久迭运而不息也。故言"可大"，必兼"可久"。言"富有"，必言"日新"。"继之""成之"，皆言一化之不息，而宇宙自然之意义与价值亦即在此不息不已、有继有成中见。①

建立在"一阴一阳之谓道"的思维高度上观照宇宙，天地万事万物无不体现了二元对立统一律。《系辞》中为了阐述世界是阴阳对立统一的，运用了大量含义相对或相反的词语：天地、高低、贵贱、始终、动静、刚柔、寒暑、死生、男女、安危、往来、存亡、治乱、昼夜、吉凶、情伪、进退、远迩、阖辟、出入、崇卑、善恶、利害、仁义等等，以此说明自然界的一切事物和现象都处于相互对立又相互作用的关系之中，事物的存在或发展状态终极的决定因素就是阴阳，阴阳二元对立统一是宇宙的根本规律。

第三，天地人一体观。天地人一体观萌芽于上古时期，《左传·成公十三年》："民受天地之中以生。"体现了人与天地并列的观念。最早系统阐述天地人一体思想的，是春秋时期的老子，《道德经·二十五章》："人法地，地法天，天法道，道法自然。"形而上的是"道"，形而下是"天、地、人"，人须效法地，地须效法天，说明了天地人三者之间的共通性。《系辞》的天地人一体观，体现在卦爻涵摄三才之道上。《系辞》曰：

> 《易》之为书也，广大悉备。有天道焉，有人道焉，有地道

---

① 钱穆：《中国学术思想史论丛》（二），台北：兰台出版社2000年版，第28页。

焉。兼三才而两之，故六。六者非它也，三才之道也。

又曰：

六爻之动，三极之道也。

卦爻六画，最下两画象征地，中间两画象征人，最上两画象征天，从而实现了卦爻画与三才之道的完美结合。

《系辞》作者认为八卦的创制，也是天地人一体思维的产物，上古伏羲氏，通过观天、观地、观自身及万物而创立八卦。乃至天地的变化，无不昭示着人事的意义，《系辞》曰：

天地之道，贞观者也。日月之道，贞明者也。

圣人的职责，就是将天地的启示转化为人类的文明，《系辞》曰：

是故天生神物，圣人则之；天地变化，圣人效之；天垂象，见吉凶，圣人象之；河出图，洛出书，圣人则之。

也正是在天地人一体观的背景下，《系辞》还探讨了人性的成因与善恶问题，这就是著名的"继善成性"说：

一阴一阳之谓道，继之者善也，成之者性也。仁者见之谓之仁，知者见之谓之知，百姓日用而不知，故君子之道鲜矣！显诸仁，藏诸用，鼓万物而不与圣人同忧，盛德大业至矣哉！富有之谓大业，日新之谓盛德。生生之谓易，成象之谓乾，效法之谓坤，极数知来之谓占，通变之谓事，阴阳不测之谓神。

战国中期的文献郭店楚简《性自命出》："性自命出，命从天降，道始于情，情生于性。"《中庸》："天命之谓性，率性之谓道，修道之谓教。"在天命与人性的关系上，二者与《系辞》是一致的；只不过

◇ 七 系辞下 ◇

《系辞》是在卦爻画的系统下讨论人性问题，还涉及了人性的构成问题。《系辞》认为，天地人及万物皆是"一阴一阳"之流转，在本质上是一致的。"乾道成男，坤道成女"，天地生人及万物，人与万物身上都投下了天地的印记。尽管《系辞》并没有进一步说人之性是善是恶的问题，但作者将"一阴一阳"在人与万物的投射过程，称之为"继善成性"，称之为"仁""知"，称之为"盛德""大业"，正是建立在天地人一体观的基础上，肯定了人性之善，源自天地之德，天地之性即人之性，故《系辞》作者的人性善主张，是不言而喻的。梁韦弦先生认为，《易传》在"人性与天道有一致性的意义上肯定人性善的"，他指出：

> 中国古代思想家宣扬性善论更深层的主题是在表述人之所以为人的人性和人道的自觉，弘扬理性，强化人们做为人的自觉意识，表现了我们中华民族祖先对人道的自觉和自信，显示出一种积极乐观的精神。像《易传》《中庸》《孟子》等一些中华民族文化的经典，之所以是不朽之作，俱有永久的魅力，首先就在于其中凝聚的这种浑厚的正气，这是我们文化的元神，是我们应善守勿失的。①

这个评论非常精辟的。先秦儒家学者论证、宣扬人性善的观点，不是目的，只是以之为修身行事、立己达人的起点。就《系辞》而言，作者坚信人性之善与天地之善乃一气流转、一脉相承，故明于天地之道，即知人之道；体悟天地之善，即知人之善。反而言之，能敦行人之道、发见人之善，即是弘扬天地之道、天地之善。

第四，道德论与知识论的统一。《系辞》曰："夫《易》，圣人所以崇德而广业也。"《系辞》又曰："富有之谓大业，日新之谓盛德。"作者认为《易经》的功用在"德"与"业"两端，"崇德"是就个人德性而言，"广业"是就社会事功而言。《系辞》着眼于事功的角度，勾勒了上古伏羲氏、神农氏、黄帝、尧、舜等圣王借助《易》带领人民

---

① 梁韦弦：《〈易传〉人性论探微》，《周易研究》2001年第1期。

逐步走向文明社会的历程，并由衷赞叹"通天下之志，定天下之业"的圣人为"古之聪明睿知神武而不杀者"，可见作者确实将"广业"与"崇德"置于同一高度上，这体现了道德论与知识论的统一。

《系辞》道德论引入了儒家仁义思想。因《文言》《系辞》的成书年代相近，故在此将《文言》《系辞》与《彖》《象》一并比较。儒家最核心的"仁"的思想，在成书年代最早的《彖》《象》中基本未出现，只有《复·六二·小象》"'休复'之吉，以下仁也"中出现过一次，此"仁"字又可解释为"人"，意为"下于人"。而《文言》《系辞》的文本中，则体现了鲜明的仁义思想。《文言》曰：

> 君子体仁足以长人，嘉会足以合礼，利物足以和义，贞固足以干事……
>
> 君子以成德为行，日可见之行也。"潜"之为言也，隐而未见，行而未成，是以君子弗用也。君子学以聚之，问以辩之，宽以居之，仁以行之。

《系辞》曰：

> 安土敦乎仁，故能爱……
>
> 仁者见之谓之仁，知者见之谓之知，百姓日用而不知，故君子之道鲜矣！显诸仁，藏诸用，鼓万物而不与圣人同忧，盛德大业至矣哉！
>
> 天地之大德曰生，圣人之大宝曰位。何以守位曰仁，何以聚人曰财，理财正辞、禁民为非曰义。
>
> 子曰："小人不耻不仁，不畏不义，不见利不劝，不威不惩。小惩而大诫，此小人之福也。"

由之可见，儒家仁义思想与易学的深层结合，应该始于《文言》《系辞》。

《系辞》道德论主张道德与地位相配，君子当去恶积善。《系辞》曰：

七 系辞下

> 子曰:"颜氏之子,其殆庶几乎?有不善,未尝不知,知之,未尝复行也。"……
>
> 子曰:"君子居其室,出其言善,则千里之外应之,况其迩者乎?居其室出其言,不善则千里之外违之,况其迩者乎?"……
>
> 子曰:"善不积不足以成名,恶不积不足以灭身。小人以小善为无益而弗为也。以小恶为无伤而弗去也。故恶积而不可掩,罪大而不可解。"

《系辞》还借助《易》卦,提出了比较系统的道德修养说,即"三陈九卦"说:

> 是故《履》,德之基也。《谦》,德之柄也。《复》,德之本也。《恒》,德之固也。《损》,德之俢也。《益》,德之裕也。《困》,德之辨也。《井》,德之地也。《巽》,德之制也。
>
> 《履》,和而至。《谦》,尊而光。《复》,小而辨于物。《恒》,杂而不厌。《损》,先难而后易。《益》,长裕而不设。《困》,穷而通。《井》,居其所而迁。《巽》,称而隐。
>
> 《履》以和行,《谦》以制礼,《复》以自知。《恒》以一德。《损》以远害,《益》以兴利,《困》以寡怨,《井》以辨义,《巽》以行权。

郑万耕先生指出:"《易传》以孔子的易学观为指导,又汲取先哲的伦理道德观念及其言说方式,三陈九卦,便将孔子'观其(易卦)德义'、'求其德'的思想,具体化了。它要求人们不断提高道德境界,以此作为化凶为吉,防止和解除忧患的依据。这是对孔子以来儒家道德修养学说的进一步发展,对儒家人文主义的易学观的确立,也作出了不可磨灭的贡献。"[1]

---

[1] 郑万耕:《"三陈九卦"章考释》,《周易研究》2007年第3期。

◇ 周易新释 ◇

《系辞》的知识论，则主要表现在作者崇尚知识，高扬理性主义，认为圣人或君子通过对《易经》的研习可以知晓和掌握天地万物的知识和规律。《系辞》中关于"知"的论述有：

> 知崇礼卑……
> 仰以观于天文，俯以察于地理，是故知幽明之故；原始反终，故知死生之说；精气为物，游魂为变，是故知鬼神之情状……
> 知周乎万物，而道济天下，故不过；旁行而不流，乐天知命，故不忧……
> 通乎昼夜之道而知……
> 极数知来之谓占……
> 知变化之道者，其知神之所为乎……
> 故蓍之德圆而神，卦之德方以知，六爻之义易以贡。圣人以此洗心，退藏于密，吉凶与民同患……
> 神以知来，知以藏往……
> 象事知器，占事知来。

从中可见战国时期的儒家学者主张世界可知论，不但认为天地可知，万物可知，古往今来可知，变化之道可知，人生命运可知，就连鬼神之情状亦可知。这种完全意义上的可知论，体现了儒家学者战国时期构建新天道与新占术思潮的影响下，已不再专注于礼仪道德之一端，开始高度重视知识的价值和作用。

第五，类推思维与中国古代科技体系的构建。中国古代的类推（或称"推类"）思想发端于《易经》，这是学术界公认的。《易经》中阴阳爻象、八卦、六十四卦的创制，以及《尚书·洪范》篇记载的箕子的"五行"学说，说明早在商周时期，人们已经能够对天地万物和社会万事，进行具有一定科学性和逻辑性的分类。《易经》中的推类思维，通过"象"和"数"两种手段，使六十四卦成为一个无所不包又开放贯通的体系，从而在宇宙论和天道观的层面上实现了"《易》与天地准"的宏伟构架。《易经》之后，在理论上对类推思想

◇ 七 系辞下 ◇

作出较大发展的是《系辞》，兹先看《系辞》有关"类"的概念的论述：

> 古者包牺氏之王天下也，仰则观象于天，俯则观法于地，观鸟兽之文与地之宜，近取诸身，远取诸物，于是始作八卦，以通神明之德，以类万物之情……
>
> 方以类聚，物以群分……
>
> 是故四营而成《易》，十有八变而成卦，八卦而小成。引而伸之，触类而长之，天下之能事毕矣……
>
> 于稽其类，其衰世之意邪……
>
> 其称名也小，其取类也大。

可见，《系辞》认为，中华先民的智慧始于对万物的分类，学会了对事物的分类，各种概念、学问也就随之建立了起来。《易》本身是先民分类思维的结晶，故人们运用《易》中的类推思想，触类而长，天下万事万物的知识体系就可以构建起来了。如果我们将《系辞》与《易传》其他各篇中的推类思想联系起来看，就会发现《易传》的推类思维是非常丰富而深刻的，已经达到了理性思维的高度，对中国古人的思维方式产生了重要的影响。周山先生指出："由于《周易》在传统文化中的特殊地位，华夏民族的思维活动，便很自然地尊奉类比，普遍运用类比形式进行推理。"[1]

当然，今天我们从现代逻辑学的角度审视《周易》的推类思维，很容易发现这种思维方式的局限性。刘晓光先生认为，《周易》的推类思维是"建立在具体性、直观性和经验性基础之上的意象思维方式"[2]。张禹先生认为："易学类推思维的推论评价为文化生效性，而非形式有效性"，"类推思维充满了对于确定与不确定、把握与自在、逻辑与直观的矛盾"，"类推思维一定程度上不能作为西方逻辑学意义上的科学方法，而更多的是作为对于人事关系的认识角度来进行推

---

[1] 周山：《周易文化论》，上海社会科学出版社1994年版，第94页。
[2] 张晓光：《推类与中国古代逻辑》，法律出版社2012年版，第88页。

论，这与其推论的前提和推论所依照的'类'概念的认知方式有着重要的关系。"① 以上两位学者的观点都是非常精辟的。建构在天地人一体观之下的推类思维，不但导致了"类"的概念无限扩大的问题，而且在一定程度上导致了主客体融合的倾向，这也深刻影响了中国古代科技的发展形态。我国古代科技具有实用性、整体性和直观经验性的特点，而很少从事理论探讨，又缺乏严密的分析与科学的实验，恐怕与古代根深蒂固的类推思维有一定的关系。当然，中国古代科技没有及时发展成现代科学，与封建社会长期奉行的重农抑商、重道轻器、重政轻技、贵德贱艺的社会政策有着更为直接的关系。

《系辞》的思想博大精深，自西汉被经学家奉为"十翼"之一，滋养了一代又一代的学人。读者若反复研读，相信一定会受益良多。

---

① 张禹：《〈周易〉类推思维研究——基于〈易传〉据"象"推论角度》，上海社会科学院，2019年硕士学位论文。

八　说卦

昔者圣人之作《易》也，幽赞于神明而生蓍，参天两地而倚数，观变于阴阳而立卦，发挥于刚柔而生爻，和顺于道德而理于义，穷理尽性以至于命。

【译文】
从前圣人创作《周易》的时候，暗中洞见了神妙的智慧而发明了蓍草占筮的方法，通过择取三个天数和两个地数而确立了成卦之数，通过观察自然阴阳之变而确立了卦形，通过显现阳刚阴柔的力量而确立了爻象，通过撰系卦爻辞和谐顺成圣人的道德而治理天下于合宜，通过极尽推究天下万物之理、透彻了解人类善恶之性以至于知晓天命的意义。

昔者圣人之作《易》也，将以顺性命之理。是以立天之道曰阴与阳，立地之道曰柔与刚，立人之道曰仁与义。兼三才而两之，故《易》六画而成卦；分阴分阳，迭用柔刚，故《易》六位而成章。

【译文】
从前圣人创作《周易》的时候，以之顺循天地万物的性质和自然规律。所以《周易》确立天道的范畴是"阴"与"阳"，确立地道的范畴是"柔"与"刚"，确立人道的范畴是"仁"与"义"。八经卦兼有天地人三才之道又两两相重，所以《周易》六画才形成一卦；六画卦中又分阴位阳位，交替分布柔爻刚爻，所以《周易》卦体必须具备六位才能顺理成章。

> 天地定位，山泽通气，雷风相薄，水火不相射：八卦相错。数往者顺，知来者逆，是故《易》逆数也。

【译文】
天与地确定上下之位，山与泽之气相互流通，雷与风相互迫近，水与火不相互厌弃：八卦在宇宙中处于交错排布的位置。统计过往之事是顺，探知未来之事是逆，所以《周易》是用来逆推未来之事的。

> 雷以动之，风以散之，雨以润之，日以烜之，艮以止之，兑以说之，乾以君之，坤以藏之。

【译文】
震卦之性是鼓动万物的，巽卦之性是分散万物的，坎卦之性是润泽万物的，离卦之性是温暖万物的，艮卦之性是安止万物的，兑卦之性是悦乐万物的，乾卦之性是主宰万物的，坤卦之性是保藏万物的。

> 帝出乎震，齐乎巽，相见乎离，致役乎坤，说言乎兑，战乎乾，劳乎坎，成言乎艮。万物"出乎震"，震，东方也。"齐乎巽"，巽，东南也；齐也者，言万物之洁齐也。离也者，明也，万物皆相见，南方之卦也；圣人南面而听天下，向明而治，盖取诸此也。坤也者，地也，万物皆致养焉，故曰"致役乎坤"。兑，正秋也，万物之所说也，故曰"说言乎兑"。"战乎乾"，乾，西北之卦也，言阴阳相薄也。坎者，水也，正北方之卦也，劳卦也，万物之所归也，故曰"劳乎坎"。艮，东北之卦也，万物之所成终而所成始也，故曰"成言乎艮"。

【译文】
生命的主宰使万物在震卦之位出生，至巽卦之位生长整齐，至离卦之位竞相显现，至坤卦之位尽力致养，至兑卦之位享受喜悦，至乾卦之位阴阳交战，至坎卦之位辛劳图存，至艮卦之位周旋成功。万物在震卦之位出生，震卦，其位在东方。万物在巽卦之位生长整齐，巽卦，其位在东南方；齐，说的是万物生长整齐。离卦，象征光明，万物皆竞相显现，其位在南方；圣人坐北朝南而听政天下，面向光明治理天下，大概是取之于离卦。坤卦，象征大地，万物都得到大地的养育，所以说在坤位尽力致养。兑卦，象征正秋时节，万物因成熟而欢悦，所以说在兑位享受喜悦。在乾位交战，乾卦，其位在西北方，说的是阴阳运行至此相互迫近。坎卦，象征水，其位在正北方，其卦义是勤劳、疲倦，万物返归于此，所以说在坎位辛劳图存。艮卦，其位在东北方，万物至此终结一年的生长收藏又开启新的生命行程，所以说在艮位周旋成功。

神也者，妙万物而为言者也。动万物者莫疾乎雷，桡万物者莫疾乎风，燥万物者莫熯乎火，说万物者莫说乎泽，润万物者莫润乎水，终万物始万物者莫盛乎艮。故水火相逮，雷风不相悖，山泽通气，然后能变化，既成万物也。

【译文】

生命的主宰，在于化育万物的神奇微妙。鼓动万物没有比雷更迅捷的，扰动万物没有比风更迅捷的，干燥万物没有比火更烘热的，悦乐万物没有比大泽更和悦的，润泽万物没有流水更滋润的，终结万物又萌生万物没有比大山更丰盛的。所以水火之用相济，雷风之动不相冲突，山泽之气相互流通，然后大自然才能不断变化，从而成就万物。

乾，健也；坤，顺也；震，动也；巽，入也；坎，陷也；离，丽也；艮，止也；兑，说也。

【译文】

乾卦的德性是刚健，坤卦的德性是柔顺，震卦的德性是震动，巽卦的德性是进入，坎卦的德性是陷下，离卦的德性是附丽，艮卦的德性是静止，兑卦的德性是悦乐。

> 乾为马，坤为牛，震为龙，巽为鸡，坎为豕，离为雉，艮为狗，兑为羊。

【译文】
乾为马象，坤为牛象，巽为鸡象，坎为猪象，离为雉象，艮为狗象，兑为羊象。

> 乾为首，坤为腹，震为足，巽为股，坎为耳，离为目，艮为手，兑为口。

【译文】
乾为头部之象，坤为腹部之象，震为脚之象，巽为大腿之象，坎为耳朵之象，离为眼睛之象，艮为手掌之象，兑为口舌之象。

> 乾，天也，故称乎父；坤，地也，故称乎母。震一索而得男，故谓之长男；巽一索而得女，故谓之长女；坎再索而得男，故谓之中男；离再索而得女，故谓之中女；艮三索而得男，故谓之少男；兑三索而得女，故谓之少女。

【译文】
乾卦象征天，所以称乾为父；坤卦象征地，所以称坤为母。震卦是乾初爻入坤而得的阳卦，所以称作长男；巽卦是坤初爻入乾而得的阴卦，所以称作长女；坎卦是乾中爻入坤而得的阳卦，所以称作中男；离卦是坤中爻入乾而得的阴卦，所以称作中女；艮卦是乾上爻入坤而得的阳卦，所以称作少男；兑卦是坤上爻入乾而得的阴卦，所以称作少女。

> 乾为天，为圜，为君，为父，为玉，为金，为寒，为冰，为大赤，为良马，为老马，为瘠马，为驳马，为木果。

八 说卦

坤为地，为母，为布，为釜，为吝啬，为均，为子母牛，为大舆，为文，为众，为柄。其于地也，为黑。

震为雷，为龙，为玄黄，为旉，为大涂，为长子，为决躁，为苍筤竹，为萑苇。其于马也，为善鸣，为馵足，为作足，为的颡。其于稼也，为反生。其究为健，为蕃鲜。

巽为木，为风，为长女，为绳直，为工，为白，为长，为高，为进退，为不果，为臭。其于人也，为寡发，为广颡，为多白眼，为近利市三倍。其究为躁卦。

坎为水，为沟渎，为隐伏，为矫揉，为弓轮。其于人也，为加忧，为心病，为耳痛，为血卦，为赤。其于马也，为美脊，为亟心，为下首，为薄蹄，为曳。其于舆也，为多眚。为通，为月，为盗。其于木也，为坚多心。

离为火，为日，为电，为中女，为甲胄，为戈兵。其于人也，为大腹。为乾卦。为鳖，为蟹，为蠃，为蚌，为龟。其于木也，为科上槁。

艮为山，为径路，为小石，为门阙，为果蓏，为阍寺，为指，为狗，为鼠，为黔喙之属。其于木也，为坚多节。

兑为泽，为少女，为巫，为口舌，为毁折，为附决。其于地也，为刚卤。为妾，为羊。

【译文】

乾卦有天、圆环、君主、父、玉、金、寒、冰、赤色旗、良马、老马、瘦弱的马、毛色不纯的马、树木的果实之象。

坤卦有地、母、粗布、敛口圆底的炊器、吝啬、平均、母牛和子牛、大车、文采、众多、把柄之象。坤卦象征地时，有黑色之象。

震卦有雷、青色的马、青黄色、展开、大道、长子、迅疾、青色的幼竹、芦苇之象。震卦象征马时，有擅长嘶鸣的马、左后脚白色的马、动而行健的马、白额的马之象。震卦象征庄稼时，有反生之象。震卦究极的德性为刚健，有事物茂盛而鲜明之象。

巽卦有树木、风、长女、笔直的绳子、工巧、白色、长、高、进退不定、犹豫不决、气味之象。巽卦象征人时，有头发稀少、额头宽广、多以白眼视人、善于买卖获得三倍的利润之象。巽卦的究极德性为躁卦。

坎卦有水、沟渠、隐伏、矫揉曲直，弯弓车轮之象。坎卦象征人时，有增添忧愁、心脏有病、耳朵疼痛、流血、赤色之象。坎卦象征马时，有脊背好看、心情急切、马首低垂、薄蹄、拖拽之象。坎卦象征车时，有多灾多难之象。坎卦有通行、月亮、盗寇之象。坎卦象征树木时，有坚硬的刺棘之象。

离卦有火、太阳、闪电、中女、甲胄、戈兵之象。离卦象征人时，有妇女大腹怀孕之象。离卦为干燥卦。离卦有鳖、蟹、螺、蚌、龟之象。离卦象征树木时，有枯槁中空之象。

艮卦有山、斜径小路、小石头、门阙、苽米、阍人和寺人、手指、狗、鼠、黑嘴的鸟兽之象。艮卦象征树木时，有坚硬而多结节之象。

兑卦有泽、少女、巫婆、口舌、摧毁折断、附从决断之象。兑卦象征地时，有坚硬的盐碱地之象。兑卦有妾、羊之象。

【说明】

《说卦》是战国时期形成的一篇重要的解《易》文献，其既从哲学的高度对《周易》象数的来源及意义作了阐释，又全面总结了八卦的德性及所象征的物象，堪称先秦易学象数之大成。

一是继承了孔子易学的德义观。马王堆帛书《要》篇：

> 子曰："《易》，我后其祝卜矣，我观其德义耳也。幽赞而达乎数，明数而达乎德，有仁〔守〕者而义行之耳。赞而不达于数，则其为之巫。数而不达于德，则其为之史。史巫之筮，向之未也，好之而非也。后世之士疑丘者，或以《易》乎！吾求其德而已，吾与史巫同途而殊归者也。君子德行焉求福，故祭祀而寡也。仁义焉求吉，故卜筮而希也。祝巫卜筮其后乎？"[①]

---

① 连劭名：《帛书〈周易〉疏证》，中华书局2012年版，第409页。

◇ 八 说卦 ◇

这一段文字记述了孔子的易学观。孔子明确指出，他对《易经》的认识与史巫有着本质的不同，史巫学习《易经》是为了以卜筮占验吉凶，他学习《易经》是为了认识《易经》中的德义思想，以之明德修身行事，此二者是"同途而殊归"。林忠军先生指出：

> 孔子提出见仁见知和观其德义的原则和观点，然后将这种原则和观点运用于易学解释之中，由卜筮解释转向超越卜筮的德性解释，再转向以顺天道、以德代占的解释，从而使《周易》文本性质、内容和作用发生根本性的转变，由本为卜筮之孔子提出见仁见知和观其德义的原则和观点，然后将这种原则和观点运用于易学解释之中，由卜筮解释转向超越卜筮的德性解释，再转向以顺天道、以德代占的解释，从而使《周易》文本性质、内容和作用发生根本性的转变，由本为卜筮之书转变为以德义为主的哲学著作，凸显出先秦儒家独特解释理论，即一开始就以一种宏大的、流动的、开放的解释视野，对待文本或作者问题。①

我们将帛书《要》中的这段文字与《说卦》第一二段文字比较，就会发现二者对《易经》的本质看法是一致的，都是视《易》为德义之书，且《说卦》的文字借阐述卦爻之所源起，由天地之道自然过渡到人之道，将圣人作《易》的目的归结为顺道理义、穷理尽性，以至于上升到知晓天命的高度，较《要》的论述更为系统，也更为深刻。《说卦》中没有涉及占筮的问题，更没有出现"吉凶"二字，这都反映了战国晚期易学进一步儒学化的倾向。

二是构建了易卦系统下完整的天道运行图式。从"帝出乎震"至"既成万物也"两段，作者将八卦与四时八方相配，构建了八卦主宰的循环天道观——后世学者称之为"文王后天八卦图"；而"天地定位，山泽通气，雷风相薄，水火不相射，八卦相错"之句，也是对宇

---

① 林忠军：《从帛书〈易传〉看孔子易学解释及其转向》，《北京大学学报（哲学社会科学版）》2007年第3期。

宙图式的摹写——后世学者称之为"伏羲先天八卦图"。无论是"先天八卦"还是"后天八卦",我们皆可将其视为《系辞》"《易》与天地准"思想的具体化、图式化,说明战国中晚期,儒家学者的学术重心进一步向着构建新天道和新占术的领域倾斜,也为之后的学者开启了以卦配十二月(律)、二十四节气、一年之日数的大门。

三是明确了"阴阳""刚柔"等范畴与三才之道的系属。自《彖》《象》引入"阴阳""刚柔""健顺"三组范畴,将其解说乾坤卦爻象,从而将天地人联结为一个密不可分的整体,但三组范畴与三才之道的对应关系是含混的。在《说卦》中,阴阳的范畴系属于天道,刚柔的范畴系属于地道,而原来"健顺"的范畴,则被"仁义"范畴所替代,系属于人道。这说明:经《文言》以坤道统摄"刚柔"的倾向,经《系辞》对阴阳之道的抬升,终于至《说卦》而有了明确的系属与分野。其中值得我们注意的是"仁义"对"健顺"的替换。就"健顺"范畴而言,《彖》《象》中"健"只能用之于对天道的界定,"顺"用之于地道,又旁及人道上,儒学中的核心道德范畴"仁义",还没有融入易学之中;及至《文言》《系辞》的著作年代,仁义的范畴始出现于《易经》的诠释中;及至《说卦》,才最终将儒家的道德范畴"仁义"提升到与天地之道同等的高度,从而赋予了儒家人性论以天道的依据。从儒学与易学的关系上看,反映了儒学思想对易学的主动渗透。

四是乾坤生六子的理论,即以经卦乾为父,经卦坤为母,乾坤交感而生六子卦,震、坎、艮为长男、中男、少男,巽、离、兑为长女、中女、少女。《说卦》虽是最早从理论上系统阐述了乾坤生六子卦的文献,但乾坤生六子的观念当在《易经》的成书时代就定型了,我们由咸、恒卦的卦象和卦义不难看出这一点。以乾父坤母六子卦解释占筮结果的筮例,见于春秋早期,如《左传·闵公元年》:

初,毕万筮仕于晋,遇《屯》之《比》。辛廖占之,曰:"吉。《屯》固《比》入,吉孰大焉?其必蕃昌。《震》为土,车从马,足居之,兄长之,母覆之,众归之,六体不易,合而能

◈ 八 说卦 ◈

固，安而能杀。公侯之卦也。公侯之子孙，必复其始。"①

鲁闵公元年为公元前661年，毕万以《周易》占筮当在这之前若干年，解卦者以坤卦为母，震卦为长子，以之阐述占筮结果的吉凶。《说卦》对乾坤生六子理论化的意义在于：既揭示了自下而上的画卦顺序，又体现了儒家易学对于八卦的伦理化构建。

另外，《说卦》中关于八卦物象的汇集与总结，体现了古人对天地万物基本属性的认识和理解，也值得我们深入研究，限于篇幅，在此就不展开论说了。

---

① 杨伯峻：《春秋左传注》，中华书局1990年版，第259—260页。

九　序卦

　　有天地，然后万物生焉。盈天地之间者唯万物，故受之以《屯》。屯者，盈也。屯者，物之始生也。物生必蒙，故受之以《蒙》。蒙者，蒙也，物之稚也。物稚不可不养也，故受之以《需》。需者，饮食之道也。饮食必有讼，故受之以《讼》。讼必有众起，故受之以《师》。师者，众也。众必有所比，故受之以《比》。比者，比也。比必有所畜，故受之以《小畜》。物畜然后有礼，故受之以《履》。履而泰然后安，故受之以《泰》。泰者，通也。物不可以终通，故受之以《否》。物不可以终否，故受之以《同人》。与人同者，物必归焉，故受之以《大有》。有大者不可以盈，故受之以《谦》。有大而能谦必豫，故受之以《豫》。豫必有随，故受之以《随》。以喜随人者必有事，故受之以《蛊》。蛊者，事也。有事而后可大，故受之以《临》。临者，大也。物大然后可观，故受之以《观》。可观而后有所合，故受之以《噬嗑》。嗑者，合也。物不可以苟合而已，故受之以《贲》。贲者，饰也。致饰然后亨则尽矣，故受之以《剥》。剥者，剥也。物不可以终尽剥，穷上反下，故受之以《复》。复则不妄矣，故受之以《无妄》。有无妄，物然后可畜，故受之以《大畜》。物畜然后可养，故受之以《颐》。颐者，养也。不养则不可动，故受之以《大过》。物不可以终过，故受之以《坎》。坎者，陷也。陷必有所丽，故受之以《离》。离者，丽也。

【译文】

有了天地，然后万物才产生。最初充满天地的只有万物，所以在

九 序卦

象征天地的《乾》《坤》卦后承之以《屯》卦。屯，是盈满的意思。屯卦象征万物始生的状态。事物初生必然蒙昧，所以承之以《蒙》卦。蒙，是蒙昧的意思，象征事物幼小的状态。事物幼小不能不加以抚养，所以承之以《需》卦。需，讲的是饮食的道理。饮食问题必然引起争讼，所以承之以《讼》卦。争讼必然有众人起事，所以承之以《师》卦。师，是众多的意思。人口众多必然有所比附，所以承之以《比》卦。比，是亲附的意思。亲附必然有所蓄集，所以承之以《小畜》卦。事物蓄集之后才能讲究礼仪，所以承之以《履》卦。以礼履职才能天下安泰，所以承之以《泰》卦。泰，是通泰的意思。事物不可能终久通泰，所以承之以《否》卦。事物不可能终久闭塞，所以承之以《同人》卦。与人和同，人们必来归附，所以承之以《大有》卦。虽有大的成就但不可自满，所以承之以《谦》卦。有大成就又能谦逊的人必然安乐，所以承之以《豫》卦。生活安乐者必然有人追随，所以承之以《随》卦。以喜好跟随于人的必然生事，所以承之以《蛊》卦。蛊，是事务的意思。有了事业然后才能功业盛大，所以承之以《临》卦。临，是盛大的意思。事物盛大然后可观，所以承之以《观》卦。事业可观才能上下融合，所以承之以《噬嗑》卦。嗑，是相合的意思。事物不可以草率地聚合，所以承之以《贲》卦。贲，是文饰的意思。极端修饰，然后亨通的路就穷尽了，所以承之以《剥》卦。剥，是剥落的意思。事物不可能总是处于衰微的状态，穷极于上就会返生于下，所以承之以《复》卦。回归正道就不虚妄，所以承之以《无妄》卦。不再虚妄，然后就可以积蓄财物，所以承之以《大畜》卦。财物蓄积就可用来养人，所以承之以《颐》卦。颐，是颐养的意思。没有充分的颐养就不能有大的举动，所以承之以《大过》卦。事物发展不可能处于长久过甚的状态，所以承之以《坎》卦。坎，是险陷的意思。身处险陷必然有所依附，所以承之以《离》卦。离，是附丽的意思。

有天地然后有万物，有万物然后有男女，有男女然后有夫妇，有夫妇然后有父子，有父子然后有君臣，有君臣然后有上下，有上下然后礼义有所错。夫妇之道不可以不久也，故受之以

《恒》。恒者，久也。物不可以久居其所，故受之以《遁》。遁者，退也。物不可以终遁，故受之以《大壮》。物不可以终壮，故受之以《晋》。晋者，进也。进必有所伤，故受之以《明夷》。夷者，伤也。伤于外者必反于家，故受之以《家人》。家道穷必乖，故受之以《睽》。睽者，乖也。乖必有难，故受之以《蹇》。蹇者，难也。物不可以终难，故受之以《解》。解者，缓也。缓必有所失，故受之以《损》。损而不已必益，故受之以《益》。益而不已必决，故受之以《夬》。夬者，决也。决必有所遇，故受之以《姤》。姤者，遇也。物相遇而后聚，故受之以《萃》。萃者，聚也。聚而上者谓之升，故受之以《升》。升而不已必困，故受之以《困》。困乎上者必反下，故受之以《井》。井道不可不革，故受之以《革》。革物者莫若鼎，故受之以《鼎》。主器者莫若长子，故受之以《震》。震者，动也。物不可以终动，止之，故受之以《艮》。艮者，止也。物不可以终止，故受之以《渐》。渐者，进也。进必有所归，故受之以《归妹》。得其所归者必大，故受之以《丰》。丰者，大也。穷大者必失其居，故受之以《旅》。旅而无所容，故受之以《巽》。巽者，入也。入而后说之，故受之以《兑》。兑者，说也。说而后散之，故受之以《涣》。涣者，离也。物不可以终离，故受之以《节》。节而信之，故受之以《中孚》。有其信者必行之，故受之以《小过》。有过物者必济，故受之以《既济》。物不可穷也，故受之以《未济》，终焉。

【译文】

有了天地然后才有万物，有了万物然后才有男女，有了男女然后才有夫妇，有了夫妇然后才有父子，有了父子然后才有君臣，有了君臣然后才有尊卑上下的等级，有了尊卑上下的等级然后礼义才能施行。《咸》卦代表的夫妇之道不可以不长久，所以承之以《恒》卦。恒，是长久的意思。事物不可能久居其位而不变动，所以承之以《遁》卦。遁，是退避的意思。事物不可能永远处于退避状态，所以承之以《大壮》卦。事物不可能终极于壮大的状态，所以承之以

◇ 九 序卦 ◇

《晋》卦。晋，是进取的意思。前进必然有所损伤，所以承之以《明夷》卦。夷，是受伤的意思。在外面遭受损伤必然返回家中，所以承之以《家人》卦。家道穷极必然乖违，所以承之以《睽》卦。睽，是乖违的意思。事物乖违必然导致艰难，所以承之以《蹇》卦。蹇，是艰难的意思。事物不可能终久处于艰难的状态，所以承之以《解》卦。解，是缓解的意思。缓解困难必然有所损失，所以承之以《损》卦。损失而不停止，至不能损失时，必定获得增益，所以承之以《益》卦。阳刚增益不止必然决去阴柔，所以承之以《夬》卦。夬，是决断的意思。决断必然阴阳相遇，所以承之以《姤》卦。姤，是相遇的意思。事物相遇然后才能会聚，所以承之以《萃》卦。萃，是会聚的意思。会聚而后向上发展就是上升，所以承之以《升》卦。上升不止必然困穷，所以承之以《困》卦。困穷于上必然返求于下，所以承之以《井》卦。水井使用久了不可以不对其进行改造，所以承之以《革》卦。变革事物性质的没有比鼎更显著的，所以承之以《鼎》卦。主持鼎器祭祀的人没有比长子更适合的，所以承之以《震》卦。震，是震动的意思，事物不可能永远运动，还需静止，所以承之以《艮》卦。艮，是静止的意思。事物不可能永远静止，所以承之以《渐》卦。渐，是渐进的意思。前进必然有归宿，所以承之以《归妹》卦。得到众物归顺的必然光景盛大，所以承之以《丰》卦。丰，是丰大的意思。穷极丰大的人必然失去安居之所，所以承之以《旅》卦。羁旅在外而无所容身，所以承之以《巽》卦。巽，是进入的意思。获准加入之后必然喜悦，所以承之以《兑》卦。兑，是喜悦的意思。感到喜悦则心情舒散，所以承之以《涣》卦。涣，是发散的意思。事物不可能永远处于发散状态，所以承之以《节》卦。能自我节制则受人们信任，所以承之以《中孚》卦。有诚信的人必将履行他的诺言，所以承之以《小过》卦。具有超过其他事物的地方，行事必定成功，所以承之以《既济》卦。事物的发展不可能穷尽，所以承之以《未济》卦，六十四卦至此终结。

【说明】

《序卦》是解释通行本《周易》六十四卦排列顺序之缘由的专

论。《系辞》曰:"圣人设卦,观象系辞焉而明吉凶。""设卦""观象""系辞"是一个系统工程,通行本卦序当与卦名的拟定、卦爻辞的撰系一体完成的。唐代经学家孔颖达指出卦序在象数上的特点是:"二二相耦,非覆即变"①,"覆",即卦画倒置,成另一卦;"变",即卦爻的阴阳属性全变,成另一卦。说明周文王作《易》时秉持的一个基本理念是从事物的相对或相反面看待问题。就八经卦自重而成的六画卦而言,六十四卦卦序中乾坤、坎离相耦,体现了"变";震艮、巽兑相耦,体现了"覆"。另外,《易经》相耦之卦,在卦爻辞的撰系上往往有相同或相通之处。如《乾》《坤》皆言"龙";《泰》《否》卦辞皆言"往来"、初爻爻辞皆言"拔茅茹以其汇";《蹇》《解》卦辞皆言"利西南",《蹇》九五言"朋来",《解》九四言"朋至";《夬》九四、《姤》九三皆言"臀无肤,其行次且";《谦》上六言"鸣谦"、《豫》初六言"鸣豫";②《损》六五、《益》六二皆言"或益之十朋之龟";《萃》六二、《升》九二皆言"孚乃利用禴";《既济》初九、《未济》初六皆言"濡其尾",《既济》九三、《未济》九四皆言"伐鬼方",《既济》上六、《未济》上九皆言"濡其首"等,可见卦爻辞在撰系的时候,当是参考了相耦之卦在卦爻象上的"覆"或"反"的特点。

《序卦》的撰写,当是出于维护通行本《周易》卦序权威性的需要。大约在战国中晚期,出于构建与表达新的天道观的需要,人们对八卦的卦位、六十四卦的卦序问题产生了浓厚的兴趣,如《说卦》对八卦卦位的反复陈说与论证,如帛书《周易》六十四卦卦序,都反映了这种学术倾向。以帛书《周易》卦序为例,它是八经卦之间按照一定顺序相重而成,从形式上看较通行本卦序无疑更具严整性;且亦有着易学理论的支撑,如《系辞》"八卦成列,象在其中矣;因而重之,爻在其中矣"和《说卦》"八卦相错"的成卦理论,从纯粹

---

① (唐)孔颖达著,李申、卢光明整理:《周易正义》,北京大学出版社1999年标点本,第334页。
② 李光地《周易折中》引龚焕曰:"《豫》之初六,即《谦》上六之反对,故《谦》上六曰'鸣谦',《豫》初六曰'鸣豫'。"见刘大钧整理本《周易折中》,巴蜀书社1998年版,第157页。

◇ 九 序卦 ◇

的八经卦自重而得六十四卦卦序的角度看，自然更易于论证帛书《周易》的卦序。特别是帛书《衷》篇"天地定立（位），[山泽通气]，火水相射，雷风相榑（薄）"之语①，与《说卦》相比，"水火"一句调整到了"雷风"一句的前面，也恰好解释了帛书《周易》卦序是以经卦"乾、艮、坎、震、坤、兑、离、巽"与经卦"乾、坤、艮、兑、坎、离、震、巽"相重而成的结果。帛书《易经》和《易传》属于儒家学派传《易》系统的文本，已经开始了对六十四卦卦序的重构；可以想见，战国其他传承《周易》的学派，也会对六十四卦的卦序问题发生兴趣并展开重构。战国晚期传统的易学学者当是鉴于时人已不晓文王卦序之深意，且出现的各种卦序削弱了通行本卦序的权威性的情况而创作《序卦》，以此阐发六十四卦卦序在思想、逻辑上的必然性。

关于前人对《序卦》评价，东晋韩康伯曰："《序卦》之所明，非《易》之蕴也，盖因卦之次，托象以明义。"② 韩康伯的意思是：《序卦》所彰显的，并非《易经》的精蕴；《序卦》是依照六十四卦的次序，借着解说卦象以显明各卦的义理。韩氏后半句的评价是准确的，但若说《序卦》非"《易》之蕴"，则有失公允。我们将《序卦》与《易传》其他各篇联系起来看的话，就会发现《序卦》在对卦义的解释上渊源有自，如《需·九五》："需于酒食"，《需·大象》："君子以饮食宴乐"，《序卦》承之曰："需者，饮食之道也。"再如《履·大象》："君子以辨上下，定民志"，古代以"礼"辨别等级上下，故《序卦》曰："物畜然后有礼，故受之以履。"又如《坎·九二》："坎有陷"，《说卦》："坎，陷也"，以"陷"为《坎》卦性之义，故《序卦》承之曰："坎者，陷也。"又如《说卦》："巽，入也"，以"入"为《巽》卦性之义，故《序卦》承之曰："坎者，陷也。"我们知道，《易传》中对于六十四卦的卦义解释得最权威、最全面的是《象》，《序卦》作为以推阐卦义贯通六十四卦次序的专篇，

---

① 《说卦》作"雷风相薄，水火不相射"，李学勤等学者认为帛书《衷》"火水"的顺序当作"水火"，详见李学勤《周易经传溯源》，中国社会科学出版社2007年版，第193页。

② （唐）孔颖达著，李申、卢光明整理：《周易正义》，北京大学出版社1999年标点本，第334页。

主要吸取了《彖》的成果，见表9-1：

表9-1

《彖》	《序卦》
《乾》："首出庶物。"	《序卦》："有天地然后万物生焉。"
《坤》曰："万物资生。"	
《屯》："刚柔始交而难生"，"雷雨之动满盈，天造草昧。"	《序卦》："盈天地之间者唯万物，故受之以屯。屯者，盈也；屯者，物之始生也。"
《蒙》："蒙以养正。"	《序卦》："物稚不可不养也。"
《师》："师，众也。"	《序卦》："师者，众也。"
《泰》："则是天地交而万物通也。"	《序卦》："泰者，通也。"
《否》："则是天地不交而万物不通也。"	《序卦》："物不可以终通，故受之否。"
《谦》："天道亏盈而益谦，地道变盈而流谦，鬼神害盈而福谦，人道恶盈而好谦。"	《序卦》："有大者不可以盈，故受之以谦。"
《随》："动而说，随。"	《序卦》："以喜随人者必有事。"
《蛊》："往有事也。"	《序卦》："蛊者，事也。"
《临》："刚浸而长……大亨以正。"	《序卦》："临者，大也。"
《观》："大观在上。"	《序卦》："物大然后可观。"
《噬嗑》："雷电合而章。"	《序卦》："嗑者，合也。"
《贲》："柔来而文刚。"	《序卦》："贲者，饰也。"
《剥》："剥，剥也"	《序卦》："剥者，剥也。"
《复》："刚反。"	《序卦》："剥穷上反下，故受之以复。"
《颐》："天地养万物，圣人养贤以及万民。"	《序卦》："颐者，养也。"
《离》："离，丽也。"	《序卦》："离者，丽也。"
《恒》："恒，久也。"	《序卦》："恒者，久也。"
《晋》："晋，进也。"	《序卦》："晋者，进也。"
《蹇》："蹇，难也。"	《序卦》："蹇者，难也。"

◇ 九 序卦 ◇

续表

《彖》	《序卦》
《夬》:"夬,决也。"	《序卦》:"夬者,决也。"
《姤》:"姤,遇也。"	《序卦》:"姤者,遇也。"
《萃》:"萃,聚也。"	《序卦》:"萃者,聚也。"
《艮》:"艮,止也。"	《序卦》:"艮者,止也。"
《渐》:"渐,之进也。"	《序卦》:"渐者,进也。"
《丰》:"丰,大也。"	《序卦》:"丰者,大也。"
《兑》:"兑,说也。"	《序卦》:"兑者,说也。"
《中孚》:"信及豚鱼也。"	《序卦》:"节而信之,故受之以中孚。"

由上表,我们不难看出,《序卦》很好地体现了战国儒家易学在基本卦义诠释上的一致性。《序卦》中有的卦义虽不是本于《彖》《象》,但也能依托于卦爻辞或卦象而阐发,如《序卦》:"《贲》者,饰也","《遁》者,退也","夷者,伤也","《睽》者,乖也","《涣》者,离也"等,皆甚为精当。绝不是有的学者所说的那样:"惟《序卦》最浅鄙,于《易》有害。"[1]

在哲学思想上,《序卦》中的一些观点也值得我们重视。一是"以有为本,以生为根"的宇宙观。对于宇宙本源的探讨,在《序卦》之前,有《老子》的"道",《系辞》的"太极",以及战国中晚期逐渐兴起的"太一",但《序卦》却把宇宙如何生成的问题搁置起来,从"天地万有"的世界讲起,把宇宙生生不息中所蕴含的自然和人类社会规律以六十四卦的形式贯通起来,堪称《系辞》"《易》与天地准"思想的具体化,从中也体现了《庄子·齐物论》"六合之外,圣人存而不论;六合之内,圣人论而不议"所讲的战国时人的理性精神。二是对立统一思想。《易经》六十四卦是基于"—""- -"符号二分的体系,故《彖》将"阴阳""刚柔""健顺"等三组意义

---

[1] (宋)叶适:《习学记言》卷4,文渊阁四库全书本。

相对的范畴引入解《易》实践，《系辞》进而提出"一阴一阳之谓道"的命题，《序卦》以天地为自然之阴阳，二者相对相合而生万物，以男女为人类之阴阳，二者相对相合而形成人类社会。无论是自然世界还是人类社会，事物都处在既对立又统一的状态，从而催动事物处于永恒变化的状态。三是"元亨利贞"的发展观。《序卦》以六十四卦的次第循环阐释宇宙自然及人类社会的发展规律，并不是泛泛而论，而是从中寄托了作者深远的意旨，即元亨利贞的发展理念。乾坤二元创生万物，体现了"元"之德；事物由小至大，由大至群，由群至恒，由恒至革，由革至不可穷的发展过程，体现了"亨"之德；事物发展受到多种因素的影响，有正有反，有进有退，有上有下，有损有益，但总体的实现方式是兼顾主客、协调多方，体现了"和"之德；六十四卦所构建的发展链条中，后一卦往往是对前一卦发展状态的矫正，体现了"贞"之德。

总之，《序卦》站在人类社会不断发展进步历史高度上，基于儒家伦理道德观念对六十四卦的义理进行了比较系统而深入的阐发，其中不少观点值得我们重视并借鉴。

十　杂卦

　　《乾》刚(阳)①，《坤》柔(幽)。《比》乐(药)，《师》忧(幽)。《临》《观》之义(歌)，或与(鱼)，或求(幽)。《屯》见而不失其居(鱼)，《蒙》杂而著(鱼)。

　　《震》起(之)也，《艮》止(之)也。《损》《益》盛衰之始(之)也。《大畜》时(之)也，《无妄》灾(之)也。《萃》聚而《升》不来(之)也。

　　《谦》轻而《豫》怠(之)也。《噬嗑》食(职)也，《贲》无色(职)也。《兑》见而《巽》伏(职)也。《随》无故(鱼)也，《蛊》则饬(职)也。

　　《剥》烂(元)也，《复》反(元)也。《晋》昼(侯)也，《明夷》诛(侯)也。《井》通而《困》相遇(侯)也。《咸》速(屋)也，《恒》久(之)也。

　　《涣》离(歌)也，《节》止(之)也。《解》缓(元)也，《蹇》难(元)也。《睽》外(月)也，《家人》内(物)也。《否》《泰》反其类(物)也。

　　《大壮》则止(之)，《遁》则退(物)也。《大有》众(冬)也，《同人》亲(真)也。《革》去故(鱼)也，《鼎》取新(真)也。《小过》过(歌)也，《中孚》信(真)也。

---

① 小括号内标注的是《杂卦》每句的用韵情况，上古音韵的划分依王力的《汉语史稿》十一类二十九部分类法，并采用郭锡良将"侵部的合口标作冬部，成三十部"的修正意见，详见郭锡良《汉字古音手册》，北京大学出版社1986年版。另外：《杂卦》原不分段，为便于读者观察其用韵情况，特将其分为八段。

《丰》多故也(鱼)，亲寡《旅》(鱼)也①。《离》上而《坎》下(鱼)也。《小畜》寡(鱼)也，《履》不处(鱼)也。《需》不进(真)也，《讼》不亲(真)也。

《大过》颠(真)也。《姤》遇(侯)也，柔遇刚(阳)也。《渐》女归待男行(阳)也。《颐》养正(耕)也。《既济》定(耕)也。《归妹》女之终(冬)也。《未济》男之穷(冬)也。《夬》决(月)也，刚决柔(幽)也，君子道长(阳)，小人道忧(幽)也。

【译文】

《乾》卦的卦义是阳刚，《坤》卦的卦义是阴柔。《比》卦的卦义是快乐，《师》卦的卦义是忧愁。《临》《观》两卦的卦义，或是施予，或是谋求。《屯》卦象征万物萌生而各得其所，《蒙》卦象征万物错杂而显著。《震》卦的卦义是起动，《艮》卦的卦义是停止。《损》《益》两卦，表示事物或盛或衰的开始。《大畜》卦的卦义是因时蓄积；《无妄》卦的卦义是谨防灾害。《萃》卦的卦义是聚集，《升》卦的卦义是上升而不返回。《谦》卦的卦义是谦卑轻柔，《豫》卦的卦义是怠惰。《噬嗑》卦的卦义是咀嚼食物，《贲》卦的卦义是不须文饰。《兑》卦的卦义是显露，《巽》卦的卦义是隐伏。《随》卦的卦义是没有事端，《蛊》卦的卦义是整治。《剥》卦的卦义是败坏，《复》卦的卦义是反转。《晋》卦的卦义是前景光明，《明夷》卦的卦义是惨遭杀戮。《井》卦的卦义是通达，《困》卦的卦义是遭遇困难。《咸》卦的卦义是速成，《恒》卦的卦义是久远。《涣》卦的卦义是离散，《节》卦的卦义是节止。《解》卦的卦义是事态缓解，《蹇》卦的卦义是处境艰难。《睽》卦的卦义是心志乖离而疏远于外，《家人》卦的卦义是治家道正则和睦于内。《否》《泰》两卦所象征事物闭塞与通泰的状态正好相反。《大壮》卦的卦义是阳爻虽壮实但不能继续向上，《遁》卦的卦义是适时退让。《大有》卦的卦义是拥有众多，《同人》卦的卦义是与人亲近。《革》卦的卦义是除去旧的，《鼎》卦

---

① 李镜池认为，"亲寡，《旅》也"当作"《旅》，亲寡也"，其说可从。详见《周易探源·周易卦名考释》，中华书局1978年版，第248页。

的卦义是建立新的。《小过》卦的卦义是稍有过越，《中孚》卦的卦义是内心诚信。《丰》卦的卦义是多有变故，《旅》卦的卦义是少有亲人。《离》卦的卦义是火性炎上，《坎》卦的卦义是水性润下。《小畜》卦的卦义是积蓄寡少，《履》卦的卦义是谨慎履任而无暇居处。《需》卦的卦义是等待时机而不贸然前进，《讼》卦的卦义是彼此争讼而不能相亲。《大过》卦的卦义是颠坠覆败。《姤》卦的卦义是相遇，是阴柔遇合阳刚。《渐》卦的卦义是女子到了出嫁的年龄，等待男方前来迎娶。《颐》卦的卦义是以正道得其养。《既济》卦的卦义是安定。《归妹》卦的卦义是女子得到终身的归宿。《未济》卦的卦义是男子的事业陷入穷困之中。《夬》卦的卦义是决去，阳刚决除阴柔；说明君子之道增长，小人之道消退。

【说明】

《杂卦》是《十翼》的最后一篇，在写作特点上是以简短、精炼的词语或句子解释卦义，而且通篇用韵，音节和谐，当是战国晚期易学家编撰的便于记诵六十四卦卦义的歌诀。三国虞翻曰："《杂卦》者，杂六十四卦以为义，其与《序卦》之外别言也。"《杂卦》不依《序卦》卦序解释六十四卦，当是其之所以被命名为《杂卦》的原因。东晋韩康伯曰："《杂卦》者，杂揉众卦，错综其义，或以同相类，或以异相明也。"《杂卦》"杂揉众卦"的解卦方式，既可突出错综两卦的相类或相异之义，又为通篇押韵创造了条件。《史记·孔子世家》："孔子晚而喜《易》，序《彖》《系》《象》《说卦》《文言》。读《易》，韦编三绝。曰：'假我数年，若是，我于《易》则彬彬矣。'"[1]《汉书·艺文志》："孔氏为之《彖》《象》《系辞》《文言》《序卦》之属十篇。"[2] 皆没有言及《杂卦》。孔颖达《周易正义·序》"论夫子《十翼》"条目曰："故一家数《十翼》云：《上彖》一，《下彖》二，《上象》三，《下象》四，《上系》五，《下系》六，《文言》七，《说卦》八，《序卦》九，《杂卦》十。郑学之徒并同此

---

[1] （汉）司马迁：《史记》卷47，中华书局1982年版，第1937页。
[2] （汉）班固：《汉书》卷30，中华书局1962年版，第1704页。

说，故今亦依之。"① 把《杂卦》排在最后，说明《杂卦》归入《十翼》当为最晚。

《杂卦》解释六十四卦的顺序不依通行本卦序，但却将通行本卦序中相"覆"或相"反"的两卦集中解释，这既说明了《杂卦》所本的仍是通行本卦序，又说明《杂卦》重在突出相耦之卦的相类或相反之义。由之，我们审视《杂卦》关于最后八卦的解释，却违背了相耦之卦集中解释的原则，萧汉明先生认为："排列在最后的八个卦则错落杂乱，不成章法，显系河内女子发老屋时错简所致。"② 萧氏所依据的是东汉王充之说，《论衡·正说》："至孝宣皇帝之时，河内女子发老屋，得逸《易》《礼》《尚书》各一篇，奏之。宣帝下示博士，然后《易》《礼》《尚书》各益一篇。"③ 笔者亦认为《易传》增益的一篇当是《杂卦》，东汉郑玄论定《十翼》各篇及其次序，将其编为《十翼》的最后一篇。文献整理者或是有鉴于《杂卦》突出两卦相反之义，见《未济》"男之穷"与《归妹》"女之终"有相对之义，且二者又押韵；又见《颐》"正"与《既济》"定"押韵，《姤》"刚"与《渐》"行"押韵，从而将它们排列在一起。实际上，这是违背《序卦》作者的原意的，《大过》"颠"与《颐》"养正"若拆散了，则相耦之卦的相反之义就弱化多了；《渐》的"女归待男行"与《归妹》的"女之终"意义本身就是相对的，前者讲女子出嫁有待男子前去迎娶，后者讲女子嫁到夫家，婚嫁结束；《既济》《未济》本身卦名昭示了相反的卦义，与《损》《益》、《泰》《否》相若，绝不会将它们拆开讲卦义的；《姤》"柔遇刚"，《夬》"刚决柔"，两卦的相反之义更是鲜明，若拆开讲，则不伦不类了，且《姤》《夬》结尾，与《乾》《坤》以"刚柔说"解卦呼应。另外，从押韵的角度看，相耦两卦排列在一起，也是押韵的，且韵脚更为自然、和谐，故笔者认为《杂卦》关于最后个八卦的语序原来应是：

---

① （唐）孔颖达著，李申、卢光明整理：《周易正义》，北京大学出版社1999年标点本，第10页。
② 萧汉明：《杂卦论》，《周易研究》1988年第2期。
③ 黄晖：《论衡校释》，中华书局1990年版，第1124页。

十 杂卦

《大过》颠(真)也，《颐》养正(耕)也。《未济》男之穷(冬)也，《既济》定(耕)也。《渐》女归待男行(阳)也，《归妹》女之终(冬)也。《姤》遇(侯)也，柔遇刚(阳)也。《夬》决(月)也，刚决柔(幽)也，君子道长(阳)，小人道忧(幽)也。

在解《易》理论上，《杂卦》与《彖》《象》《文言》《系辞》相一致之处是"刚柔说"。《否·彖》："内柔而外刚。"《文言》："坤至柔而动也刚。"帛书《易之义》[①]："六刚无柔，是谓大阳，此天[之义也]……六柔无刚，此地之义也。"《杂卦》亦曰："《乾》刚，《坤》柔。"《夬·彖》："夬，决也，刚决柔也。"《姤·彖》："姤，遇也，柔遇刚也。"《彖》以"刚柔说"解释《夬》《姤》的卦义，也完全为《杂卦》承继了下来。

在对卦义的解释上，《杂卦》不取一端，或本之于卦爻象，或本之于卦名及卦爻辞，或本之于《彖》等之前的解《易》文献。兹列表对《杂卦》取义略作分析，供读者参考。

表 10-1

《杂卦》文	取义依据
《乾》刚，《坤》柔。	《否·彖》："内柔而外刚。"《否》内卦为坤，外卦为乾。
《比》乐，《师》忧。	《比·大象》："先王以建万国，亲诸侯。"《师·六三》"师或舆尸"，《师·六五》："长子帅师，弟子舆尸。"

---

① 马王堆帛书《易之义》篇，廖名春先生根据该篇的尾题残片认为篇名当作"《衷》"，他说："其第 2 行的'衷'字，下部写法与一般之'衷'字不同，一般之'衷'字下面一笔是弯曲向右，而此字下面一笔却是弯曲向左。"详见其《帛书〈周易〉论集》一书第 210 页，上海古籍出版社 2008 年版。笔者通过观研廖氏文中所附图像，认为廖氏曰"下面一笔却是弯曲向左"当是"義"下部"我"的第三笔竖钩，残缺不全的"衷"当恰好是"義"的残字。该篇开篇即曰："子曰：易之义"，按照先秦古籍一般的命名方式，学者将篇名命名为"《易之义》"无误，此也与马王堆帛书《易传》中的《二三子》《缪和》《昭力》等的命名方式一致。

续表

《杂卦》文	取义依据
《临》《观》之义，或与或求。	《周易集解》引荀爽曰："临者'教思无穷'，故为'与'。观者'观民设教'，故为'求'也"。①
《屯》见而不失其居，《蒙》杂而著。	《屯·彖》："天造草昧。"万物出现而各有居所。《东坡易传》："'蒙以养正'，蒙正未分，故曰'杂'；'童蒙求我'，求人以自明，故曰'著'。"②
《震》起也，《艮》止也。	《说卦》："震，动也……艮，止也。"
《损》《益》，盛衰之始也。	帛书《要》："夫《损》《益》之道，不可不审察也，吉凶之□也。《益》之为卦，春以授夏之时也，万物之所出也，长日之所至也，产之室也，故曰《益》。《授》（笔者按：'授'当为'损'。）者，秋以授冬之时也，万物之所老衰也，长夕之所至也，故曰产道穷焉。"③
《大畜》时也，《无妄》灾也。	《大畜·六四》："童牛之牿"，《大畜·六五》："豮豕之牙。"大牲之畜之皆须当时也。《无妄》："其非正有眚。"《无妄·六三》："无妄之灾，或系之牛，行人得之，邑人之灾。"帛书《易之义》："《无孟（妄）》之卦有罪而死，无功而赏，所以箇故也。"④《左传·宣公十五年》："天反时为灾，地反物为妖。"⑤ 可见《大畜》与《无妄》卦义相反，而《无妄·大象》："先王以茂对时育万物"，意在冀望《无妄》人们皆能不妄时而养万物也。
《萃》聚而《升》不来也。	《萃·彖》："萃，聚也。"《升》初六"允升"、九三"升虚邑"、六五"升阶"、上六"冥升，利于不息之贞"，《升·大象》"君子以顺德，积小以高大"，可知升卦之德自下而上进升，无有止息，《易》卦以返内卦为"来"，故曰《升》不来也。

---

① （唐）李鼎祚：《周易集解》卷17，上海古籍出版社1989年版，第287页。
② （宋）苏轼：《东坡易传》卷9，文渊阁四库全书本。
③ 连劭名：《帛书〈周易〉疏证》，中华书局2012年版，第411页。
④ 连劭名：《帛书〈周易〉疏证》，中华书局2012年版，第328页。
⑤ 杨伯峻：《春秋左传注》，中华书局1990年版，第763页。

续表

《杂卦》文	取义依据
《谦》轻而《豫》怠也。	《谦·彖》:"谦尊而光,卑而不可逾,君子之终也。"《谦》有卑义,位卑即为人所轻也。《荀子·富国》:"礼者,贵贱有等,长幼有差,贫富轻重皆有称者也。"① 帛书《二三子问》:"卦曰:'盱予(豫),悔。'孔子曰:'此言鼓乐而不戒患也。'"② 故《豫》卦有荒怠之义。
《噬嗑》食也,《贲》无色也。	《噬嗑》中间四爻皆讲"吃肉",《噬嗑·彖》"颐中有物曰噬嗑",故曰"食"。《贲》一至五爻皆曰"贲",至于上爻则曰"白贲","白"即素、空,故曰"无色"。
《兑》见而《巽》伏也。	《论语·颜渊》载孔子之言曰:"君子之德风,小人之德草。草上之风,必偃。"偃即"伏"也。《巽》九二、上九皆曰"巽在床下",即"伏"之象也。
《随》无故也,《蛊》则饬也。	《随·彖》:"大亨贞而天下随时,随时之义大矣哉!""故",指意外或不幸的事变,"随时"故"无故"也。《蛊·彖》:"《蛊》'元亨'而天下治也。"《说文解字》曰:"蛊,腹中虫也。"段玉裁《说文解字注》曰:"中虫者、谓腹内中虫食之毒也。"故《蛊》须"饬"也。
《剥》烂也,《复》反也。	《剥·彖》:"剥,剥也,柔变刚也。"阴柔自内剥落外之阳刚,故"烂"也。《剥》六五:"贯鱼,以宫人宠,无不利。"《公羊传·僖公十九年》:"梁亡。此未有伐者。其言梁亡何?自亡也。其自亡奈何?鱼烂而亡也。"注曰:"鱼烂从内发。"
《晋》昼也,《明夷》诛也。	《晋》卦象"明出地上",故为"昼"。《序卦》:"夷者,伤也。"《明夷》卦象"明入地中",光明陨灭,故为"诛"。
《井》通而《困》相遇也。	帛书《易之义》:"《井》者,得之徹也。"《说文解字》:"徹,通也。"

---

① (清)王先谦著,沈啸寰、王星贤点校:《荀子集解》,中华书局1988年版,第178页。
② 连劭名:《帛书周易疏证》,中华书局2012年版,第228页。

续表

《杂卦》文	取义依据
《咸》速也，《恒》久也。	《咸》讲少男与少女相恋，故"速"也；《恒》则为男女结成夫妇，当求长久之道，《恒·彖》："恒，久也。"
《涣》离也，《节》止也。	《序卦》："说而后散之，故受之以《涣》。"帛书《缪和》："夫涣者，散。"
《解》缓也，《蹇》难也。	《解·彖》："天地解而雷雨作，雷雨作而百果草木皆甲坼。""缓"即解缓，复苏之义，孔颖达曰："天地解缓，雷雨乃作。雷雨既作，百果草木皆孚甲开坼，莫不解散也。"① 《蹇·彖》："蹇，难也。"
《睽》外也，《家人》内也。	《睽》《系辞上》："君子之道，或出或处。"帛书《易之义》："《家[人]》者，得处也。"出为外，处为内，居家得处，故"内"也。
《否》《泰》反其类也。	《泰》："小往大来。"《否》："大往小来。""大"谓阳，"小"谓阴，故曰"反其类也"。
《大壮》则止，《遁》则退也。	《大壮·大象》："君子以非礼弗履。""弗履"即"止"也。初九、九三、九四、上六爻辞皆有止义。《遁·大象》："君子以远小人，不恶而严。"遁的本义为逃避，故"退"也。
《大有》众也，《同人》亲也。	《大有》即大获所有，故"众"也；《同人》初九"同人于门"、六二"同人于宗"、上九"同人于宗"即分别相亲于家人、相亲于宗族、相亲于同志之义，故"亲"也。
《革》去故也，《鼎》取新也。	《说文解字》："革，兽皮治去其毛。"《革》由革的本义引申出"去故"之义。鼎在商周时期是烹饪器具，使食物由生变熟，性质发生根本的改变，由之引申出"取新"义。

---

① （唐）孔颖达著，李申、卢光明整理：《周易正义》，北京大学出版社1999年标点本，第169页。

续表

《杂卦》文	取义依据
《小过》过也，《中孚》信也。	《小过·彖》："小过，小者过而亨也。"《杂卦》取卦名的字面之义。《中孚·彖》："'豚鱼吉'，信及豚鱼也。"
《丰》多故也，《旅》亲寡也。	就《丰》爻辞来看，"多故"似多有变故之义；《旅》讲旅人在外，身边所亲近的人少。石声淮说："富厚殷盛的人（《丰》）亲戚故旧就多；漂流外乡的人（《旅》）亲戚故旧就少。这是《杂卦传》作者用《丰》《旅》二卦说明那一社会的普遍现象。"① 亦可备一说。
《离》上而《坎》下也。	《尚书·洪范》："水曰润下，火曰炎上。"《鹖冠子》："地湿而火生焉，天燥而水生焉。"《说卦》："雨以润之，日以烜之。"
《小畜》寡也；《履》不处也。	《小畜》即小有所畜，故"寡"也。帛书《易之义》："《履》，诱之□行也。"《履》卦即履任、履行之义。处即"処"字，《说文解字》："処，止也。得几而止。"《系辞上》："君子之道，或出或处。"《履》行故"不处"也。
《需》不进也；《讼》不亲也。	帛书《易之义》："［《需》，得之］畏也；《讼》，得之疑也。"② 《需·彖》："需，须也，险在前也。"《大象》："天与水违行，讼。"
《大过》颠也，《颐》养正也。	《颐·彖》："《颐》'贞吉'，养正则吉也。"《大过》："栋桡"《大过》九三："栋桡，凶"。栋桡则必颠倒，故曰"颠"也。石声淮认为《系辞》以《大过》指"棺椁"，《序卦》"不养则不可动，故受之以《大过》"，以及《杂卦》"《大过》颠也"皆指人的死亡，其说可从。③

---

① 石声淮:《说〈杂卦传〉》,《黄石师院学报（哲学社会科学版）》1981年第2期。
② 裘锡圭:《长沙马王堆汉墓简帛集成》第3册,中华书局2014年版,第89页。
③ 石声淮:《说〈杂卦传〉》,《黄石师院学报（哲学社会科学版）》1981年第2期。

续表

《杂卦》文	取义依据
《未济》男之穷也，《既济》定也。	帛书《二三子问》："《未济》……此言始易而终难也，小人之贞也。"① 《既济》卦象水在火上，故"定"也。
《渐》女归待男行也，《归妹》女之终也。	《渐·彖》："渐之进也，女归吉也。"先秦时期女子出嫁，须待男子迎娶而渐行。《归妹》讲女子嫁入夫家，终有归宿，故曰"女之终"。《归妹·彖》："归妹，人之终始也。"《归妹·大象》："君子以永终知敝。"
《姤》遇也，柔遇刚也；《夬》决也，刚决柔也，君子道长，小人道忧也。	《姤·彖》："姤，遇也，柔遇刚也。"《夬·彖》："夬，决也，刚决柔也。"

---

① 连劭名：《帛书周易疏证》，中华书局2012年版，第236页。